イギリスの政治制度
British Political Institutions

倉島　隆著

時潮社

緒　論

　本書は、『イギリスの政治制度』(*British Political Institutions*) という表題をつけた。この理由は、「政治制度論」という学問が本来政治の基本的要素を含み、かつ極めて広範な領域をもつがゆえに、それらを文字通りに使った次第である。更にそれは、本書が目指す視点ないし特徴と関わる。本書が求める視点は以下の諸章において論究されるように、最近の日本の政治制度論における新制度論アプローチ（主に合理的選択論）が大いに浸透することから発する。この分野は、それと比較して思想的哲学的研究部分が必ずしも十分といえない。従って本書の意図は、これを従来の思想的視野や規範的視点も併せ、複眼的視野を採用することにあり、より一般化に近づけようとすることにある。

　とはいえこうした視点は、欧米を含むこの広範な政治制度論分野において全く軽視されたわけではなかった。例えば、R.W.A.ローズは「政治制度研究の伝統」という主題の下で、四つの伝統にそれを分類し、われわれが求めるより広範な複眼的視野を示している。即ち、「理想主義的伝統（例えば、イギリス保守党の理想主義［N.ジョンスン〈1975, 2004〉］）」、「公式法的伝統（例えば、H.エクスタイン〈1979〉やフランスの立憲主義［J.シュバリエ〈2002〉］）」、「近代主義・経験論的伝統（例えば、アメリカの新制度論）［P.ホール〈1986〉、およびJ.G.マーチとJ.P.オルセン〈1989〉］」、および「社会主義的伝統（例えば、汎ヨーロッパ主義・ポストマルクス主義［R.ミリバンド〈1977〉やE.ラクラウ〈1990〉］）(1)」がそれである。

　確かにローズのものは政治学、歴史学や憲法学などによって極めて広範に及んでいるが、全てにわたるわけではない。われわれは、ローズのものも参考としているが、それのみではないことも示しておきたい。

　しかしながら本書は、政治制度論の学問領域の本質に迫るため、それなりに限定することとならざるを得ない。更にわれわれは、イギリスの政治制度

がイギリス議会を中心に作動するため、この立法部を念頭に置かねばならぬものである。ゆえにこれも両院制の重要性に鑑み、上院に絞り込まねばならなくなる。従ってわれわれは、本書において、総論としてイギリスの両院制を念頭に置きつつ、各論として上院に焦点をあてることとなる。とはいえ本書におけるように近年において一国研究といえども、比較アプローチ的視点も含むことが叫ばれている。これについて本書は、第6章において僅かではあるが、応えることとなろう。

最後に、われわれはイギリスの政治制度論を、より絞り込む事例研究として第9章を組み込むに至った。これも、われわれの限界を示すこととなるが、筆者の長年にわたる政治思想史と制度論といった関連課題でもあったものに関わる。

第二に、本書は、古代から現代までの時間軸を念頭に、今日のイギリスの政治制度論の中心的焦点である議会を検討する意図を示す。というのはわれわれは、古代から現在までの時代を全く同一次元として扱う立場にはないからである。われわれは、時代的な制度や思想の連続性や非連続性、時代間の共通性や相違性といった次元も念頭に置きつつ、論を進めることとなる。更に本書においてこうした時間軸にあえて最初の部分において言及するのは、その現代的意義を少しでも問いやすくしようとする意図からでもある。

この時間軸に沿ってわれわれは最初に、約一世紀半足らず前のW.バジョットの『イギリスの立憲制』(1867) を素材として、自らの『イギリスの立憲制 [The British Constitution]』(2007) を論じるアンソニー・キングのものを取り上げる。これは本書と同じく、V.ボグダナアと同様に、最近の立憲制改革を含めイギリスの新しい立憲制論として論じるものである。

キングはまず自らの著作を、W.バジョットの『イングランドの立憲制』のごとき、「幻想なき保守的立憲主義」ないし「自由主義的立憲主義」といわれるものにたとえようとする。キングは、このバジョットのように純粋な憲法論者ではない。彼は1934年に生まれ、若い時代にオックスフォード大学において政治制度論研究によって学位を取得し、かつ政治学者として長年研究を続けてきた。

彼は政治制度研究者であり、政治解説者でもあるという意味で、A.V.ダイシーのような純粋な憲法学者と異なる。従って、彼は自らをバジョットのような通常と別の視点から、リアルにイギリスの立憲制を再検討しようとする。彼は最初に、イギリスの立憲制が一貫して長い進化過程を通じて形成されたという点において学者間で一致すると説き起こす。さらにキングは一般的な立憲制［憲法］定義が、「特定の国の統治制度との関係、および特定の国の統治制度と国民との関係を規制する、特定の国におけるもっとも重要なルール、ならびに共通の合意［understandings］の集合」であるという。

しかしキングは、この定義ではイギリスの政治的性格を問題とするには不十分であるという。いずれにせよキングは、イギリスにおいて固有の憲法（Constitution）［法典化されたという意味］というものが存在しないと述べる。とはいえ前記の一般的な意味での「憲法ないし立憲制（constitution）」は、存在すると理解する。

ここにおける憲法的文書は、イギリスで近代から継続して存在したという。これらのうちでもっとも重要なものは以下の法である。即ち、1701年の「王位継承法」（特に司法部の独立を確立した）、1707年の「連合法」（連合王国にスコットランドを組み込んだ）、1911年の「議会法」（貴族院の拒否権を廃止したし、議会の継続期間を更に7年から5年に削減した）、1920年の「アイルランド統治法」（北アイルランドに準独立制度を創設する一方で、南アイルランドに事実上の独立を容認した）、1949年の「議会法」（貴族院の権限を更に縮小した）、および1972年の「EC法」（イギリスの国内法に対し、EC法の優位を是認した）である。

これは多分、既に長いリスト（全ては1997年に先立って辿る）が、次のものを含むまでに拡大されるという。即ち、1215年の「マグナカルタ」（無制限な国王権限を認め得ぬことが確立された）、1689年の「権利章典」（国王権限を更に制限し、議会の権限を拡張した）、1832年から1928年までの「国民代表法」（イギリスを、議会寡頭政から議会制民主政へと変換させた）、1937年の「国王の大臣法」（野党党首の影のポストを法的に認め、かつその就任者に給与を認めた）、1947年の「国王訴訟手続法」（政府の省庁は、契約および不法行為の訴訟免責権を奪われた）、1958年の「一代貴族法」（貴族と主教とは別に、世襲貴族のみが貴

族院に議席を持ち得る原則を拒否した)、1975年の「レファレンダム法」(範囲が制限される場合に、重要な争点について、イギリス国家規模のレファレンダム［国民投票］が行われることができる原則を確立した)、および1986年の「単一欧州議定書［SEA］」(この議定書のイギリスにおける実施は、EUにおける特別多数決［QMV］の使用を拡大することによって、イギリスの立憲制を侵害したし、侵害する)［を含むまでに拡大しよう］⁽⁹⁾。

われわれは前記のように、イギリスの立憲制における進化の過程として近世から現代までの立憲制史を概観してきた。これにより、イギリスにおける立憲制の進化過程が多様な連続性と非連続性の絡み合った過程でもあることがわかる。キングは、バジョットの背景を通じてこの関連を念頭に置き、かつわれわれが設定した次元［複眼的視点］に注目することとなる。

引き続きわれわれは、キングが立憲制史を通じてバジョットの学説を概括するものによって、手短に時間軸を辿ることとしよう。バジョットの立憲制の要点は、簡明である。即ち、イギリスの立憲制がアメリカ憲法の三権分立よりも、国家の立法部と執行部の融合であることの実体的強調であった。われわれがここで融合論などを確認することは、バジョットが鋭いジャーナリスト感覚で当時の立憲制を批判的にとらえ直したことにあった。われわれは、こうした視角などから手短に時間軸次元を示すこととなる。

キングは、そうしたバジョット説が21世紀の初頭においては階級制度などを強調するがゆえに関連性をもたぬと、二つの時間軸の違いを確認する⁽¹⁰⁾。バジョットの幻想なくしてリアルな批判的分析は、現代においても通用する。さらにバジョットの立憲制理論は、この分野の歴史において高く評価されるべきである。しかし今日のイギリスの立憲制は、徐々に権力の分散（EC法の優越、最高裁判所の設置、委員会の役割の進展や首相の権限の強化、ならびに地方分権化、更には貴族院の大衆化など)、および民主主義的平等性（女性の地位の向上や教育の大衆化など）において進化している⁽¹¹⁾。

フェミニストを自認するキングによれば、特にバジョット時代と今日の相違ないし非連続性が著しいのは、ジェンダー事項が象徴的であると説く。例えば、19世紀後半の一般人の表現についてバジョットは、「he［彼］（男性)」

のみによったことである。更に彼によれば、ヴィクトリア女王に対する批判的態度は現代においても評価に値するが、「引退した未亡人」という表現はジェンダーならびに体制問題に関わることを指摘する。

われわれは、以下の諸章において長い時間軸を含む（全てでないとしても）ため、ここで現代的視点から、時間軸次元論を若干試みた次第である。

[注]
（1）R.W.A.Rhodes, Old Institutionalism, *The Oxford Handbook of Political Institutions*, Oxford, 2006, pp.90-107.
（2）第9章は、『政経研究』（第52巻第2号、2015年9月刊）における論稿を、加筆し修正して本書に掲載している。
（3）A.King, *The British Constitution*, Oxford, 2007, pp.345-65.
（4）R.Crossman, ed., W.Bagehot：*The English Constitution*, London, 1963.
（5）J.W.Burrow, *The Crisis of Reason*, New Heaven and London, 2000.
（6）A.King, *op. cit.*, p.3.
（7）*Ibid.*, p.5.
（8）*Ibid.*, pp.5-6.（1911年の「議会法」の成立が、以後一世紀間において第二院の「最大の改革」であるとしつつその後の改革的立場による研究は、以下の著書によって検証される。C.Ballinger, *The House of Lords, 1911-2011：A Century of Non-Reform*, Oxford, 2012）.
（9）*Ibid.*, p.6.
（10）*Ibid.*, p.16.
（11）最近の庶民院の委員会論について、例えば、以下の文献などがある。
L.Thompson, *Making British Law*, Basingstoke, 2015. L.トムスンによれば、近代化委員会の勧告によって実現された2006年改革のうちの二つは、法案委員会［bill committee history］史の文脈において特に重要であったという。一つは、立法委員会に与えられた［「公法律案委員会［Public bill committees］」という名称（公法律案を精査する委員会）］である。もう一つは、大抵のプログラム委員会のための標準手続として、「証拠取得［対外的証拠や証人を含めること］を導入」することである（pp.40-42）。
（12）A.King, *The British Constitution*, Oxford, 2007, p.viii.
（13）A.King, *op. cit.*, p.17（R.Crossman ed., *W.Bagehot：The English Constitution*, London, 1963, p.84）.

目　次

緒　論 ……………………………………………………………………3

第Ⅰ部　イギリスの政治制度総論

第1章　イギリスの政治制度原理（G.マーシャルの所説を素材として）……15

§1. 序　論　15
§2. G.マーシャルの「イギリス政治制度」原理の概観　16
§3. 議会の権限　18
§4. 「議院内閣制」の性質　21
§5. 大臣の責任　25
§6. ダイシーの憲法の再編成化　29
§7. 結　論　40

第2章　両院制の原理論（N.D.J.ボルドウィンの所説を中心に）……………43

§1. 序　論　43
§2. 両院制の原理論　44
§3. 結　論　54

第3章　両院制の成立の歴史的検討（J・マニーらの所説を中心に）………57

§1. 序　論　57
§2. 古代ギリシャ・ローマの「両院制に類似する」制度論　59
§3. 本来の両院制の制度と思想　64
§4. 結　論　70

第4章　1997年以来の立憲制改革（M.ラッセルの所説を中心に）…………73

§1. 序　論　73
§2. T.ブレア首相期の立憲制改革［不承不承の急進者（Radical）］　75
§3. G.ブラウン首相期の立憲制改革［挫かれた急進者（Radical）］　78
§4. 立憲制改革の着実な評価　81
§5. 結　論　95

第5章　第二院の議事手続（M.W-ブース卿の貴族院の変化事例）……98
　§1．序　論　98
　§2．イギリス上院の議事手続の変化論（M.W-ブース卿の2001年論文を素材として）101
　§3．その他の貴族院の議事手続概観（M.W-ブース卿の1989年と2003年論文を中心に）112
　§4．結　論　137

第6章　両院制の理論と比較視点（M.ラッセルの著作の分析）……143
　§1．序　論　143
　§2．現代の両院制の正当化　144
　§3．第二院の議員構成　147
　§4．第二院の権限　151
　§5．両院制諸国の検討からの一般的教訓　156
　§6．結　論　162

第Ⅱ部　イギリスの政治制度各論（現代の両院制）

第7章　イギリスの上院制度の現在（M.ラッセルの著作の分析）……167
　§1．序　論　167
　§2．今日までの上院制度の歴史的問題状況（上院の継続性と変化）　168
　§3．上院の立法過程　172
　§4．上院の主要機能　178
　§5．上院の権限　181
　§6．上院の精神［エートス］と組織　186
　§7．上院議員の管理および議員援助　190
　§8．逆説の議院　193
　§9．結　論　195

第8章　ウェストミンスター型両院制の再生
　　　　（M.ラッセルの著作の論理）……………………………198
　§1．序　論（イギリス上院の六つの主要問題）　198
　§2．「貴族院、イギリス政治および両院制立法部」における六つの問題提起
　　　　とその解答との関連　201
　§3．「未改革」の上院なのか、「改革された」上院なのか　202
　§4．貴族院と庶民院の対照　207
　§5．貴族院と現代イギリス政治　210
　§6．貴族院と正統性　216
　§7．貴族院と両院制立法部　219
　§8．貴族院とその未来　223
　§9．結　論　228

第Ⅲ部　ケーススタディ

第9章　ハリントンの共和国憲法構想
　　　　――『統治章典』との比較を中心に――……………………233
　§1．序　論　233
　§2．ハリントンの共和制憲法構想　235
　§3．ハリントンの共和制憲法構想の背景　245
　§4．ハリントンの共和制憲法構想と『統治章典』との比較　257
　§5．結　論　276

あとがき ………………………………………………………………281

索　引 …………………………………………………………………290

第Ⅰ部

イギリスの政治制度総論

第1章　イギリスの政治制度原理
　　　（G.マーシャルの所説を素材として）

§1.　序　論

　本章は、政治制度を原理的にしてより深く考察し、後の諸章の序論ないし基礎となる論点を示すことを目的とする。というのは政治制度論が、今日の政治学においてあまりにも合理的選択論などに象徴されるごとく、新制度論が一般化されすぎ、こうしたものを軽視しがちであったからである。確かに、われわれは、こうした新制度論が公式ルールなどとそのルールが変化するにつれて政治の力関係が変化する状況を正確に捉えるアプローチであることを承知しているつもりである。さらに新制度論がルールや規範に重点を置き、旧制度論が組織に重点を置く傾向もあった［V.Lowndes et al., 2013］。とはいえ合理的選択論が、均衡論やゲームの理論などのパラダイムに基づく限り、その合理性において限界もあることを認めなければならぬ［J.M.Colomer, 2006］。

　政治制度論という学問は、政治におけるあるべき制度規範の構築を研究するばかりでなく、現実の政治制度を客観的に分析することを使命とする。いずれにせよ、われわれは、新制度論が誇大理論的性質に向かうものを是正して政治制度の計量化における詳細にわたる長所も認める。しかし本章は、その制度のもう一方の原理的ないし質的側面の理論を取り入れ、より客観性をもち、かつ深みのある原理を含む政治制度論の両方向性を示したいからである。

　なるほどわれわれは、あまりにも学問の遠大な希望を謳いあげ過ぎるかも知れぬ。従ってわれわれは、その重厚性への足がかりとして、イギリスの憲法学者でもあるジョフリー・マーシャルの「イギリスの政治制度分析」（1999）がわれわれの政治制度に、原理的ないし深みのある制度論を回顧的に提供するためにこれを選択する。この論文はわれわれの目的に適合するも

ので、彼の論点に沿ってかつこの論文を素材としてイギリスの政治制度原理をわれわれは、最初に概観することとする。

§2．G.マーシャルの「イギリス政治制度」原理の概観

われわれはまず、イギリスの政治制度について、イギリスの憲法規範を重視するG.マーシャルの論文を素材とすることを示した。なぜ本章がこれを採用したのかについてわれわれは、少し論及する必要がある。彼の主要業績には、『議会主権と英連邦』(1957)、『憲法問題』(共著、1959)、『警察と統治』(1965)、『立憲主義理論』(1971)、『憲法習律』(1984)、および『大臣責任』(1989)などがある。彼は、これらのものから判断して憲法規範と政治制度というテーマを主に扱ってきた。特にわれわれが注目するのは、マーシャルがW.バジョットとA.V.ダイシーに造詣が深いということである［V.Bogdanor, 1998］。この2人は、われわれが政治制度論や立憲制論における古典中の古典とみなす論者であり、われわれが求めるものを持ち合わせている学者である。

いずれにせよ、マーシャルは、前世紀の広範な政治制度論を深く論じるのに適した憲法学者にして政治制度論者であろう。それを予め評価するのは、われわれが政治制度の総論の検討後に、複眼的視点によって妥当性を提示するためである。

マーシャルは最初に、1999年論文の序論において「20世紀のイギリス政治制度分析は、政治学者による教科書著述からのみ登場するばかりではなかった。一般的統治機関の各々の関係概念は、政治学と承認的に呼ばれるものも以前にはあった。1850年ないし1688年において、憲法の性質理論や概念があった」と説き起こす。

ここでは彼は、前世紀の政治学が法学的制度論期といわれる時代の言及から開始する。即ち、マーシャルは、憲法と政治学が融合していた歴史および基本概念による論争時代をここにおいて措定する。われわれは、引き続き彼の論文を辿る形式を採用する。

彼によれば、こうした一般概念は、公的討議や議会討議の中で、かつ裁判

官と新聞の編集者の論議、および議会調査委員会や王立委員会（Royal Commission）から、20世紀において高まったし、高まっている。かくしてイギリス統治の一般的思考の起源は、比較統治の発展ほど大きくない割合であるが、職業的熟考であるという。この一般的思考の起源は、政治過程自体そして統治自体が生まれる統治論争から直接的に進化する。

　イギリスの政治システムの一般的著作は多分、1775年の英語によって出版された、J.ド・ロームの『イングランド憲法』という著しい例外を除き、20世紀後半の所産であろう。古典的テクストは、A.トッドの二巻本『イギリスの議院内閣』、W.バジョットの『イギリスの立憲制』、B.ラッセルの『イギリス統治と憲法』、およびT.E.メイ卿の『イギリス憲法史』によって、1860年代の激増が始まる。トッドの二巻本著作は、アッパー・カナダの代議院議員の議会手引マニュアルとして書かれた。トッドの著作は、議院内閣制度の発展、国王大権、および議会と大臣との関係を、かなり詳細に（ゆえに無類である）記述する。類似な規模は、L.ローウェルというハーバード大学学長が千ページにわたって続く、彼の『イギリス統治』という著作を1908年に刊行した。1907年に、S.ローの『イギリスのガバナンス』は、W.バジョットの著書のより穏健な重要性を想定した。

　われわれは、S.ロー（Low）が20世紀の最初の十年に入れ替えられる、20世紀後半の政治学者を想像し、かつ彼がどんな方向でイギリスの政治制度の性質を分析するのに助力を求めたのかを問うならば、われわれは、彼が歴史家やジャーナリストに向かうばかりでなく、法律家の著作（A.V.ダイシー、F.ミートランド、およびW.アンスン卿の著作）に向かうことが分かる。これらの作者の全てから一変した政治学者は、数多くの組織立てる概念ないし観念を集めよう。バジョットから、ローは、憲法が現実を隠すある種の外見であることを学んだのであろう。それは「自らの若い時期の好みによる様式で、執着した衣服をなお着用する老人のようである」。憲法も、効率的制度および威厳的制度をもち、威厳的制度は、非哲学的市民の弱い想像力に訴える異なった方法で効率的である。アンスンから、ローは、国王大権の変換を大いに学んだろう。ミートランドから、この研究者［ロー］は、憲法がいたると

ころにも存在する（憲法は地方政府、土地、課税、および犯罪に関連する法の諸局面にあるがゆえに、法典化し得ぬ）ことを学んだのだろう。ダイシーから彼は、統治機関間関係が慣習や憲法習律によって大いに決定され、法の支配が同じ裁判所に答え得る国民や官吏（しかし国王ではない）を必要とし、かつ議会がいかなる法も形成したり、形成しなかったりする権利をもつ（しかし下院だけではこれができぬ）と推測しただろう。これらの諸概念の全ては、20世紀にわたってイギリス統治の批判者、改革者、および称賛者に焦点をあてた。

　かくしてマーシャルは、憲法学的政治制度論の立場から、政治制度論の主要概念論史を概観したのである。

§3．議会の権限

　われわれはようやく、マーシャルによる政治制度原理論の本論と取り組む段階に達している。周知のごとく、イギリス政治学の基本概念のうちの要は、「議会」概念である。従って彼はその議会の権限を、かつそれに基づく議院内閣制や大臣責任へと論を展開することとなる。

　彼は、その冒頭で「少なくとも1900年以来議会の役割は多分、教科書作者、政治解説者、および議会改革の党派の支配的なテーマであっただろう」と説き起こす。議会権限が低下するが、これが重要であるか否かの問題について、すべてが一致するものではないというコンセンサスがあった。卓越的にして主権的立法機関としての議会の役割が、政治権力および影響力と適合せず、かつ議会への執行部の従属と責任があるという意味から、この先頭に立たされたという認識は、20世紀の境目以前にはそれ自体よくなされていた。J.シーリー卿は、1880年代になされた、ケンブリッジの政治学講義において、次のように述べた。即ち、「省庁と省庁が、議会よりもはるかに高い意味で、かつ大きな度合いで立法権をもつことは真実である。省庁は、…下院で多数をもつ、さもなければ、省庁は省庁ではなかろう。ゆえに、重要な事例において、彼らのコンセンサスは予め確保されよう」。S.ローは、1904年に次のように合意した。即ち、「下院は、もはや執行府を支配せぬ。逆に執行府は、

第1章　イギリスの政治制度原理　19

下院を支配する」と。

　後のこの嘆きの歴史は、盛衰を繰り返したし、ある程度、イデオロギー的偏向を裏切る。J.マリオット卿も、1910年の『イギリスの政治制度』初版において下院の役割と代表制的性格が大衆民主政の到来によって、また委任権理論の人気の増大によって、脅かされるとみなした。「その著作が論理的結論へと押し込められるならば、単一争点しか持ち得ぬ」と彼は書いた。即ち、単一争点とは「レファレンダムのある種の採択であった」と。ダイシーはおおよそ同時に、奇妙にも下院の支配を確保したし、この権限を使って、連合主義者には歓迎されない種類の基本的な立憲制的変革を通じて強い得る政治指導者の過剰から、選挙民を擁護する方法として国民投票概念に移行しつつあった。

　1930年代、および1940年代に、議会の低下のテーマは、珍しくなかった。このテーマは、1930年代にラムゼー・ミュアの『イギリスはどのように統治されるのか』、1947年に、L.エイミーの『憲法に関する意見』、および二つの著作（C.ホリスの『議会は生き残り得るのか』[1949]、および、G.キートンの『議会の衰退』[1952]）においてなお非常にありふれていた。他方、対照的な視点は、H.ラスキと、I.ジェニングズの戦後の著作に見出し得る。1951年のH.ラスキの『憲法に関する考察』と、I.ジェニングズの『議会』(2nd edition, 1957) において立法部はより支持的視点から示される。ラスキは、「下院の地位が過去50年間に悪化したと想定する理由などない」とみなした。更にラスキは、次のように付け加えた。下院は大臣の評判を形成でき、形成しないようにでき、「法案の第二読会の可決から、法案が上院に送られる段階へと、法案の賛否のために主張される必要がある大抵のことは、討議の中で第二読会の可決から、下院に賛成すると言われ、反対すると言われる必要が討議の中で主張されるであろう」。

　多分、イデオロギー的な意見対立の標は、ここにおいて理解可能である。議会の悲観論者達は、ほとんど全てが政治的スペクトラムといわれる右翼陣営に存在したように思える。例えば、ラスキやジェニングズ（そして人が加えるごとく、1954年に書かれた、『政治と議会』におけるH.モリスン）のごとき、穏

健な楽観主義者は、自由主義者ないし左翼であった。左翼が政権にあるとき、支配者は、健全な下院感覚を称賛する傾向がある。他方で、その反対者は選挙独裁、および抑制と均衡の必要性（ダイシー事例における国民投票およびヘイルシャム卿における権利章典）について話す。しかしながら、議会権限観に関する意見の分裂は、より絡み合わされた見解の分裂に反映するようであり得るかも知れぬ。一方は、左右の分裂である。しかし例えば、R.ミュアのように、リベラル派は、減じられた議会の役割に関する悲観論者であった。もう一方は、意見の分裂である。これは、国家の権威源を議会にあるとみなす人々と、執行府に本来的として国家の権威源をみなすエイメリーのような人々との間における意見の分裂である。

　政治学者間において、診断は、立法部の役割を範疇化するために、多様な概念枠組みを省略した。「政策争点討議」型立法部と「政策変換」型立法部（即ち、アメリカの多様性）を話した者もいる。この図式におけるイギリスの立法部は、アリーナ型へと向きを変え、多分P.ノートン教授の言葉によれば、政策形成型立法部よりもむしろ「政策影響」型立法部へと方向転換するとして特徴づけ得る。

　これらの見解の相違はある程度、議会改革の理論と実際に影響を与えた。この議会改革の一般的処方は、下院の強力な委員会制度の設置であった。B.クリック教授の『議会改革』(1964)は、第一次立法者としての政府権限の現実を認める際に、政策形成よりもむしろ有効な支配機関にして監督機関志望の立法部としての議会の将来を描いた。R.クロスマンの改革と、後の特別委員会制度の保守党の強化は、委員会制度が政府と議会間の下院における権力の均衡を変えるとみなしたい人々からよりも、この立脚点を共有する人々から、より多くの支持的即応を省いた。立法行動の学術研究者達の間において、次のようなコンセンサスがあるように思える。即ち、委員の選出手続き、および特別委員会の組織的な支持において二党制的な非変換的立法部における、いかなる実体的な権限の増大もあり得ぬと (1999, p.261)。政府と特別委員会間で行われた対話は、以下のような傾向を覆す下院の主張に反映する。即ち、この傾向は、グラッドストーンの時代以来、議会の役割がただ

政府を監視し、政府に反対し、かつ可能であれば、政府の政策を修正させ、あるいは敗北させるということがほぼ正説（即ち、政策形成が政権与党にとって対内事項である）となったものである。しかしながら、下院は、特別委員会を経由して実際に政府の政策形成に参加し、かつこれまでの個別の政策助言源を利用できると今主張しつつある。これは、立法部と執行府との確立した「権力分立」理解を大いに調整する試みに達する、主要な主張である。

この「議会の権限」節はまず、下院が本来選挙によって国家の最高意思がなされるべきであるという立場をとる。しかし現実は、この議会よりも省庁から発する委任権限の影響力の増大によって、下院の権限が低下しているとして、説き始められた。

引き続きマーシャルは、これを解決するために、国民投票概念によって打開しようという議論に沿って論を進める。次に彼は、イデオロギー次元問題に論及する。これは、権威の源泉が議会にあるとみなす楽観主義論が自由主義派と左翼において唱えられるという。これに対して国家の権威源が執行府にあるという現実主義論が保守派によって唱えられるという。

比較制度論的視点についてマーシャルによれば、立法部類型に論を移行させる。これには、N.ポルスビーによる「政策変換型」と「政策争点討議型」類型論［Mazey, 1979］から始まり、P.ノートンの「政策影響型」立法部論［Norton, 1990］へとまたがる。

最後に、マーシャルは、議会改革などに議会がより政策に影響力をもち、議会を強化するために特別委員会の充実の方向性を主張するに至る。

§4.「議院内閣制」の性質

歴史的に議院内閣制は、単独者支配を抑制するための集団支配の制度として議会を強調し、かつそれとの関連で議会の信任を受けた執行府との融合論から発したものでもあった。しかしながら内閣の直接的起源は、チャールズ二世期に辿る。これは最初は、国王が協議することを決定する顧問達の会合であった。

議院内閣制は、国家の政策について集合的に決定するため、通常議会の多数を占める政党ないし連立政党から引かれる統治形態といわれる。この概念の要点は、次の二点にあるといわれる。第一は、内閣の決定が集団的であることを意味する点である。大臣達は、内閣によってなされた決定全てを公に支持する、「集団連帯責任」論によって拘束される。第二に、内閣は、大臣達が議会に答え得るがゆえに、「執行府と議会間の政治的リンク」として行動すると言われる点である［Bogdanor］。

　いずれにせよ、われわれは、本節と次節において「議院内閣制」と関わる論点を示すこととなる。まずマーシャルによれば、「内閣制ないし首相制としてのイギリスの執行府統治の特徴づけに関する1999年当時の（即ち、30年間）論争」は、次のようなR.クロスマンに起源を辿る、定立議論として一般に想起されるという。即ち、クロスマンは、1963年に議院内閣制の消滅を次のように書いた。「戦後期は、首相政府制へと向かって議院内閣制が最後の変換をみたという。この首相政府制下で、加わるハイフン［つなぐ用具］、執行府に国家の立法部を締めるバックル［止める用具］は、一人となった」。しかしながら、この理論は、20世紀の初めに戻る先例がある。S.ローは、次のようなクロスマンの言葉とまさに同様に、1904年の「免許法案」を取決める下院における際のスピーチを引用した。「憲法は、（ローソン・ウォルター氏が言ったように）深刻な変化を受けていたし、議会によって治められることをやめていた。統治は、内閣によって治められるようになっていた。…そして統治は、内閣の首相によって今治められた」。モートン卿は、1913年に刊行した「R.ウォルポール」研究においても、首相を「内閣間の要石」と呼ぶクロスマン流の見解をとった。彼が書いたように、「内閣制度の柔軟性は、緊急事態における首相に、自らが独裁者の権力に劣らぬ権力を独断的に決めさせる」。

　この段落はイギリスの統治システムを、集団的支配を強調するよりもむしろ首相による一人の執行府を強調するものである。いずれにせよここでの論争が、従来から引用されたものであり、われわれは、クロスマン論争ともいうべきことによってより深い議論となり得ることを確認したい。

首相の役割の大統領制論ないし独裁理論の後の時代における再生は、J.マッキントッシュ教授の『議院内閣制』(1962)のテーマに関するクロスマンによる誤解によって始まったという。マッキントッシュの著作を見直すクロスマンは彼を、憲法新理論の発見者と称賛した。しかしながら、マッキントッシュの理論は、この国が首相と内閣によって支配され、かつ内閣が情報センターとして活動するというものであった。クロスマンの見解によって刺激された後の論争は、少なくとも三つの異なった推測の理論に及んだ。第一テーゼは、統治制度が今実のところ、大統領とその代理人としての大臣のように、首相による大統領制といった最強な主張があった。第二の（一貫せぬ）テーゼは、有効な権力が、大臣達の内部グループによって、かつ内閣委員会によって行使されるというものである。第三にして最もよくあてはめられた理論形態は、首相権力が大部分、以下の理由で過去半世紀にわたって明らかに増大した。即ち、任免権における増大であり、国政における外務の重要性の増大のためである。クロスマン理論の反対者は、第二テーゼと第三テーゼに譲歩する傾向を持ったが、（明らかに）第一テーゼに反対する傾向があった。クロスマンテーゼへの断固とした反対者は、次のようなH.ウィルソン卿であった。彼は、そのテーゼを論駁することに、『イギリス統治』のうちの幾つかの章をあてた。クロスマン自身は、ウィルソンが理論の妥当性の同時発生であると信じた（Crossman, I, p.261）。しかし彼のこの重要性観は、多分単眼的であっただろう。

議院内閣制節の第二段落は、一人の執行部とする首相制論は、マーシャルによればクロスマンの誤解によるという。いずれにせよ、これを第一テーゼと称し、第二テーゼは、大臣の内部閣僚達によって、かつ内閣委員会による権力行使を強調する。第三テーゼは、首相権力の増大を強調するものである。いずれにせよマーシャルは、このクロスマン学説を単眼的であると批判するに至った。

大抵のアナリスト達は今、首相の権威ないし内閣の権威の強調を置くかどうかを、決定するのに容易ではない。1990年に自覚的なイギリス政治研究者は、次のように書いた。即ち、「内閣の同僚によって退陣される健全な状態

にあるイギリスの首相を想像することは、極めて困難である。この効果は、たとえ彼ら［閣僚］が継承者達と合意がされるとしても、政治的には悲惨であるように思える」(D.Kavanagh, 1987)。M.サッチャーは多分、R.クロスマンの大統領制的首相のまさにイメージであっただろう。しかし生き残りをかける、同僚および党への依存は、クロスマンテーゼにおける致命的欠陥を指す。サッチャー政権下において、確かに減じられた。しかしサッチャーは、一回以上にわたって、内閣の反対によって、睨みつけられて黙らせられた。そして彼女が、M.ヘーゼルタイン事例における内閣の反対の見解に驚く寛容を拡大すると言い得よう。しかしそれは政府の便宜に適合させるように調整できる。しかし政策形成の集団的大臣連帯責任は、イギリスモデルに議院内閣制の重要な特徴として依然として存在する。

　この第三の段落は、前の「首相か内閣か」論を受け、サッチャーの退任事例を取り上げ、簡単に決着がつく問題ではないという。しかし内閣が集団責任論として重要性がなおあると締めくくる。

　近年、次のように広範な企図によって首相と内閣間関係論争を包摂した作者もいる。即ち、この論争は、「執政部中枢 (core executive)」(首相・内閣・およびその委員会・この政府の政策を調整するのに含まれるあらゆる省庁と組織)と呼ばれたものに適用された、行政行動の多様な理論とモデルの媒介を通じて、議院内閣の活動をみようとする試みを含む。ある有用な情報は、例えば、内閣府の作業、および下院の首相の行動の有用な情報を結果としてもたらした。しかしながら、組織論用語へと、あるいは所謂「制度・歴史アプローチ」との対照へとこの問題の変換が大いに争点となる問題を明らかにしたことは、明らかであるというものではない。一方で記録化、マスメディア、および参加者面接研究に依存する行動研究、他方で、「前大臣の回顧録、日記、および陳腐な観察」を利用する「いかなる発展もされぬ理論的視点による歴史的・制度的調査との対照を引き出すことは可能である」。新しい調査形態は、歓迎されるべきである。そして執政部中枢研究の方法論が新しくして面白くする洞察を生み出すことは、可能である。他方、新調査形態は、国内の政治行動に異なった種類の光をあてることと異なった政治制度における、執行府研

究の比較枠組みをつくるのにより有用であり得る。

　この最後の段落は、日本でもお馴染みとなっている、「執政部中枢」論を、首相・内閣間関係論として導入される。これも多様な調査形式をとって、実証する努力がある。マーシャルは、更なるイギリスの執行府研究の可能性にも期待することによって、本節を締めくくる。

§5. 大臣の責任

　マーシャルはまず「大臣の責任」節において、議院内閣制の性質論の後に、この制度内における大臣の責任論によって自らの制度論の主要部を締めくくる。彼は議院内閣制に関わる憲法習律を含む定義から説き起こす。

　「政府と大臣が立法部に責任を負い、かつ立法部に従属し、かつ彼らを除き得る原理」は、アメリカの大統領制において例示された、対等で、従属的ではなく、事実上、罷免できぬ執行府権制度から「イギリスの政治制度を形式上識別」することであるという。従って彼によれば、これは、「統治機構における執行府部門と立法部門間関係（しかし法ではなく憲法習律による）を固定する中心的組織原理」と多分、呼び得ると説く。以下においてわれわれは、マーシャルの段落を六つに分け、それぞれにわたって注釈を加える。

　このことにもかかわらず、教科書の作者達は今まで、権力分立の一局面として、その分析にあまり紙幅を割かなかった。「イギリス立憲制の効率的秘密が執行権と立法権の緊密な調和と、ほぼ完全な融合と記述できる」というバジョットの意見は、機能ないし権限の対照からの区別として人々ないし議員の混合と関わる。諸機能は融合されない。W.バジョットの提案は、政府の責任、およびそれと調子を合わせる抑制と均衡は、権力分立の一局面であるという事実を隠す傾向をもつという。議員の融合でさえ、国王の公務員として国王の大臣が下院に議席をもつべきでないという歴史的原理からの特別な例外に歴史的によったのである。弾劾手続きへと大臣の辞職を強いる権利は、権力分立の長所のうちのいくつかが統治の至高性制度に見出し得ることを示すと説かれる。

まずマーシャルの第一段落は、お得意のバジョットの立法部と執行府の融合説から説き起こす。しかしこれは権力の分立局面を隠蔽するものでもあるという。従ってここでは「弾劾手続きによる大臣の辞職を迫る」側面は、立法部の至高性を確認できるとしてマーシャルの理論の独自性を示すものである。

しかしながら、20世紀を通じて学術的議論の主要なテーマ（責任は、党規律として減少し、かつ登院命令された多数が大臣達に任期の安全を与える）があった。個々の大臣の責任が、内閣が集団連帯を維持し得るところで、有効な制裁であり得るか否かという問題は、こういうものであった。ローの『イギリスのガバナンス』の大臣の責任章は、「怠惰な大臣」が党のマシーンによって支援された内閣の集団責任の主張によって、退任から守り得るという主張の初期の意見である。しかしながら、奇妙にも戦間期のイギリス政府に関する主要著作は、その集団責任局面ないし個々の大臣局面かのいずれかの憲法習律の拡大された説明も分析も含まないのである。例えば、H.ラスキの『イギリスの議院内閣制』(1938) ないしI.ジェニングズの『議会』[1939] と『議院内閣制』[1936] という主要著作においてほとんど見出されないのである。

この第二段落は、与党を含む集団責任と個々の大臣責任関係論議に移る。まずこれは与党全体による集団責任論によって、個々の大臣責任を守ることができるという。更にマーシャルによれば、ラスキやジェニングズの著述はこれに論及していないと批判する。

現代の個々の大臣責任原理論は、S.ファイナーが次のように論じるファイナーの論文（1956）の出版から辿る。即ち、大臣が個人ないし省庁の軽罪が下院による非難［責め］をもたらした後に、辞任することを想定した習律は、必要とすると。しかしファイナーが論じたように、こうしたルールの作用には、いかなる明らかな先例もなかった（1956）。1954年、T.ダグデール卿は、C.ダウンの公的調査委員会が下院討議およびD.マックスウェル-ファイフ卿と、H.モリスンによる大いに引用されたスピーチを生み出した後に辞職していた。その結果は、大臣が知る、あるいは参加した省庁活動にのみ、辞職すべきであるというものであった。この問題におけるT.ダグデールの役割に

ついて、その当時に不確かさもあった。しかし彼は、そこでの役割を確かに責められたし、辞職した。1982年のキャリントン卿［フォークランド攻撃に対して、政策の失敗の責任者としての辞任］と、1985年のL.ブリタンの辞任がその事例である。しかしいかなる個々の大臣の辞任も、大臣ないし自らの省庁政策ないし行政に関しての議会批判の結果として起こってはいなかった。しかしながら、この２人と多様な個々の軽罪形態後に、辞任した多くの大臣との一線は必ずしも十分に、明らかではなかろう。

　この第三段落は、個々の大臣責任論に関するものである。ここではファイナー論文に従い、大臣個人ないし省庁の軽罪に関する下院の責めを受けた場合に、辞任すべきであるというものであった。しかしマーシャルによれば、諸々の事例があるが、法則的に事が進んでいるとは言い切れぬということである。

　戦後の公企業で開始し、かつ所謂「次の段階エージェンシー」によって継続する新統治組織形態は、異なった責任形態が概念化され得る方法（例えば、行政ないし説明責任のもの、正しいもの、犠牲的なものなど）について、大いなる注釈を促進した。またR.バトラー卿といった公務員制の長は、大臣の公式的答弁遂行能力（責任）と、辞任の制裁を含み得る責任ないし責めを負う可能性との区別を発表した。この見解においては大臣は、説明責任を負うが、彼らの枠組み協定において大臣に与えられた、準独立権限を行使する非省庁的エージェンシー活動には責任を負わないという。

　この第四段落は、所謂「サッチャーの行政改革」に伴なって、説明責任論や、準独立的権限を行使する非省庁的エージェンシーの責任を負わぬ責任論という状況に論及する。

　このもの全ては多分、ガバナンス問題に対する学術的調査と政府の調査協力の可能性を例示しよう。大臣の責任は、財務省と公務員制委員会（現在、公共サーヴィス委員会）によって、かつ執筆時（1999）の「法律貴族」（2009年7月の最高裁判所の設置以来、上院議席と投票権から除かれた）である、R.スコット卿下での調査委員会［イラクへの軍事装備および軍民両用技術関連機材の輸出、ならびに関連告発調査委員会］によって調査の主題の一部であった。

その結果、これは、調査委員会の両方の組に対する政府の反対について学者と議会の討議を更に刺激した。多分このスコット調査委員会報告の最も重要な勧告は、情報の提供の自由が大臣の責任の論理的帰結として、かつ大臣との信頼関係を盾に与えられる公務員制の受容に対する必要な拮抗力としてみなされるものであった。なお解決されぬ諸問題は、大臣に仕える公務員の義務の制限、それぞれの権限について、大臣と特別委員会が競合しかつ首尾一貫せぬ主張、および議会質疑の主題の制約である。大臣の責任は実のところ、一つの問題ではなく大きな束からなる諸問題である。議院内閣制のほとんど全ての制度機能(公務員制、非省庁的エージェンシー、警察、国家保安局[security services]、検察局、および議会法および議事手続と政府との関係における)における大臣局面がある。

　第四の段落は、第三の段落をうけ、大臣の責任問題が更に詳細にわたり、絡み合わされた状況に言及する。

　ある批判者達(ファイナー以来ずっと)は、個々の大臣責任習律が事実を隠すフィクションであり、本当の習律ではないと論じた。この議論は、スコット控訴院裁判官の調査委員会が次のように結論づけるとき、いくつかについて確認された。即ち、憲法上不適切なことは、大臣によってなされたが、大臣が辞任しなかったことであると。正しい結論は、ルールないし習律がフィクションではなく、あるいはそれが存在しない、否むしろルールが破ることができ、かつ最近の違反が、ある批判者をして、「われわれの憲法上の弱い倫理状態」と呼んだものを立証することである。われわれの憲法上の倫理の強制[執行]は、議会議員の手にある、こうした事例においてである。戦後の経験の証拠は、その仕事次第ではないということである。

　この最終段落は、前の段落のR.スコット[卿]調査委員会を受け、大臣の非を認め、かつ責任がをとらなかった結論を引用し、その問題の絡み合わされた状況によって締めくくられる。

§6. ダイシーの憲法の再編成化

われわれは一般に、政治制度の基本的枠組みが、憲法に示されるものと理解する。しかしイギリスは不文憲法主義をとっているため、特定の視点が必要となる。それを明快に論じるものは、われわれがこれから取り組むダイシーの憲法論である。これは、特に本章がマーシャルの論文を採用する理由のうちの一つなのである。更にいえば、前記のように、マーシャルがダイシーの憲法原理の専門家であり、この論文において彼がダイシーの憲法の再編成化を図るからである。

マーシャルによれば、「イギリス連邦［英連邦］(The Commonwealth) の政治システムが、イギリスのシステムの基本要素に重要な影響を及ぼすと論じることができると説き起こす。そして誰かが、イギリス統治の政治-法構造に関するダイシーの古典的説明を書き直すと今したならば、ダイシーは、次のような思想によって印象づけられるのは尤もであろうという。即ち、その構造における三要素全て（議会主権・法の支配・および憲法習律）は、コモンウェルス［英連邦］諸国（特にカナダ・南アフリカ・ニュージーランド）におけるウェストミンスター統治モデルの権能に起こっている出来事によって、影響される方法で展開した［思想によって印象づけられるのは尤もであろう］。

かくしてわれわれは、マーシャルがダイシーの統治機構論の三要素に沿って、政治制度の核心に迫る論理の再検討と取り組むこととなる。まず最初に本節は、憲法習律から論及する。

[1] 憲法習律 (The conventions)

イギリスの憲法習律は、例えば、「過去の慣例に基礎づけられる不文のルールないし合意」であり、かつイギリスには「十全な成文憲法がなく、あるいは法典化された憲法もないのである」。従って「統治慣例の大いなる領域は、憲法習律［conventions］」(J.Jones, 2010) によって治められるといわれる。かくしてわれわれは、こうした一般に語られる「憲法習律」概念を統治機構の慣例の視点から示したのちに、本題に向かおう。

まず、A.V.ダイシーの古典的著作（『憲法研究序説』）において、政治シス

テムの機能における習律の役割は、基本とみなされた。しかし主要習律は、統治部門間関係（しかし両院間関係は一部には制定法にある）を定める。習律も主要目的として、政治的責任システムの有効な機能をもつ。習律は実際上、国王大権と他の法的ルールの活動を修正し、かつイギリスとコモンウェルス［英連邦］諸国間関係の重要な諸局面を規制する。

　われわれは、この第一段落において、最初にダイシーの『憲法研究序説』における統治機構ルールの基本が憲法習律にあることを確認する。さらにマーシャルは、英連邦諸国間にも適用されるものと措定する。

　20世紀にわたって例えば、大臣責任ルールのように、主要な憲法習律の進化と、政治システムの法的ルールとの関係のよりよき評価の両方があった。批判者達は、習律が次のような理由のために、進められるダイシーの見解と競ったのである。というのは習律への不服従は、法の支配との衝突をもたらすがゆえにである。ダイシーは次のように論じることによって、大臣の辞任ないし、下院の信任投票の敗北後に、解散習律の結論のみを引いた。即ち、敗北した政府は、法的権威の欠如のために機能し得ぬ、財政立法をはじめとする政策を多かれ少なかれ見出すと［論じることによって］。しかしながら、例えば、議会両院、あるいは国王と内閣間関係の他の習律違反に対してもいかなる違法性も起こらなかろう。このことを言う必要がある全ては、憲法習律が道徳的・政治的義務をもつ政治家による承認を有すべきというものである。もし政治家がこのことを認めず、かつ習律が一貫して破られれば、習律は変化しよう。

　ダイシーも憲法習律の再編成化の第二段落においてまず、大臣の責任規則のごとき大きな習律の進展、および政治制度の法律規則間の関連に対する好ましい称賛が前世紀に存在したという。ダイシーに対する批判者達によれば、ダイシーによる習律に対する不服従が法の支配と食い違うがゆえに、習律が従われることとなるというダイシー説に抗して争ったという。

　いずれにせよ、ダイシーは、大臣や解散の習律だけでも憲法秩序が保ち得るということとなろう。つまり諸々の矛盾があろうとも、最終的には解散習律によって、政治家が道徳的政治的義務を持つことが肝要であるというもの

である。そうしなければ、習律の変化の可能性も出てくると言う。

　I.ジェニングズ卿やK.ウイーアのような、権威を持つ解説者達は、習律が確立される方法を明確化しようと試みた。習律は明示的な協定とは別に、先例から生じ、先例が拘束力をもつという政治家による信念から、かつ当該ルールのよき理由の存在から生じる。しかしながら、これらの基準について一貫しない可能性が、明らかとなった。政治家の信念はルールの合理的基盤と、事実の経験事項である。先例の正しい解釈と確認は、議論事項である。政治家は、政治行動ルールの正当化に関する偽りの結論を引くことができるし、先例の一線から引かれる、正しい結論に何らの独立的仲裁者も存在しない。しかしながら、政治家が実のところ、義務的であると信じるルールでなおあるとみなす者もいる。

　マーシャルによるダイシーの憲法の再編成化における習律項の第三段落は、前のものの諸々の矛盾の解決策に関する考察を継続する。マーシャルによれば、有名な憲法解説者によってこうした解決策に関わる習律の確立方法を探る検討がなされたという。いずれにせよこの段落は憲法習律について、政治家が義務的であるとの信念規則であるとみなす論者の存在を示すに至る。

　更なる論点は、習律と法の支配間関係であった。ダイシーは習律が原理上、法律裁判所によって強いられず、あるいは承認されないルールであると信じた。この見解は、強制［執行］について正しいと証明したが、承認に関して誤りであることを証明した。イギリスの裁判所の多くの決定は、議会制定法を解釈し、あるいはコモンロー［普通法ないし判例法］理論を適用するとき、習律（特に大臣の責任習律）の存在を認めた。習律を認めることと、習律に法的効果を与えることとの一線は、高等法院［High Court］が、内閣の議事手続に対する信任違反理論を適用するとき、内閣の秘密と内閣の連帯習律について大いなる証拠を聞いた1976年に、クロスマンの日記事例において明らかとなったように、こうした状況には内容が乏しいものである。

　ダイシーの憲法習律の再編成化に関する第四段落は、習律と法の支配との関連を論点にあげる。まずダイシーによれば、裁判所によって習律が強いられず、承認もされぬ規則と措定する。マーシャルによれば、この言明は、強

制や執行などにおいて是認できるが、承認事項としては偽であるという。いずれにせよ、憲法習律と法の支配との関係は、裁判所による判断やコモンローとの関連が関わるものである。

「これらの諸争点の多くは、ウェストミンスター立法を要請することによって、カナダ憲法を制定しようとするカナダ連邦政府から生じる、1980年から1982年におけるカナダの短い憲法危機期中に新奇な視点から示された」という。

マーシャルによるダイシーの憲法習律の第五段落は、前の習律と法の支配との関連の論点を継続する。しかしそれはカナダの問題に焦点があるがゆえに、イギリス政治制度の論点から少し逸脱している。従って紙幅の関係でこれ以上のコメントを控えざるを得ない。

政治的義務とみなされる、明確に曖昧なきルールからなる厳格な意味での憲法習律の広範な領域は、かなり限定的である。しかし実際上の慣例ないし習律のようなルールによって治められる政治行動領域が存在する。与党と野党との「議会関係」、「諸政党間の選挙報道」の割り当てルール、大臣のための「議事手続の手引」、および選挙前の期間における「野党と公務員制」関係を治める合意は、この事例である。成文憲法提案の提唱者達は、次のようであるかどうかを明らかにしていない。即ち、こうした憲法実務［慣例］のルール全ては、規範内にもたらされるかどうか、あるいはこうしたルールは存在し続けるかどうかを［明らかにしていない］。成文憲法がどのように憲法の実務［慣例］の存在するルールすべてを十分に法典化できるのか、あるいは更なる展開を禁じ得るのかは、明らかでない。

このダイシーの憲法習律の再編成化の最終段落は、上記において政治制度事項として残り、かつ補足する部分に相当する。マーシャルは、政治制度上要となる習律において政治的義務事項が重要とみなした。しかしその厳格な領域は、限定的であるという。とはいえ実際的な習律や慣例に関わる政治行動領域があると説く。それらは、議会における与党と野党といった事項などを列挙する。最後にこの論文は、近年しばしば主張される成文憲法論にも言及する。しかしそうした憲法論において具体的に存在すべきルールなどは、

マーシャルによれば、必ずしも明らかに示されていないと批判するに至る。

[2] 法の支配（The rule of law）

　われわれは、ダイシーによる憲法の統治機構における第二要素に移る。政治原理における法の支配は、いかなる権力も法に含まれる手続き、原理、および制約によることを除いては行使できない統治形態である。更に付け加えれば、この統治形態においていかなる市民も、法律違反を含むいかなる法についても、他の者がどんなに強力な地位に置かれようが、こうした者に対して、かつ国家自体の官吏に対して改善を求めることができる［R.Scruton, 2007］というものである。

　更にこうした「法の支配」概念は、ダイシーにおいてより詳細に以下の三つの特定の意味が与えられる。第一の法の支配の意味は、恣意的権力行使を除く理念を意味する。第二の意味は、法の支配が法の前のあらゆる人々の平等を意味し、かつ裁判所に適用された、通常の法への国民と官吏の両方の平等な服従を意味する。第三に、法の支配は市民の権利源ではなく、通常の国法によって規定された改善策によって、個人に与えられる利益と自由の結果であるという理念を意味したというものである［Marshall, 1987］。

　このような前提からわれわれが説き起こすのは、マーシャルの論文における彼によるダイシー論がかなり込み入ったものであるためである。これは、六つの段落からなる。

　最初は、広範な視野からマーシャルによって開始される。ダイシーによって行きわたる法の支配に必要な状況的意見は、幾年にもわたって、継続的に論じられてきた。近代自由主義派や急進派は、法の支配が大臣と公務員による広範な自由裁量の行使を予め除くべきであるというダイシーの主張には不満を感じた。急進派でなかった多くの人々も、ヨーロッパ大陸のありのままの行政裁判所が法の前の平等と、国民全ての平等と一致せぬ、ダイシーの見解を酷評したという。

　第二段落は、この行政部の詳細の手続きルールに関わるものを除くことに対する批判を受け、「1920年から1939年までの期間に、行政法［憲法が市民と国家間関係を治める原理を規定するところで、行政法は公共機関によって

決定形成を治める原則および、こうしたルールの侵害の改善策を規定する（R.Hague et al., 2013)］は、左右両派の法律家と論客との闘争場となった」という。1929年のヒューワード卿の『新しい独裁』（官僚制権力の拡大と委任立法の増大へのダイシー主義的にして大いに破壊的）攻撃は、1931年に『官僚制の勝利』によって開始し、カールトン・アレンによる一連の著作によって継続された。類似した見解は、1944年に刊行された、『隷従への道』（「幾十年にもわたって民主政諸国から台頭する民主政に対する最も不吉な攻撃」として『反動への道』においてH.ファイナーによって記述された著作）がF.A.ハイエクによって明らかにされた。ハイエクは、社会主義計画と法の支配が両立せぬと論じたという。これは、マーシャルによる行政事項を除くというダイシー論に抗して、新自由主義陣営からの社会主義説批判へと進めるものである。

　第三の段落は、自らが関連するロンドン経済大学［LSE］の法律家や政治学者によるものによって論を続ける。彼らは委任立法と行政裁定が、近代行政における必要な要素であったと論じることによってより友好的な大臣の権限観をとったという。この立脚点は、W.E.ロビンソンの『裁判と行政法』(1928) において、ある長文にわたって表現されたし、H.ラスキやE.ウィルキンスンによって、1929年から1932年にかけて大臣権限委員会委員として主張された。この委員会はそれに合意したという。

　これは、マーシャルが直接に政府の統治機構実務論議に加わる学者による肯定論に論及することによって、ダイシー的行政統制論の不十分性を補完するものである。

　第四段落においてマーシャルによれば、まず1950年代に行政権限の統制は、イデオロギー的情熱を失ったと説き起こす。そして戦後期において下院は、精査委員会を通じて行政委任立法命令（statutory instruments）統制を受けていたという。懸念源は、行政の決定形成を統制する必要性、ならびに行政裁判所（tribunals)、および公的調査委員会制度へと移行した。この制度は、構造的一貫性を欠き、かつ司法統制に十分に馴染まぬものである。1957年に行政裁判所によって、かつ1959年の調査委員会法によって、そして後の立法によって、行政裁判所および調査委員会へのフランクス委員会報告の勧告に

よって、無秩序状態に対しての委任立法命令が導入された。労働党政権と保守党政権がこの任務の必要を経験した後の1960年代に、政党間にわたる討議が市民の苦情の改善のため、機構を拡大する必要性について展開された。フランスの「国務院」のイギリス版を、行政控訴のための一般フォーラムとして支持した者もいる。市民の擁護者の中にはむしろ、異なった類の議会制度におけるにもかかわらず、有効と判決される、北欧諸国に目を向けた改革者もいる。最後に、労働党が1964年選挙公約によって自ら行動すると約束することに決定した後に、ニュージーランド版オンブズマンが輸入され、かつ議会行政監察官（Parliamentary Commissioner for Administration）という、よりイギリス的名称が与えられたという。

　ダイシーの法の支配は、ダイシーの時代にあったよりもイギリス統治制度によりよく役立っている。1947年以来国王は、あたかも私人であるかのように、不法行為と契約訴訟に応え得るようになされてきた。裁判所は、第一次大戦の開始から1950年代後半まで、大臣の決定形成への極端な恭順期以後、司法審査機構を通じて行政行為に対する広範な統制権を行使した。1985年にロスキル卿は、次のように述べた。「1950年頃以来、司法上の決定の結果として…司法審査の範囲内における、劇的にして実のところ、根本的変化があったし、司法的積極主義の高まりがあった」。この期間にわたって、より高次な司法は、大臣ないし公務員審査ができぬし、自由裁量的協議に抵抗したし、国王大権の行使をはじめとする国家の免責範囲を狭め、かつ事実上の新しい司法審査の根拠を発明したという。

　最後にマーシャルは、ダイシーの「法の支配」概念の応えられぬ問題が残るという。「法の支配」は単に手続き的規則性を扱うために具現し、かつ権能外ルールの適用を通じて管轄権内に決定形成者を保つという、法の前の平等なのか。あるいは「法の支配」は適法過程、および広義の立憲主義（即ち、議会によって形成するものをはじめとする法が市民権を尊重せねばならぬという理念）と呼ばれるものを含むのか。近年、法理論家と政治理論家によってこの論点に表現された、異なった見解がある。とにかくダイシーの法の支配理論は、明らかに狭義の理論であるように思える。ダイシーは、自らの二つの

原理（法の支配と議会主権）が両立し得るとみなした。しかしながら、ダイシーが説明したような立法の至高性は、明らかに広範な法の支配（あるいは立憲主義）と一致せず、かつより狭義の手続き概念とも、もしかすると一貫しないかも知れぬ。

かくしてマーシャルは、以上のようにしてダイシーによる法の支配の再検討を締めくくる。

[3] **議会主権**（Parliamentary sovereignty）

マーシャルによれば、イギリスの議会主権は、議会がいかなる法も形成し、かついかなる既存の法も修正できる、（裁判所によって承認された）無制限な権威（authority）をもつといわれる。ダイシーの議会主権は、かくして定義づけられるものにおいて、「議会がイギリス憲法下でいかなる法であれ形成しあるいは形成せぬ権利をもつ。そして更にいかなる機関も、イギリス法によって議会立法を踏みにじる権利も、除く権利も認められぬ」（1915, 37-8）。

この第一段落は、かなりな長文からなる。これはまず、大英帝国の自治領に立法権を与える事項に関わる。「20世紀は、立法主権論をどのように扱ったのか」と問う。ダイシーが自らの著書の第8版を完成した、1915年に議会主権は、イギリス帝国を通じて拡大した。従ってダイシーの死後これは、イギリスにおいて自治領地域が徐々に変化を遂げる状況につれてルールが変化するものに関わる。ウェストミンスター法［憲章］が主要な自治領議会に立法権を与えた1931年に、このウェストミンスター法は、ウェストミンスターの立法部権力を終えさせるように努めなかった。しかしこの法は、自治領の同意によって立法権の行使を可能にした。1960年代まで独立法は、イギリス議会権限が将来、独立諸国の一部として独立英連邦諸国にまで拡大すべきでないと、より大胆に宣言し始めていた。これは有効であるとしても、イギリス帝国下のイギリス主権がそれ自体依然として存在する一方で、立法権によって部分的な領土の放棄をなし得ぬという、ダイシーによる深刻な帝国下の主権観の修正があった。ゆえにダイシーの理論は、以前に従属的立法部に法的自治を確立するか、あるいは将来の諸国の連邦制の中にイギリスを併合するかのいずれかで、イギリスを抑制する実体的障害を置いた。しかしイギリ

ス［英］連邦、そして後に更に新しい議会主権に影響を及ぼす、EUの必要性は、この理論を強いて新しい状況を捉えさせたという。ダイシーの主権論は、裁判所で支えられるが、批判者もいた。I.ジェニングズやR.レイサムをはじめとする数多くの批判者達は、次のように論じた。即ち、議会主権は、法的概念であった。そして主権者の構成および手続き的ルールは、コモンローによる以外にそれをつくることができぬと論じた。裁判所は、必然的に妥当な議会法を構成するものを決定せねばならぬ。新しい「主権」観と呼んだ者もいる。この分析は、イギリス［英］連邦諸国の管轄権の決定（特にオーストラリアと南アフリカ）から支持を受けた。1952年、「ハリス対内務相」訴訟の南アフリカにおいて、最高裁判所は次のように判決を下した。即ち、いくつかの憲法保護事項（この廃止は元々、両院の合同会期において、3分の2の多数によって議会が議事を進めることを必要とした）は、南アフリカ議会が1931年のウェストミンスター法［憲章］下で、主権機関となったが、南アフリカ議会をなお拘束しつつあると判決をなした。

　これは拘束されぬ、主権議会の権限領域の制限ではなく、議会が議会であるために、現行法によって規定された適切な方法および形態の上に活動せねばならない、単なる司法的主張とみなされた。この決定は、イギリス議会には何らの直接的適用をなさなかったが、少なくとも、次のようであるかどうかの問題をもたらした。即ち、裁判所がもし将来の廃止に、議会法によるこうした条件を課そうとする、イギリスの試みに直面されるならば、権限ないし方法および区別領域を適用するかどうかという問題を引き起こしただろうという。議会は、こうした法の制定や廃止に関する将来の方法および形態を変えることによって、例えば、権利章典・EC法・あるいはスコットランドへの権限委譲のような憲法上、重要にして基本的な法の設定を確立できるか否かという問題を引き起こしただろう。上院が特別委員会を設置して、イギリスの権利章典の必要性を審議したとき、こうして権利章典の樹立が可能でないという見解を受け入れる。しかしこの論点の研究は広範であり、この逆に対する積極的な原理論が存在する。

　かくしてマーシャルは、T.ブレアの立憲制改革などと呼ばれる時代に関わ

る状況と制度事項を絡め、ダイシーの時代から大きく変わる、自国の内部や対外世界との関連などを含みつつ、議会主権論を展開する。

　第二段落では修正「議会主権」論を展開し、かつ「議会が将来の法形成に議事手続的制限を課すことができると信じる人々は、議会の権限領域（ひとたび正しく構成されれば）が無制限であるという見解と争わぬ」と説き起こされる。しかしながら、その見解はスコットランド、イギリス［英］連邦、およびヨーロッパにおいて挑まれた。これはEUが基本であり、かつ議会の範囲を超えると信じるスコットランドの法律家がいる。しかしスコットランドの裁判所は実際上、この見解を是認しなかった。近年、オーストラリア（連邦［Commonwealth of Australia］）の司法部は、次のように結論づけた。即ち、連邦議会の権限が（連邦区分と別に）全体的に制限されぬ。しかし代表統治システムは例えば、立法部が不当化の痛みを尊重せねばならぬという、自由な言論のような権利の存在を含意すると［結論づけた］。こうした見解に向かいつつあるように思えるというイギリスの裁判官（司法外に）がいる。多分最も基本的に、共同体法［Community law］の至高性問題について欧州司法裁判所（ECJ）法学は、次のように暗に考える、ダイシー主義的主権と明確に一致しないのである。即ち、共同体の立法機関は、1972年にその至高性を共同体の立法機関に放棄し得なかった（し、ゆえにそうでなかったとして）、イギリス法には、イギリスの代表に過ぎぬと暗に考えるのは［主権と明確に一致しないのである］。

　この段落における主要な議会主権問題は、EC法の優位と国家主権との緊張事項でもある。これは、今日のイギリスの外交政策においても、EUにとっても最も難題のうちの一つとなりつつある。

　ダイシーの議会主権に関する第三段落において、「同じ問題は、イギリス国内における権限の法的に有効な分権化ないし連邦化を達成することを困難にさせる」論点から開始する。ウェストミンスター議会がスコットランドとウェールズ、あるいは北アイルランドの地域議会になし得る最大のものは、立法権限を委任し、委譲することである。ウェストミンスター議会とスコットランド議会の分割の試みは、1979年に実際上もたらした。立法権限が多く

の機会に、イギリス全体が共同体法下に依然として責務をもつ諸領域にあるという事実もそうであり続けよう。

　第四段落は、一つの文章に過ぎぬ。しかしこれは、「ある理論水準上議会主権は、イギリス憲法制度の顕著な法的特徴状態に依然としてあり、1998年の人権法［HRA］規定下に周到に保たれた」というものである。それは周知のように、新しい権利章典と言われ、ヨーロッパ人権条約をイギリス国内法に組み込み、人権法としたものである。これも従来の権利章典に新しい内容を組み込むものである。つまりここでは、統治機構論から人権論へと論を移行させるものを含む。

　最後の段落にわれわれは、漸く達している。これは前記の人権法などから、大局的視点を加え、「実際上、ヨーロッパ規模は、イギリスの政治制度および1900年に存在したような憲法に対して、主要な変換的影響力をもった」と説くものである。そして結果として事実上、イングランド法とスコットランド法の各領域は、恒常的な修正過程に従うと言う。しかしこれは議会法によるのではなく、共同体指令［directives］に効果を与えるために導入された行政委任立法命令（statutory instruments）によって、かつ直接効果をもつ規則や条約義務によるのである。この法全てでないとしても、この法の多くは、公的領域と同様に、民間領域に影響を及ぼす（これらは今、区別できる）。イギリス市民の政治的・社会的権利は、共同体機関によって、欧州司法裁判所［ECJ］によって、かつ欧州人権条約を適用するストラスブルクの人権裁判所によって大いに形成される。このことは実のところ、イギリス政治制度の準連邦制の形状への主要な再構成であるとマーシャルによって説かれる。この分析は、過去数十年にわたって、イギリスの政治学者にとって主要な任務となろうという。

　ここでの人権論をマーシャルは、ヨーロッパ連合［EU］を準連邦制とみなす視点から論及するに至った。しかしD.キャメロン政権は、このうちのEUの裁判所からの選択的除外論にも言及し、国家主権とEUとの緊張を高めている。

§7. 結　論

　本章はまず、かなり詳細な論述を含むため、全体の要点を辿る形式を採用する。更に本文に補足が必要なものを加えるものとする。

　最初に「序論」にかかわる本題の表題からわれわれは、説明する。これは、政治制度論の要石を示す。政治学は、1980年代頃に新制度論の隆盛が起こり、計量政治学と併行して本流となり、かつ今日に至っている。従ってわれわれは、20世紀全体から旧制度論をもう一度見直し、新制度論的潮流も併せて見直す必要が出てきた。これに応える論文がG.マーシャルの「イギリスの政治制度分析」であった。更にわれわれは、本書の後の諸章において両院制を思想的ないし原理的に見直す目的を示すがゆえに、再度政治制度総論を捉える必要に迫られ、ここに「マーシャル論文」を素材として検討するに至った。

　従ってわれわれは、この「マーシャル論文」の政治制度原理の概観から論を説き起こした。それは、この著者であるマーシャルの学問的業績から判断したからである。マーシャルは、直接的に政府の統治機構の概観を開始する。彼は、われわれが求める憲法論的視点から政治制度を多くの著述で示してきた。更に彼は、憲法制度の中心的素材を提供するバジョットやダイシーに造詣が深かった。いずれにせよマーシャルは、われわれが総論的位置づけをなす政治制度原理の要点および論点を、短い論述において確実に論及するものである。

　従って「マーシャル論文」は、こうした視角から以下の諸節を設定する。

　「議会の権限」節は、イギリス政治制度の概観を、議会という最も広い概念によってなしている。特に彼は、前世紀の問題設定が「議会の低下」ないし国家「執行府権力の増大」に対する危機感を表現するものが多かったという。しかし左派などには、議会への楽観主義も存在したのである。いずれにせよ、彼は、20世紀前半の有力な憲法学者や政治学者の著書を中心として政治制度論史を概観する。最後に、マーシャルは、「政策変換型」立法部と「政策争点討議型」立法部説、および「政策影響型」議会論に説き及んで、次節に移行する。

以下の二つの節は、「議院内閣制」に関わり、「大臣責任」や内閣の集団連帯責任とともに設定される。
　まず「『議院内閣制』の性質」節は、まさにイギリスの政治制度の主要概念を示し、イギリス政治制度の中心的論点をとり上げる。即ち、イギリスは、内閣中心統治か、首相中心統治かという使い古された概念を使って重要文献によって概観する。
　「大臣の責任」[内閣の集団連帯責任を中心に]節は、「議院内閣制」のより具体的な制度論を概観するものである。彼はこの憲法習律を、20世紀の中心的論点とし、かつ有力な著書によって機構原理的な検討を加える。
　最後の「ダイシーの憲法の再編成化」節は、マーシャルによるダイシー研究の成果を手短に概観する。これは、ダイシーによるイギリスの政治制度の根幹を形成する、憲法習律、法の支配、および議会主権といった三要素を、ダイシーの元々の原理からダイシーの批判や新時代に適応せねばならぬ論点によって、再検討するものである。
　かくしてわれわれは、本章の概観に沿って、若干の補足を加える。「マーシャル論文」は、日本流に言えば、20世紀前半から半ばまでの政治制度論が、憲法学者によって論理立てられてきたものに類似する。例えば、水木惣太郎『議会制度論』(1963)ないし佐藤功『比較政治制度』(1967)は、やや前世紀の後半にかかるが、それを示す。しかしながらマーシャル論文は、日本の先駆的研究よりも憲法学と政治学がより融合しているものともみなし得る。
　われわれは本書において「マーシャル論文」の大半を素材として論を展開した。しかし本章は、この論文に、全て論及したわけではない。というのはわれわれは、彼の重要な「威厳的制度」を省いたためである。これは紙幅の都合であるばかりでなく、君主制が政治において近年その重要性を失いつつあるからである。上院は、本書の主題であるが故に、後の諸章において可能な限り論及することとなる。
　いずれにせよ、われわれは、この「マーシャル論文」に関する限り、かなり政治学の政治制度原理領域に接近し、かつより原理的論述において長所となっていると評価するものである。

参考文献

J.Hayward et al. eds., *The British Study of Politics in the Twentieth Century*, Oxford, 1999.

G.Marshall, *Constitutional Theory, Oxford, 1971.*

G.Marshall, *Constitutional Conventions*, Oxford, 1986.

S.Low, *The Governance of England*, London, 1902.

R.H.S.Crossman, ed., *W.Bagehot : The English Constitution* [邦訳あり], London, [1867] 1963.

A.V.Dicey, *Introduction to the Study of the Law of the Constitution* [『憲法研究序説』(伊藤正巳訳)], London, [1885] 1959.

V.Lowndes et al., *Why Institutions Matter*, Basingstoke, 2013.

R.A.W.Rhodes et al., eds., *The Oxford Handbook of Political Institutions*, Oxford, 2006.

V.Bogdanor et al., eds., *The Law, Politics and the Constitution*, Oxford, 1999.

Sir J.Seeley, *Introduction to Political Science*, London, 1896.

Sir J.Marriott, *English Political Institutions*, Oxford, 1925.

R.Scruton, *The Dictionary of Political Thought*, Basingstoke, 2007.

R.Hague et al., *Comparative Government and Politics*, Basingstoke, 2013.

M.Gordon, *Parliamentary Sovereignty in the UK constitution*, Oxford, 2015.

I.Jennings, *The Law and the Constitution*, London, 1959.

K.Strøm et al., eds., *Delegation and Accountability in Parliamentary Democracies*, Oxford, 2003.

倉島隆『現代政治機構の論点（イギリスとEUを中心に）』（時潮社、2012）。

―――『ハリントンの急進主義的共和主義研究（抑制と均衡の市民的国家制度思想）』（八千代出版、2015年）など。

第 2 章　両院制の原理論
　　　（N.D.J.ボルドウィンの所説を中心に）

§1.　序　論

　両院制ないし二院制は、最も広義によって表現すれば、立法部、執行府、あるいはこれらの二つの部門が上下両院に分けられる統治制度である。より狭義に表現すれば、両院制は、立法部が二つの審議的議院からなるという意味で理解される。しかしながら、両院制の理念ないし原理論について従来において必ずしも、十分にまとめて論じられてはいなかった。逆に両院制は、理想として論じられるものではないとも言われる。それにもかかわらず、この両院制論の起源は、古代のギリシャ・ローマ以来の長い歴史をもつ。この古い歴史の起源について本書は、次章において詳細に論及する。
　しかしわれわれは両院制の論点について差し当たり、近現代の議論が重要となる。というのは国民の代表議会はこの時代に形成されたし、この成立が代表民主制にとって重要であるからである。特に、17世紀のイギリス革命期の論議がそれを物語る。この近代の議会主義理論は、一人の君主の専断支配に抗する集団的統治理論として17世紀イギリスの革命期において、議会派（議会の役割を強化し、かつ国王大権 [Royal Prerogatives] を削減しようとする）陣営から主張された。例えば、この議会主義論は、ヘンリー・パーカー [1604-1652] のような民衆の議会による絶対主権論者（基本的に民衆 [the people] に権力はあるが、民衆と議会を同一視する）として、あるいは『人民協約（*Agreements of the People*）』における君主を想定しない民衆の議会主権論などにおいて、その頂点に達した。
　とはいえわれわれが主題とする両院制について、数的多数からなる下院に対して、少数の賢人にして有能な人々から構成される上院を、「エリート理論的伝統」として多くの理論家によって主張されもした。かくしてわれわれは、粗野な一般民衆からなる民会ないし市民の「代議院」を補う、知恵ある

エリート達による「第二院」の理論家の重要性論として、両院制理論の原理的性質に注目する。本書は特に、現代の両院制論に直接的に関わる時代における、こうした両院制の原理論を手短にまとめ、それを基準として以下の諸章において現代の両院制論を検討しようとするものである。この両院制の原理論について量的には短いが、N.D.J.ボルドウィン（Nicholas D.J.Baldwin, 2001）の論稿がわれわれに素材を提供している。

早速われわれは最初に次節において両院制の原理論を、二つの両院制思想学派として、ボルドウィンの「論文」を主に素材として、それに補足を加えつつ、手短に概観することになろう。

§2．両院制の原理論

われわれは、過去において両院制が先見的に支持されてきたことを知っている。それは、「経験が教えるところによれば、哲学と同様に、両院制を支持して間違いなく宣言することとなろう」（Baldwin, 2001, p.171）といわれる。

しかし現在の世界［2001年当時、177カ国］における両院制は、37％［66カ国］にすぎぬという（Ibid.）。こうした両院制は、議員構成・アプローチ・機能・権限・ないし影響力のいずれにおいても多様である。そうした相違は、政治文化や時間的な枠組みにおいて、形態・機能・権限の異なった分析・ならびに正当化［両院制制度の存在］によって随伴されたし、今随伴される。異なった諸目的は、異なった諸国の異なった状況において、異なった時に異なった重点が置かれている。

より広範な視点からみて、第二院問題を検討するならば、二つの対照的な思想学派が存在する。これらの両院制の思想学派は、一方において懐疑的思想学派（よき統治コースを妨げ、かつそれを覆す、役立たぬ複雑なものとみなす）が存在する。もう一方において、両院制を肯定する思想学派（有用にして必要なものとみなす）が存在する（Ibid.）。

［1］二つの両院制思想学派
〈1〉両院制に懐疑的な学派

　この学派は、周知のアベ・シエイエス［Emmanuel-Joseph Sièyes, 1748-1836］が代表的である。彼は、フランス革命期のパンフレット作家にして政治家であった。彼の著作はナショナリズムと熱狂を、フランス革命の修辞に吹き込んだ。特に、それは、シエイエスの優れた著作（『第三階級とは何か（1789）』［2015］）においてであった。この著作は政治権力の最高位へ民衆を嵩上げすることを、正当化するために書かれた。この著作においてシエイエスは民衆の一般意思の表現として、「国民（Nation）」に注目した。シエイエスは、第三階級（社会的利益に貢献できる人々全て）に正当な権力を与えた。彼の一院制論と強力な代表議会論は、この文脈において捉えることができよう。

　かくして、彼は第二院を退け、「第二院が第一院に反対すれば、誤りであり、両院が一致すれば、第二院は不要である」（Ibid.）と言った。これは極めて頻繁に引用されてきた。従って、両院制論においてそれだけ多く引用されるほど、彼の両院制懐疑論が強力であった徴である。

〈2〉両院制を必要とする思想学派［エリート主義的見解］

　この両院制の懐疑学派に抗する思想学派には、周知のジョン・スチュアート・ミルが入る。彼は、この学派の代表的思想家として位置づけられる。

（1）J.S.ミル［Mill, 1806-73］

　ミルについては、彼の古典的著作である『代議制統治の考察（*Considerations on Representative Government*, 1861）』を論じる前に、この著作との関連で、以下の二つの著作に言及する必要がある。ミルにとって自らの『功利主義論』（1861）は、効用の修正論が個人の自由を尊重する一方で、代表民主政が社会的連帯のために与える方法を示すために設計された著作である。ミルの『自由論』（1859）は、この社会的感情の文脈内において、自由というきわめて重要なものを擁護するために書かれた。しかし『代議制統治の考察』は、社会的連帯と個人の多様性のための最善の統治であると示すことによって、こうした議論を完遂する。

　いずれにせよミルは本質的に、しきりに達成しようとする二つのこと（一

方は、「広範な市民参加および進歩的統治」、他方が「知的にして道徳的なエリートの影響力」)の均衡を図るものである。かくしてこうした背景のもとで、ミルは、『代議制統治の考察』の第13章「第二院」において、両院制を以下のように最も進展させたのであろう。

「ある特有な議会における多数は、恒常的性格を当然としたとき（慣習的にともに行動する同じ人々から構成されたとき、かついつも自分達の議院［下院］において勝利を確かにしたとき）、もしその行為［acts］が別の憲法上の権威によって一致するかどうかを審議する必要を放棄されるならば、独裁的にして傲慢と容易になろう。［古代］ローマ人を説いて二人の執政官を持つように勧めた同じ理由は、二つの議院が存在すべきであることを望ましくさせる。即ち、二人の執政官のいずれも、一年間でさえ、分割されぬ権力の腐敗的影響力に晒されぬ」(Ibid.; Marriott, 1910, etc.)。

この章の1節においてミルは、下院に対する上院の監督と抑制機能を放棄してしまうと、下院の独裁などの権力の濫用がはびこるという。従ってこれは、上院のこうした機能の重要性を強調することとなった。更に古代ローマの二人の執政官制も、共通すると確認するに至った。

（2）H.S.メインの第二院の多様性論議、および代表的な両院制擁護論

われわれは、続く両院制擁護論に移行する前に、この議論の複雑さがあることに論及する必要がある。それを展開するのは、ヘンリーS.メイン［H.S. Maine］である。メインは自らの最初の著作である『古代法（初期の社会史との関連、および近代思想との関係)』(1861) などにおいてよく知られるイギリスの法学者であり、法制史学者にして政治思想史家であった。メインは、人間の本質的関係全てが血族集団における身分（Status）によって決定づけられる社会存在形態から、自由な個々人の財産所有権に基礎づけられた近代個人主義へと発展するものとみなした。メインが有名な公式によって述べたように、進歩的社会の移行は、「身分から契約へ」であった。

彼の沢山の著作のうちで、われわれが主題とする第二院に論及するのは、近代の政治問題を扱う『民衆統治（*Popular Government*)』(1885) であった。この著作は、先の『古代法』の上にある程度、構築される。この『民衆統治』

は、「高次の」法、あるいは「理想の」法、あるいは実定法と人定法との関係での文脈において「民主政」と「民衆統治」の性質を検討する。メインによれば、高次の法が人定法の制限と支配に取って代わると認められれば、文明の進歩を抑えることができると自ら信じたのである。

メインによるアメリカの制度への主な支持的評価は、民衆統治が可能であるばかりでなく、適切な条件下で望ましくあったという、自らの信念を語る。1976年の『ポピュラー・ガバメント』の編者である、G.ケアリーの「序論」によれば、メインの主要な定立を次のように適切に明らかにする。即ち、「民衆統治は、人々の進化的発展に基礎づけられ、かつその発展と調和しなければ、自分達の過剰によって消え失せてしまうだろう」と。

かくしてわれわれは、メインが幅広い知見を持つがゆえに、彼による第二院の複雑性論議を展開するのに適しているとみなすものである。確かにメインは、両院制擁護者に属しよう。例えば、彼がアメリカの上院を、「近代民主政が行われ始めて以来、樹立されたうちで最も徹底した成功裡の制度であるものは、…アメリカの上院である」(*Popular Government*, 1865) と主張することなどによって明らかである。

とはいえわれわれは、メインが引用されるのは、次のようにJ.マリオットによって引用されるものから発する。

「イギリスの貴族院がヨーロッパ大陸の憲法において専属的に、あるいは、より一層広範に複製されたであろうと信じる大いなる理由が存在する。しかし、[これは] 私が [理解する] には著しい困難なのである。それは、少なくとも世襲原理の嫌悪でも不信でもないが、大抵のヨーロッパ社会における貴族の極度の多さ、および独占的に特権化される、少数の貴族を選抜するのに結果として生じる困難なのである」(Maine, 1976, pp.184-5) と。

さらにマリオットは、自らが以下のように最も適切に第二院制の擁護を表現する前に、メインの文を引用して、主張することとなる。メインによれば、まず「多数派統治の困難が究明されればされるほどますます、かつ多数派統治に従う影響が周到に検討されればされるほどますます、公選議会の無謬性に対する懐疑が強まるのである」。従って、「次によく構成された第二院から

48　第Ⅰ部　イギリスの政治制度総論

期待されることは、ライバルの無謬性ではなく、特別な安全なのである。この見解において、ほとんどないよりもましである」(*Ibid.*, p.183) とまでメインは、言うに至った。

　しかしこれにもかかわらず、マリオットは、どのように正しい均衡を図るのかという第二院問題は、次のように長年にわたる問題であったという。

　即ち、「よき第二院を工夫し、理解を可能にし、区別する基礎を第二院のために見つけ、統制権なくして修正権を与え、恒常的な国民感情を受け入れやすくし、移ろいやすい世論を独立的にさせ、改革の障害を導入することなく、革命に抗する砦を構築する方法（これは、はるか昔から憲法形成者がその真髄を試みた仕事なのである）」(Marriott, 1910, p.298)。

　そうすることによってこうした方法をかくして、両院制の必要論者マリオットは説くものである。

　われわれは、かくのごとく次項においてこうした両院制を必要とする学派の理論に沿って、両院制の原理論に言及することとしたい。

［2］両院制の目的ないし役割原理論

　われわれは、ボルドウィンに従って以下において両院制を必要とし、かつ第二院が有用とする理論として、両院制の目的ないし機能論を確認する。第二院の異なった基本的な諸目的 [purposes] は、第二院（理論上も実際上もともに）が、多様な役割 [roles] を遂行できる一方で、異なったときに重要性が与えられる。

　最初にして最も重要なものは、統治権力が一個人にも、単一機関にも、単一階級にも、いずれにも集中されるべきでない、という多くの人々の信念であったのである。この信念こそ、第二院が抑制と均衡のうちの一つとみなされることによって、政治制度と統治制度との内部の抑制と均衡制度の要望を生み出したのである。

　また重要なのは、統治の知恵の必要性がある［即ち、賢明にして経験を積んだ人々の助言をもつことが望ましい］という見解であった。かくして「古典的混合政体論」［国王・貴族・コモンズの均衡を図る立憲制的三位一体］（しかし設計意図によるよりも機会を通じての多く）の台頭がある (Baldwin, ibid., p.172)。

19世紀の［大衆］代表民主政の拡大とともに、多くの人々は、公選の多数の大衆の権力を恐れたし、「民主政から安全に」国家を保つために、第二院へと向かった。この一部として第二院自体は、憲法問題、制度、および人権のための特別な責務、ならびにそうしたものに対する安全装置（例えば、少数派の権利の擁護［観察されたごとく、結局のところ、財産と富を持つ諸個人］、そして特定の憲法擁護権をもつことが与えられる機関）とみなされるようになった（ibid. 2001, p.172）。

第二院のイギリス事例である貴族院は、あり得る「選挙独裁（elective dictatorship）」に抗する障害とみなされる（確かにそうみなし得る者もいる）ようになった。しかしこの影響は、必ずしも全てに関して、定期的選挙を保障し、かつ司法部の独立を守る地位になくはなかったという。

とはいえ、この「選挙独裁」概念が、われわれにはあまりにも悲観的な言葉過ぎると思えるかもしれぬ。しかし本章が第二院論に関する徹底した議論を辿るため、あえてボルドウィンが引用するがゆえに、われわれもそれに従うこととなろう。

これは、クラウザー・ハント卿［Lord Crowther-Hunt, 415 *H.L.Debs.*, c607〈8 Dec.1980〉］によるものであり、自らがこれを理解すべく以下のごとく説明した。

「［貴族院の］憲法上の機能は、死をかけて万難を排するほど重要である。というのはもし［貴族院が］廃止されるならば、庶民院が自らの存在を無限に拡大し、かつ政府を不便宜と判決する、いかなる裁判官も退けるのを止めるものがなくなってしまうためである。

ここにおいて［貴族院は］拒否権全体［をもち］…、かつ定期的選挙および司法部の独立を保障する、成文憲法を持たぬ国において［貴族院にとって］他の方法でわれわれの憲法制度におけるギャップを埋めるために存在し続けることは重大である。われわれは、庶民院自体を無限に拡大すること、そして［庶民院が］貴族院になしたがることに抗して、われわれは、［貴族院のみ］で現在あるメカニズムを持たねばならぬ」（2001, p.173）。

われわれは、ハントがここにおいて、両院制を支持して論を立て、イギリスにおける下院の圧倒的優位制度に関する懸念を念頭に置いて、あえて過激な表現を使ったと、解釈するものである。
　話題は、アメリカの第二院論へと移行する。次のようなのは、アメリカ革命およびアメリカ合衆国憲法の誕生のときなのである。即ち、第二院の新しい正当化全体が公式化されるように（小さな州と大きな州の両方の利益が規模にも人口にも関係なく「州代表の平等」を規定する、第二院［the Senate］によって調整できることによって、「大妥協（great compromise）」の結果として）なるのは［こうしたときなのである］（2001, p.173）。
　「連邦主義」概念は、第二院が重要な地域的役割を果たすことによって生まれた。結果的に、地域代表は、第二院の古典的諸機能のうちの一つ、および第二院の正当化としてみなされるようになった。それにもかかわらず、書かれたごとく、「抑制と均衡」概念は以下のようにその中心に大いにあったのである。
　「連邦制は、最初期の形態において平等が哲学者の文より以上のものである、国において、混乱した民主制に抗する砦として設計された。最高裁判所、大統領、上院、および代議院は、四つの連邦権力が相互に抑制するものとして設計された。
　最初の三つ［最高裁・大統領・上院］は、第一にしてある程度まで、第三のものが大統領の執行権を抑制する一方で、第四の民主制権力に対する抑制全てであった。更に四つすべては、州の立法部が人の自然権を民主制的に破壊せぬと連邦制の活動によって確かにした。連邦制権力は制限されたが、外国貿易・外交政策・通貨の統制・および害のない制約内において、州の混乱的民主制を抑制するために必要であった、軍隊のごときもののようにきっちりと制限された。…
　第一に、…憲法は、専門の法律家の解釈によって修正できた。しかし憲法の修正は、できるだけ困難なものとされた。第二に、国民の意思は、連邦の意思と州の意思とに分けられた。国民の意思はかくして弱められた。第三に、外交政策は、代議院の統制から除外された。第四に、上院は、民衆の最も入

念化された意見として設定された」(R.H.Crossman, 1969, pp.97-8)。

　ここではまず、アメリカの連邦制国家の統治機構における民主制的民衆の権力を抑制する目的としての上院の設置が述べられた。続いて上院は、連邦州毎に二人定員に重点をおくことによって、民衆の数的多数による暴走を抑制することにも言及される。最後に、連邦制の統治機構における四つの要素は本来、抑制と均衡によって安定性を確保しようとするものである。しかしそれも民主制的権力を抑制するものとして、上院にかなりな政策的権限が与えられているというものである。最後に憲法の修正も数的多数によって改正を容易にせぬように、憲法の改正を困難にするように設計されたとして結ばれる。

　第三に、第二院は、民主制的に代表的な議院の一部として思えぬか、あるいは少数派の一部であるとしても、少数派の一部のみであるようにも思えぬかのいずれかである社会内の要素の代表（例えば、イギリスに抗する革命に続く、憲法的決着のときに、あるアメリカ上院の正当化であったごとく、数世紀にわたって、イギリス貴族の役割としての地主貴族、あるいは白人、男性、財産所有者）を与えることができる。

　第四にしてこの点からの展開によって、自由化過程と民主化過程に含まれる州立法部は同時的に、「大衆代表を提供すること」と、エリートと少数派の利益を保護することを通じて、「安定を維持すること」において「困難な均衡」を図らねばならぬ。

　第五に、政治制度内の第二院の存在は、「熟考と再考」に時間を与えることができる。この役割は、現代における第二院の中心的なものである。つまりこれは、第一院による審議を経た法案を、更に別の角度から慎重な審議を加え、加えて再考というより高い討議を加えることによって賢明な適法過程を行うということになろう。これについて次の3人による説明がそれぞれの積極的な両院制擁護論となっている。

　まずW.チャーチルのブレーキ論を確認してみよう。即ち、両院制の熟議と再考論を、自動車のブレーキにたとえる。「もし人が自動車を持つならば、その人はブレーキを当然持つべきであろう。…当然なこととしてブレーキが

不可欠である。…ブレーキは車が早く走行しすぎて事故を起こすのを防止する」（W.Churchill, 444 *H.C.Debs*., c208［11 Nov.1947］）という。

　これは理解しやすくして含蓄のある比喩である。

　続いてG.ワシントンは自ら、両院制を理解したごとく、熱い液体に両院制を喩える。即ち、熱い液体を容器に、更に注ぐことによって容器の中の液体を冷やす方法で、第二院の必要性ないし有用性を説いた。「われわれは、立法を冷やすために上院にさらに冷たい液体を注ぐ」（*Listener*, 104/2690, 4 Dec.1980, p.742）のであるという。このワシントンの比喩も分かり易くして深い含蓄をもつものであろう。

　最後に、L.スターンが以下のように書いたごとくであるのは、まさに両院制の理念なのである。「古代のゴート族は、自分達の国にとって重要なこと全てを二度にわたって討議する、賢明な慣習をもった。即ち、一度は酒に酔って討議したものであり、もう一度は逆にしらふの状態で討議したものである。酔って討議するのは（自分達が迫力を欲せぬ）ものであり、しらふ状態で討議するのは（自由裁量を欲せぬ）ものである」（L.Stern, cited by S.D.Bailey, ed., 1953, p.7）という。

　かくしてわれわれは、熟考と再考という、今日でも第二院に求められる役割論を有名な論者による含蓄があり、明確な表現によって確認したこととなろう。

　最後に、第六の第二院の役割によって締めくくることとする。第二院は、第一院から立法をきちんと仕上げ、かつ改善するのに極めて有用であり得、かつ第一院における圧力の混雑を和らげることによって、大いに有用であり得るのである。

　われわれは、政治制度論の古典といわれる、W.バジョット（W.Bagehot, 1826-77）による『イギリスの立憲制』におけるものによって上院の原理論を確認する段階に来ている。彼によれば、イギリスの政治制度の最も重要な特徴は、執行府と立法部が下院の委員会である内閣によって緊密にリンクされたことにあると言った。さらに彼は、効率的な部分がその執行府部門としての内閣とともに下院であったという。君主制と貴族院は主に威厳的部分に属

した。従って効率的部分の機能は、統治任務を行い、威厳的部分の機能は、国民の心性に与える印象によって安定を与えることにあった。バジョットの貴族院の役割については、この主著の第4章「貴族院」にあるものによって確認できる。

われわれは、下院の欠陥によって上院の存在の正当化を提示する有名な1節を引用してみよう。

「完全な下院の下では確かに、上院はほとんど価値がなかろう。もしわれわれが国民を完全に代表し、いつも穏健で、必ずしも感情的ではなく、余暇をもつ人々で溢れ、適切な審議に必要なゆっくりとして漸進的な形態を、省かぬ理想的な下院をもったならば、確かにわれわれは、より高次な議院など必要としなくともよかろう。

われわれがいかなる人も、立法法案を調べたり、あるいは修正したりすることを欲せぬほど、うまく立法法案作業がなされただろう。…しかし理想的な下院の隣では、上院が不必要となるが、…実際的な下院では、修正し、かつ余暇をもつ立法部［上院］は極めて有用である」（［1867］1993, p.136）。

ここではわれわれは、下院が無謬ではないため、下院の立法法案を上院が最終的に仕上げ、かつ激しい第一院による立法過程を経たものを、和らげる役割について古典的な著作によって最終的に確認することとなった。即ち、下院における国民間の利害がきわめて錯綜した法案に対して高所から、上院が時間をかけ、入念な仕上げを最終的に成し遂げることをかくしてバジョットは、表現したのである。

イギリスの政体内における第二院の古典的機能は、1918年のJ.ブライス委員会報告によって与えられた。人は、この委員会報告が理論と実践を引いた範囲を確かに理解する。

ブライスは、以下のように上院の「四つの機能」を規定した。
〈1〉第一院からもたらされる「法案の精査および法案の修正」［機能］。
〈2〉法案が十分に審議され、かつ第一院に提出される前に、十分に審議されるならば、第一院を通じてより容易な可決をなし得る、実際上、非論争的な性格をもつ主題を扱う法案提出［機能］。

〈3〉国民の意見が議会に適切に明らかにされることを可能にするのに必要であり得るような法へと、法案の可決を遅らせる［機能］。
〈4〉例えば、外交政策問題のような大きな問題にして重要な問題についての十全にして自由な討論［機能］（この場合には第一院が極めて多忙にして自らを見失いがちのときなどに生じる）。

　より一層最近（にしてイギリスの文脈で再度）、この主題は、王立委員会が取り組んだものである。この委員会報告は、可能な第二院の役割論議を長く支配した四つの特有にして別々な傾向として記述することを強調した。
　それは以下のように記述され、かつ説明された。
〈1〉「一連の資料からの助言」、即ち、一連の異なった経験や視点（第一院のものと異なる）が立法提案および公的事項に一般に影響を与えるため、もたらし得る手段を与えるものである。
〈2〉「王国の諸階級（estates）」、即ち、今存在する（過去にあったものとは逆な）ごとき広範な社会代表であり、［第一院議員であるよりも代表的］にして社会の多様な経験と伝統に反映するものである。
〈3〉「抑制と均衡」、即ち、代議院における多数による政府の抑制として活動する。
〈4〉「地域代表」、即ち、簡明に、人口を代表するものと区別するごとく、国家・地域・州・あるいは国家の他の地域単位に直接的に権利を与えるものである。しかしこれらの諸単位のいずれも、両院制の代表を積極的に必要とせぬことが記されるべきとしてその過剰性に抑制を付け加えるものである。
　かくしてわれわれは、今日の第二院制度における基本的要素を、ブライス委員会報告に従って確認した。本書は、この古典的なブライスの両院制説の論点を基準として、両院制度論を展開することとなる。

§3. 結　論

　われわれは、本章においてN.D.J.ボルドウィンの『第二院』における「結び」論稿を基準として、かつそれを補う形式をとって、「両院制の原理論」

を展開してきた。本節では各節の論述に言及しつつ、かつ補足を加え、結論とすることとなる。

最初の「序論」節においてまず、両院制度に徹底して注目する立場を示した。そうした視点から「両院制の原理論」章は、両院制や議会制を論じる意図から説き起こした。本章の意図は、われわれが本書において分析するM. ラッセルによる新しい二院制論が広範にわたりすぎるけれども、古き原理論が十分に示されぬ傾向があることから発する。これには大いなる論述を必要とするがゆえに、手短な近現代の原理記述を示さねばならぬというものである。従って、われわれは次章で示されるけれども、思想と制度の関連が重要であるがゆえに、最初に近現代の原理的論述を前提として示すこととなる。更に本章は、次章が古き両院制起源論や思想と制度の関係を論じるのに対して、近現代の古典的原理論と銘打って、後の諸章が今日的な争点を多く論じるため、予め前提とすべき論述を配置することとなったのである。

続く「両院制の原理論」節は本章の本論となり、二つの項にわけ、古典的原理論を展開するものであった。

「二つの両院制思想学派」項は、両院制思想学派と命名し、主に両院制を重要として論じる古典的原理論記述に焦点をあて、かつこの記述を引用しつつ、その主要概念を確認するものである。これは主に、能力ある賢人からなる第二院を前提として論じられる。それは、ミルやメインを重視する、マリオットによる論点整理を素材として確認される。われわれはここにおいて特に、メインという近代の碩学者の人類学的にして自由主義理論家の論述における複雑性、および均衡的視角の重要な記述を配した。

第二項は「両院制の目的ないし役割原理論」である。これは前項の両院制を、必要ないし効用を肯定する思想学派から発する。従ってこの項は、二院制の思想をより具体的に説く論述に入る。それは、両院制の基本的目的を扱い、かつその役割としても論じるものである。

最も重要な目的は、アリストテレスの混合政体論から発するものとみなし得る。即ち、いかなる単独機関であれ単独の人物であれ、単独階級であれ、統治権力が集中すべきでないという信念が重要であるというものである。こ

こにおいてそれぞれの抑制と均衡が制度において大切であるというものであり、賢明にして能力をもつ者の助言を条件とする、エリート主義的要素を加えるものである。これは、イギリスの中世以来の三位一体にして立憲制混合政体的議会主権理論がまず適例であるという。

かくしてわれわれは、両院制が「選挙独裁」概念や民衆の専制といった民主主義における多数者の歪み問題を克服するものとして確認した。更にわれわれは、アメリカの上院が地域的な要素を取り入れた連邦制を、多数の民衆に対する抑制とみなす論述も辿ってきた。更に加えて、この項において、多数の代議院に抗する憲法擁護や再考といった役割もその要素として確認した。引き続き、こうした両院制の役割ないし重要性を、チャーチル、ワシントン、そしてスターンのゴート族の二つの会議説などによって、多様であるがより大衆をよく理解する人々の説得を辿ってきた。

最後にこの項において、第二院の古典的機能をJ.ブライス委員会の報告によって「四つの機能」を中心に確認してきた。

従ってわれわれは、近現代の両院制問題について、前記の論述がそれぞれの今日の機能や役割として、以下の諸章における今日的な両院制論を検討する重要な基盤のうちのいくつかを与えるものと期待する。

参考文献

D.Shell and N.D.J.Baldwin. eds., *Second Chambers*, Abingdon, 2001.

J.S.Mill, *Considerations on Representative Government*［邦訳あり］, London, 1972.

W.Bagehot, *The English Constitution*［邦訳あり］, London,［1867］1993.

H.Maine, *Popular Government*, 1885［1976, ed., by G.Carey, Indianapolis］.

J.A.R.Marriott, *Second Chambers*, Oxford, 1910［2015］.

H.Parker, *Observations upon some of his Majesties late Answers and Expresses*, 1642.

Abbé Sièyes, *Qu'est-ce que le Tiers État?*［邦訳あり］,［1789］2015.

S.D.Bailey (ed.), *The Future of the House of Lords*, Hansard Society, 1953.

倉島隆『ハリントンの急進主義的共和主義研究——抑制と均衡の市民的国家制度思想——』(2015) ほか。

第3章　両院制の成立の歴史的検討
（J・マニーらの所説を中心に）

§1. 序　論

　周知のようにここ数十年にわたり、新制度論アプローチの浸透によって、議会研究がかなり進展してきた。われわれはそれを踏まえ、研究を進める段階にある。まず本書は、イギリス議会研究のうちの各論にあたる両院制（特に上院制度）を取り上げる。こうした二元的立法部からなる研究も比較研究として広範に及ぶ性質がある。しかしその上院論は性格上軽視される側面ももつ。とはいえ上院制度研究も、議会制度の主要部分としての下院研究と同様に、着実に進展してもいる。しかしながらわれわれは上院を検討対象とするがゆえに、両院制における上院研究の問題点に言及せねばならぬ。

　まずわれわれは両院制について、その理論的視野と制度的視野との複眼的論理の問題点に注目する。日本において従来のイギリスの両院制（特に上院制度）論は、制度に多く重点が置かれてきたが、理論ないし思想との関連について必ずしも十分に論じられてきたわけではない。学術研究においてこの二つの次元は、不可分である。前記のように、確かに最近の議会研究において制度研究が勢いを増しつつあり、その両輪ともいえる思想研究も徐々に進展しつつある。しかしながら、日本における「イギリス上院」研究において、必ずしも十分な思想研究がなされていないことも事実である。

　とはいえ両院制における上院制度を複眼的視野から検討するといっても、生易しいものではなかろう。日本において、これと取り組もうとする研究は比較的に少ないが、われわれは優れた英文による先行研究に恵まれている。従ってわれわれは、こうした理論と制度の両面ないし複眼的視点から論じたJ.マニーとG.ツェベリスによる『両院制［*Bicameralism*］』(1997) の研究に関心をもつものである。われわれは、前章において近現代におけるいくつかの両院制の原理的な著述を示してきた。本章ではそれを受け、かつより広範

にしてよりパラダイム的に論じようとしたマニーらの研究を中心に検討することとなる。

　彼らの両院制研究は、その第1章「両院制の歴史的視点」と題されるものから始まる。マニーらはまず、「両院制立法部は審議が二つの議院から構成される」ものと定義づける。彼らによれば、「両院制の進化、およびこうした構造を支える思想的正当化」を辿るという。マニーらは、「二つの分析の共通項（「政治的次元」[相対的な権力の均衡に反映する両院間の妥協を求める、社会の選好の代表のこと]と「効率的次元」[両院間で共通の根拠を見出す、「立法生産の改善のこと」]と呼ぶもの）」に従うことによって両院制を制度的進化や思想的正当化を辿ることになるという。

　われわれは、この『両院制』において「立法」概念が先見的に使われるがゆえに、簡単に言及する必要がある。まず広義における法（law）は、人定法（Human law）を含意する。更にこの広義の法は、特定の国家ないし共同体がその成員を拘束するものとして承認し、公式的制定からであれ慣習からであれ、発するルールないし規範の集合といわれる。「立法」はこの法を形成し、かつ制定することを含意する［OED, etc.］。かくして本章はこの「立法」に戻って、『両院制』の検討を継続することとなる。

　マニーらは、この基本概念にいたる問題の設定から論じ始める。

　現在の「立法は、以前に確立した立法の形成方法を変えた」と説き起こす。「立法というものが新しい方法によって行動を規制しようが、行動の規制を緩和しようが、個別の選択を認めようが、立法の現状を変える」ものであると説く。「両院制立法部において、現状は二つの様態で修正可能である」。従って両院制の効率次元は、両院制立法議院が「共通益」をもつことを認めることとなるという。彼らによれば、両院制の「効率次元」はよりよい状態にさせる結果を生み出すためであると説く。

　その結果としてマニーらの分析は、「立法結果の安定」および「立法の質」に焦点をあてるものとなる。「質」用語は、「実体的意味」と「議事手続的意味」をもつという。民主制において「立法の質の改善」の実体的意味は、人々の代表によって述べられるごとく、市民の選好結果により近く、この現状

からの移行を示すものである。「議事手続的意味」は、「望まれた結果を遂行する」多様な方式（最高の効率的結果は少なくとも、これに費用をかけてでも達成する）があると示す。両方ともに両院の共通益（両方ともによりよい状態にさせる決定）を示す。

対照的に両院制の「政治的次元」は、異なった利益や選好が両院機関において明らかになし得ることを認める。選好が異なるところで、両院議院間の対立は、立法結果において生じる。「政治的次元」は、その再配分の性質のため、「政治的」と称される。即ち、一方の議院の選好により近い結果は、他方の議院を依然としてよくさせぬ状態におく。その結果この分析は、両院間の相対的な権力の均衡（即ち、不満足な結果に拒否権を行使し、かつ［ないし］この選好を課す各議院の遂行能力）に焦点をあてるという。

かくしてマニーらは、こうした両院制次元の両方とも、古代ギリシャ・ローマから18世紀のヨーロッパまでの時代を通じて、政治哲学者達によって認められたと論じるに至った。従って多様な要因が両院制の制度的発展と思想的発展を二分するように介在した。現代の専門家の助言を通じてのみ、「立法の改善を促進させる」ことによって、「弱い」ないし「重要でない」と分類される上院もあれば、上院の政治的構成者達の選好に反映された、上院の選好が最終的な立法結果に影響を与える「強い」（ないし重要である）と分類されたものもある［Lijphart 1984：99］という。

§2．古代ギリシャ・ローマの「両院制に類似する」制度論

本章において、マニーらが、前節を通じて方法論的説明をなしたため、本節で、両院制以前の古代のギリシャ・ローマの両院制に類似する制度と思想を手短に辿る。われわれは、彼らの論理を辿ることによってその両院制にかかわる制度や起源事項を考えることとなろう。

マニーらはまず、「現代的な意味の両院制立法部は古代ギリシャや同時代の他の地中海文化において欠ける。しかしこの時代の政治的存在は、政体を統治するために代表制度をつくった」と説き起こす。周知のごとく、これら

の議会の執行部機能・立法部機能・裁判部機能は、明らかに分離されなかった。これらは、「市民」会議［ないし民会］の権限がしばしば制限されたため、近代的意味の両院制立法部として語ることなど不適切である。それにもかかわらず、近代の両院制立法部を特徴づける二つの審議は、こうした古代の政治制度にあったという。

かくしてマニーらによれば、ギリシャの哲学者達は、「混合政体」論に従い、こうした制度の質を評価したという。よき政体は、参加者達の知恵や有徳に帰された。しかし賢明な統治者（立法者・行政官・審判者）は、社会の構成部分（君主制・貴族制・民主制）の代表を通じて達成された、拮抗力なくしてはぐらつこう。ローマ人達は、ギリシャの混合政体原理を採用した。しかしローマ人達は、平民［ないし市民］代表に対する拮抗力よりもむしろ、安定し適切な政体を生み出すのに、有能な貴族制の優位を強調したという。

われわれは、このようにして説き起こすものから、両院制に関わる制度史と理論史に分けるものへと、あるいは少し詳細にわたって両院制度と類似する歴史に移行することとなる。

［1］制度的進化

マニーらは、「古代ギリシャ・ローマの初期の両方の政体は、二元的議会ないし多元的議会（その助言的機能は、より近代的制度に初期の制度にあたるものを与えることによって）」に依拠したと説き起こす。更にこうした両院制に関わる制度のうちのあるものは、アリストテレスによって記述される。アリストテレスは、地中海世界から自らの158カ国の国制の知識を引いた（M.J. Brunschwig 1983）。二元的助言を行う議会は、アテナイ・スパルタ・クレタ・およびカルタゴにおいて見ることができる。アテナイを除くこれらの別々な議会（assemblies）は、多様な市民階級を代表した。集団指導者からなる執行府は通常、富裕にして有徳な階級代表である、「賢人」から引き出すことによって、小規模な助言評議会を集めた。アテナイはより民主制的な政治基盤をもったため、賢人評議会に相当するものは、10部族の各々からなる50人が抽選によって選出された評議会であった（Aristotle 1959：247-307）。四つの社会［部族］全ても、社会の「市民達」が代表される広範な基盤をもった会

議をつくった。この市民会議や民会は、近代の両院制立法部に見出された、二元的審議と同じものを与えることによって、同じ争点を審議したという。

マニーらによれば、「両院制に類似した制度は、ローマの初期にも進化した」と説かれる。こうしたローマの最初期の国王が近代の両院制立法部の「上院（Senate）」の多くを後に明らかにする、名称を与えることによって彼らに助言する「長老達（elders）」の評議会を任命した。第三の協議機関は、「クリア民会（comitia curiae）」であった。この市民は、ローマの三部族を各々10（合計30）の区分に組織した市民会議（assembly）であった。市民会議は先立つ国王の死後、元老院によって選出された新国王を承認し、あるいは軍隊を支配するため、召集された。ローマの制度が進化するにつれて、多元的代表制構造がしばしば審議責務とともに発展したと説かれる。

かくしてわれわれは古代の両院制に類似したものを、マニーらの著作に沿って手短に確認した。

引き続き本節は、両院制に類似した古代の制度思想の進化過程を確認することとしよう。

[２] 思想的進化

われわれはようやく、重視する両院制の思想的起源に関わる論述に到達している。まずマニーらは、「ギリシャの哲学者達は、純粋政体の長所に対して混合政体」の長所を説明したと説き起こす。純粋政体は、混合政体がこの三つの階級の利益のうちの二つないし三つの構成要素の代表を含んだ一方で、単一の社会階級の利益を含んだ。この推論方式によれば、多様な諸利益は、僭主制ないしアナーキーのいずれかへと、政治制度の堕落を防止するため、相互に均衡を図るのに役立ったという。アリストテレスは、三つの純粋政体の堕落形態を記述する。「逸脱統治形態は、君主制から僭主制へ、貴族制から寡頭制へ、民主制から衆愚制へと堕落する。というのは僭主制は、心性において自らの利益のみをもつ君主支配であるからである。寡頭制は、見解において富裕者の利益のみをもち、衆愚制は、財産を持たぬ者の悪しき支配である。これらのいずれも全ての者の共通益［善］に目を向けぬ」（Aristotle 1956：78）。

更にこうした周知の政体論は、アリストテレスの著述によって整理される。
　これらの堕落政体形態の回避は、異なった社会階級の代表を通じて達成された権力の均衡を得た場合であるという。かくしてアリストテレスは、プラトンの理想的共和国を引用する。「衆愚制でも寡頭制でもないが、立憲制［国制］と呼ばれるものの二つの平均」(Aristotle 1956：116) であるという。アリストテレス自身は、寡頭制や衆愚制の崩壊が次のような理由で到来すると論じる。それらは、衆愚制構成要素と寡頭制構成要素とを結びつけることができないためであると説かれる。
　混合政体の利益は、多元的利益代表を通じて達成された権力の均衡から引き出す。社会においていかなる純粋的要素も、統治制度を使って社会の残りを利用することができない。かくして混合政体は、不満の爆発、および政治秩序の究極的打倒を避ける。アテナイの国制［立憲制］は、二元的審議制度の存在にもかかわらず、それが純粋政体を要請するため、欠陥があった。安定的国制［立憲制］政体は、民主制的要素・貴族［寡頭］制的要素・君主制的要素を含むことによって、社会の共通善［益］が一つの特定階級利益の犠牲とはさせぬことを確かにせねばならぬ。
　これが確立されたため、ギリシャの哲学者達は、混合代表が達成できる、実際上の制度構造を区分することに関心をもたなかった。政体の輪郭は、執行府・立法部・司法部を含んだ。各々は、利益代表的な経路を代表した。上述のごとく、元老院に似た制度は、終身任用から生じる可能性、および彼らの議員の地位における寡頭制的性質のため、アリストテレスによって批判された。アリストテレスの方策 (1959, Book, 4) は、両院制から離れて示すように思える。統治制度への関心の適切な混合は、両院制立法機関よりもむしろ、アリストテレス的な執行府［君主制的要素］、および民主制的な審議機関を含む (Aristotle 1959：103-187)。
　ギリシャ哲学において、構成代表の効率的次元と政治的次元との繊細な区分がある。貴族制政体は、重要事項を適切に指導する「有徳なエリート」の存在のことで賞賛された (Aristotle 1959：112-13)。しかしながら、貴族制政体はいつも、寡頭制への堕落の危険状態にあった。寡頭制の圧政が阻止され

るのは、民主制的要素と君主制的要素の均衡を通じてだけであった。ゆえに教育され、かつ賢明なエリートを通じてより大なる効率への可能性が認められた。しかし政体の安定を確かにするのは、多元的な利益代表を通じる権力の均衡であった（von Fritz 1954）。

　ローマの哲学者は、政体の「効率」への元老院議員の貢献に大いなる強調を置いた。混合政体がその安定を褒めそやされる。しかし純粋政体の各類型は特定の力のため、評価された。キケロが述べるごとく、「かくして私は、国王が自らの臣民に伝える愛情のゆえに、君主制を選好し、助言におけるその知恵のゆえに貴族制を選好し、かつその自由のゆえに、民主制を選好する」（Cicero 1929：140）。

　特に、元老院は、キケロの理想国家の中枢を与えた。長老達からなる評議会は、民衆［市民］に対して和らげる影響力として、年齢によって得られた知恵と有徳を当てはめた。元老院議員達は、その知恵と有徳のゆえに、統治において支配的な地位が留保された。キケロの言葉によれば、「善［利益］が多数者以上に価値があるとき、市民達は重視されるべきであるが、数えられるべきではない」（quoted in Wood 1969）。キケロは、アリストテレスと異なり、元老院議員の腐敗の可能性に関心をもたなかった。元老院議員は、不道徳な行為と不法な行為を当然慎んだ。かくしてキケロは、次のように結論づける。「国家の安全は、最も有能な成員の知恵に基礎づけられた。これは、次のような理由で特に当てはまる。即ち、自然は、勇気と能力で優れる人々をして、弱き人々および、こうした最善な人々に快く自らを服せしめる弱き人々に対して、支配させるように工夫したためである。かくして一人の支配者における本質的な弱さ、ならびに多数者における本質的な容赦なさとの間において、貴族制は、中間的地位を保つようになった。実のところ、より完全に均衡をとり得る者など存在しない。貴族制が国家を擁護する限り、民衆［市民］は、最も幸福な状態で必然的にある」（Cicero 1929：138-9）と。

　キケロは次のようなところで、ギリシャの混合政体の理想から逸脱し始める。そこには貴族制の貢献は、拮抗力の存在と解けぬくらいに確かにされる。政体の貢献を示すのは、貴族制の特徴である、彼らの「勇気と能力」なので

ある。元老院の知恵の利益の強調は、現代の両院議院の議論における反映である。この強調は、第二院で代表された利益に関係なく、両院議院の特有にして別々な正当化となる。

　上記で与えられた諸事例が示すごとく、多くの二元的審議の歴史的事例が存在する。大部分は、しばしば両院制形態において、政治的決定形成における多元的な利益代表に基礎づけられる。元老院が、統治の効率を改善できる助言［諮問］機関であるという概念は、決して全体的にその対話から欠いていない。「二元的審議構造（政治的次元と効率的次元）」を特徴づける二つの次元は、解けぬくらいに絡み合わされた。一方は、他方の存在なくして利用できないという。

§3．本来の両院制の制度と思想

　近代的な意味をもつ両院制の最初期の登場は、14世紀のイギリスにおいてなのである。18世紀までイギリス議会は、政治制度モデルとして欧米の哲学者達の間で広くみなされた（Wood 1969）。イギリス議会における二つの別な決定議会［庶民院と貴族院］に集まるイギリスの実際の立法は、古代の混合政体の視野から創り直された（Wood 1969）。この立法部は決定の在所として定義づけられた。次に、混合政体がイギリス議会に適用された。下院は、社会の民主制的要素を代表した。上院は、貴族制的要素を代表した。国王の拒否権は、君主制的要素を代表した。二つの両院制次元［政治的次元と効率的次元］はなお、解けぬくらいに絡み合わされた。統治に代表された多様な社会的諸利益間の権力の均衡は、政治制度がある集団に対する専制へと悪化させぬことを確かにした。

［1］制度的進化

　両院制立法部は、「国王の大評議会（Great Council［concilium magnum］）」（国王への助言［顧問］会議）から進化した。この進化は、二つの世紀にまたがる三つの別々な段階を含んだ。この過程は、第一に、大評議会における「課税権の保持」によって開始した。第二に、これは、大評議会における「代表

の拡大」によって続けられた。第三に、最終段階は、これらの多様な諸身分の二つの［別々な］議院への区分であった。

　最初に、イギリスの政治制度は、ヨーロッパ大陸において進化する政治制度と類似した。国王は二つの助言［顧問］評議会（国王の宮廷）に頼った。一方は、「職業的行政官達」および緊密な個人的顧問達から構成された国王の小評議会（concilium）であった。もう一方は、聖俗両方の封建貴族から構成された大評議会であった。小評議会は、恒常的会期における常任的会議であった。他方、大評議会は、特別的争点（特に課税）を議論するために定期的に召集された。イギリスの貴族制は、継続的に拡大された立法統制の基礎を創ることよって、課税権に対する成文上の保障を引き出すことができもした。1215年にジョン王によって署名されたマグナカルタは、慣習的な封建制的支援とは別に、全ゆる国王の課税の要請のため、同意を必要とした。それも大評議会における議員資格基盤である、封建土地保有要件から特別召集へと移行した。かくしてイギリスの大評議会は、純粋な諮問機関よりもむしろ立法評議会基盤が置かれた。

　大評議会の議員資格は、多様な理由で拡大された。最も共通なものは、国王の私的費用と公的費用を支えるために特別課税が必要であったものである。より広範な代表の要求は、州の執政官［sheriff］を通じて普及された、地方代表を選択するために、一般的召集形態をとった。最初の騎士による州代表記録は、1227年に辿る。下位の聖職者は、1254年に最初に召集された。都市民は、1283年に国王評議会とともに召集された。所謂「模範議会」［1295］は、この代表の拡大基盤に反映する。模範議会は、高位聖職者、世俗の男爵［貴族］、下位の聖職者代表、37の州の各々から2人ずつの騎士、および110の都市や自治市の各々から2人の都市民を含んだ。「模範議会」の名称は幾分、誤称であろう。というのはこの時代の多くの議会では、より制限された議員資格であったからである。それにもかかわらず、14世紀前半までに、三身分（聖職者・貴族・および「他の特権集団」）代表をはじめとする「頻繁な」議会類型が樹立されていた。

　制度的進化の最終段階は、大評議会の二つの別々な機関への区分を含んだ。

元々の区分は、土地財産に基礎づけられた。近代議会において例えば、三身分は、国王の演説を聞くために一緒に集まった。次に全ては、国王の課税要請を審議するために別々に通った。各々の身分は、異なった総額を承認した。都市民は7分の1を与え、地主階級［男爵と騎士］は11の1、および聖職者は10の1を与えた。しかし貴族院と庶民院との究極的分離は、個々の召集と一般的召集との区別、個々人自身を代表した人々と、彼らの地域社会を代表した人々との区別に基礎づけられた。

　最初に聖職者達［clergy］は、議会から退いた。聖職者達は国王による課税要請を審議する、彼ら自身の年次聖職者会議［synods］を開いた。高位聖職者［prelates］のみ、封建土地保有者として、かつ教会指導者として、自らの地位に基礎づけられた大評議会［Great Council］に出席し続けた。下位の聖職者達の貴族からの離脱は、貴族が個人として議会に召集されるに至ったである。騎士と都市民は、「地域社会代表」として召集された。集団代表と個別代表との区別は、騎士と都市民との間における共通の認識の増大によって補強された。騎士と都市民は初めにエドワード二世［1307-27］治世下において、大評議会期中に国王に、騎士と都市民が協同して請願を提出した。この協同は、エドワード三世［1327-77］の治世下において一般的となっていた。1339年議会における騎士と都市民は初めて、ともに集まり、国王による補助金要求を審議した。その後、騎士と都市民は、自分達の別の議院で集まった。かくして1339年までに、イギリスは、両院制立法部［bicameral legislature］の基礎次元をもつに至ったということができよう。

　この両院制制度構造は、オリヴァー・クロムウェルが貴族院を廃止したとき、空位期にだけ中断された。貴族院は、1660年に君主制の復活とともに、素早く樹立された。権力は、国王から議会へ、かつ上院から下院へと移行した。19世紀の大選挙改革が行われるのは、その安定した制度環境においてであった。この大選挙制度改革は、労働階級の人々にまで拡大した。労働者階級の人々は、庶民院へと組み込まれた。

　かくしてわれわれは、マニーらの概観によって、イギリスの両院制制度の起源およびその成立過程を辿ってきた。引き続きわれわれは、次の項目によ

って特にアメリカにおける両院制思想を中心に、その制度理論の要点を確認しようと努めることとなる。

[２] 思想的進化

マニーらによれば、「イギリスの両院制史は、制度的進化が政治制度の理解というよりも、社会勢力によって進められた」と示す。それにもかかわらず、一部にはイギリス国家の安定および権力のゆえに、イギリスの両院制は、「効率的にして安定的統治モデル」となったという。驚くまでもなく政治家も哲学者も古代のギリシャ・ローマの混合政体理念を引くことによって、立法責務の二元的（両院制）区分を正当化した。C.モンテスキュー［1689-1755］は、大西洋の東側の方面におけるこの議論の代表である。他方、J.アダムズ［1735-1826］は、独立国家の成立過程における北アメリカの植民地において、類似の理解を代表する。

モンテスキューの政体哲学は、1748年に刊行された『法の精神（*De l'Esprit des Lois*)』において要約される。この著作において、モンテスキューは、単一階級が執行権・立法権・および司法権に対する支配を保持するとき、政治的自由が侵されるという伝統的立場をとる。「三つの権力（法制定権・公的決定の執行権・および諸個人の犯罪ないし対立に判決を下す権限）を行使することが、貴族であれ民衆であれ、同一人物、あるいは同一機関であったならば、このことは実のところ悲惨となろう」(Montesquieu 1874：143［1989：157］)。モンテスキューはこの視点から、ヨーロッパ諸国の大多数が統治制度における三階級ないし二階級の存在によって抑制されるため、適切と判断した。

しかしながら、モンテスキューはギリシャ人とローマ人を区別して、彼ら［ギリシャ人］が統治において想起すべき役割の標として、君主制・貴族制・民主制の特徴に基づいたという。執行権は、君主の手に最もよく置かれる。君主は行動が必要なとき、素早く行動できる。他方、立法権は、単一人物よりもむしろ多くの個人によって「よく律せられる」という。更に貴族制は、単一の立法機関において個人代表として代表されるならば、この貴族制度によって圧倒されようし、こうした制度構造を支えることなどできないと説かれる。ゆえにモンテスキューは、貴族と民衆［市民］(the people) のための別

々にして同等な立法機関を推奨した。

「国家には生まれ、富、あるいは名誉によって区別される優れた人々がいる。しかしもしこうした優れた人々が一般人の間で混同され、かつ残りの者のごとく、貴族が一票に投票権しかもたなかったならば、共通な自由は、一般人によるものへの隷従となろう。こうした優れた人々［gens distingués］は、民衆の解決策の大部分が優れた人々に反するごとく、共通利益を支える利益をもたなかろう。ゆえにこうした優れた人々が立法においてもつ役割は、他の人々が国家においてもつ利点と比例されるべきである。こうして比例される役割は、民衆［市民］(the people)が自分達のもののいかなる侵害にも反対する権利をもつごとく、人々［市民］の企図を止める権利をもつ機関を形成するときにのみ、生じるのである」(Montesquieu 1874：146［1989：160］)。

これは、両院制立法部に関する重要な主張となる1節でもある。

従って、マニーらによれば、立法権はまず貴族の機関に託され、かつ民衆［市民］(the people)を代表するために選出された機関にそれぞれ託されることとなる。それらの機関は、議院および審議をそれぞれが別々に持ち、各々はその別々な見解と利益をもつ(Montesquieu 1874：146［1989：160］)という。

イギリスは、三階級における政治権力の分立を通じて、市民の政治的自由を保持する同時代の政治秩序としてモンテスキューによって選び出され、理想化されることとなる。これまで完全な均衡は、イギリスにおいてのみ、達成されていたという。かくしてわれわれは、モンテスキューが自らの両院制論を、イギリスが現実に実現していると主張する著述を確認した［1989：157］。

最後にマニーらによれば、モンテスキューは、再度古代に戻って、元老院の特有な性質を記した。元老院議員は、共同体における年齢・有徳・および行政サーヴィス［公務員制］の特徴も共有したという。こうした元老院たる評議会は、健全な助言を通じて政体の安定を補強することとなろう。換言すれば、元老院はその第一原理を社会に想起させ得る、賢明な機関であったという。モンテスキューによれば、アリストテレスが懸念した世襲貴族の腐敗の可能性は、この立法議院に、提案権を拡大するよりもむしろ、拒否権へと世襲貴族の立法権を減じることによって、避けることができると主張される。

第 3 章　両院制の成立の歴史的検討　69

　続いてジョン・アダムズの両院制論へと移行する。
　『両院制』(1997)によれば、「J.アダムズは、立法権が主権的であると論じるがゆえに、この制度の構造内で構成要素的諸利益の均衡を必要とした」という。アダムズは、「立法権が当然にして必然的に主権的であり、執行府に対して至高であるがゆえに、執行権が立法権の不可欠な部門とされねばならぬ」という。これは、伝統的な議会［立法］主権論に基づき、執行府の議会への組み込みを望ましいとして、イギリス流の議院内閣制的な統治機構を強調するに至る。アダムズによれば、完全な憲法は「三部門の均衡、政治的三位一体の統一、および執行権の統一であった」という。
　アダムズにとってアメリカ社会をはじめとする各社会は、ギリシャ人達が列挙したのと同じ区分［一人・少数者・多数者］に反映する。これらの区分は安定した社会を確かにするために、統治に反映せねばならぬという。ゆえにアダムズによる三位一体型憲法は、三要素からなる立法部であり、貴族制的要素と民主制的要素を代表する両院、および君主制的要素を代表する執行府（拒否権が与えられる）であった。
　アダムズもイギリス統治において完全な均衡を発見もした。しかしながら、アメリカ植民地の状況がヨーロッパ大陸の状況とは別であったため、定義の適応が必要となった。アダムズにとって、イギリス人とは異なり、世襲君主制と選出執行府とは少しの相違もなかったのである。つまり彼にとっていずれかが、執行機能を遂行するのに適合し、かつ国民全体の利益を代表したということになる。アダムズはハリントンと同じく、貴族制が、能力において優れているという「自然的貴族制」観を採用した。従ってアダムズ流に解釈すれば、生来の能力よりも、成長するにつれて遂行能力を高めた人々が執行府遂行能力を身につけたという論理となろう。更に補強すれば、自然的貴族制は一般人に欠く、富と知恵を有する人々であるということになろう。
　アダムズが立法部に求めた均衡は、ギリシャ人達によって推奨された、より広範にわたる統治の均衡と同じである。
　「社会には三つの自然的制度（君主制・貴族制・および民主制）が相互に見張り制御するために憲法上、置かれる。…かくすることによって各々の制度

は、他の二つの制度との均衡を図る。執行府は上下両院、上流階級、貴族制と民主制（特に貴族の傲慢から民衆［市民］を保全する）の均衡を保とう。元老院は、国王と民衆［市民］ないし民衆代表（特に国王の支持者達の簒奪から民衆を守り、あるいは専制君主を設定する民衆［市民］の傾向から）の均衡を保とう。そしてコモンズないし民衆［市民］代表は、国王と元老院（特に貴族制の羨望から国王を守る）との均衡を保とう」（quoted in Walsh 1965：80-81）。

　アダムズからの引用は長いが、古代の混合政体論を受け継ぐイギリスのそれへと、民衆、貴族、国王がそれぞれの腐敗状況ないし権力の濫用から保全するため、均衡と抑制論を展開するものであった。

　最後に、この項を次のように、マニーらは結ぶ。

　18世紀の政治思想の代表として、モンテスキューとアダムズはともに、ギリシャの混合政体哲学を、特有な制度形態（両院制立法部）に適応させた。二人の思想家による二元的審議議会［assemblies］の政治的次元と効率的次元の理解は、同様に類似であった。貴族制は、その知識・訓練・年齢・およびサーヴィス（役務）のことで賞賛された。しかし貴族制は貴族権力が君主制（世襲制であれ選出制であれ）と民衆の権力によって抑制されなければ、政体を改善するこうした技術を与えることに耐えなかろうという。

§4. 結　論

　われわれは、本節において前の諸節の要点を確認しつつ、若干の補足を加え、本章を結論づける。

　まずわれわれは「序論」節において、近年における政治制度論アプローチの進展傾向に言及した。とはいえ、特に日本においてより各論的になる、両院制研究における制度と思想の両次元にわたる、研究は少ない。確かに両院制が理想であるという論者は、必ずしも多くはなかろう。精々のところ、イギリス革命期の制度思想家である、ジェームズ・ハリントンによる「決定権をもつ代議院」と「討議権と提案権をもつ元老院」の両院制の不離不可分論が目立つ程度であろう。しかしながら、一方において制度は、持続性や規範

第3章　両院制の成立の歴史的検討　71

に関わるものでもあるがゆえ、思想や合理論とは切り離しがたいものである。

　いずれにせよわれわれは、両院制の制度と思想についてまとめる、マニーらの『両院制』研究をたたき台として検討するに至った。彼らの著作はまさに、最近の政治制度論の主流といわれる新制度論や計量政治学の一環として、両院制の制度と思想を扱うものであった。ゆえにわれわれは、マニーらの研究が新しい視点に立脚しつつ、制度論と思想史との複眼的理論をもつため、評価に値するとみなすものである。

　両院制以前の「古代ギリシャ・ローマ期の『両院制に類似する』制度論」に関わる節において、両院制の原初的制度と思想の起源などについて、『両院制』(1997)を検討してきた。この著作の古代の歴史的部分は、たんに両院制の歴史的起源にとどまらず、近代議会や議会主義の起源ないし類似性をもつと言い得る制度思想史を含む。もちろん古代のギリシャ・ローマの議会制度は、根本において有能にして有徳なエリート階級などに依拠し、制度的にも現代民主主義とは大きく異なる。とはいえ、近現代における上院制度も、思想的に古代と同様にエリート主義的視点から平等主義的民衆主義を補完する理論を展開するものである。現代は、従来の少数エリートの能力を一般人も多くもつようになったと解釈可能である。

　われわれは、最後の「本来の両院制の制度と思想」節の要点に言及する段階にきている。これは、イギリスの大評議会が14世期の半ばに両院制として成立することに関わる。この大評議会が、二つの議院に分かれて、立法を審議する局面から開始する節である。両院の究極的分離は、個々の召集と一般的召集との区別、自らが代表した人々と、彼らの地域社会を代表した人々との区別に基づいたのである。これは、後の両院制の思想的根拠が、上院のエリート主義的視点から、混合政体論として展開されてきたものとつなぐこととなる。

　名誉革命以後のイギリスの立憲制は、こうした混合政体論に基づき、階級的抑制と均衡論によって合理論化することとなる。換言すれば、イギリス国家は、国王の権力を抑制しつつも、下院の平等主義的民衆に対して、上院のエリート主義によって民衆の代議院の権力の濫用ないし不十分性を抑制する

ことによって正当化することととなる。われわれは、こうした近代の両院制理論を、新しい建国の父達がアメリカ革命前後期のモンテスキューやジョン・アダムズらの著述を通じて、新しいアメリカ国家に多く適用しようと試みたとみなすものである。

われわれは、こうした知恵と知的能力をもち、あるいは有徳な少数者を代表する「上院」と多数者の民衆を代表する「下院」との均衡、および抑制の制度と思想を念頭に以下の両院制に関する諸章を展開することとなろう。

参考文献

G.Tsebelis and J.Money, *Bicameralism*, Cambridge, 1997.

Aristotle, *Politics*, Loeb Classical Library, Massachusetts and London, 1990［邦訳あり］.

―――, *Aristotle's Politics and Athenian Constitution*, edited and translated by J.Warrington, London, 1959.

Cicero, *On the Commonwealth*, Columbus, 1929.

Von Fritz, *The Theory of the Mixed Constitution in Antiquity*, New York, 1954.

Ch.Montesquieu, *De L'Esprit des Lois*［邦訳あり］, Paris, 1874.

―――, *The Spirit of the Laws*, translated and edited by A.M.Cohler et al., Cambridge, 1989.

C.M.Walsh, *The Political Science of John Adams*, New York, 1915.

G.S.Wood, *The Creation of the American Republic, 1776-1787*, New York, 1969.

Hamilton et al., *The Federalists*, ed., by T.Ball, Cambridge, 2003.

R.D.Davies et al., eds., *The English Parliament in the Middle Ages*, Philadelphia, 1981.

A.Lijphart, *Democracies*, New Heaven, 1984.

倉島隆『ハリントンの急進主義的共和主義研究――抑制と均衡の市民的国家制度思想――』(八千代出版、2015)、など。

第4章　1997年以来の立憲制改革
　　　（M.ラッセルの所説を中心に）

§1. 序　論

　われわれは前章において上院制度を、古代から近代に遡って原理的に概観した。本章の目的はこれを受け、より最近の立憲制改革事項を概観し、本書の各論の前提となるように構成するためである。本章においてわれわれは、特に1997年の労働党政権による立憲制改革によって変化した局面に注目する。というのはそれ以前のサッチャーやJ.メイジャーの保守党政権は、変化した時代にもかかわらず、立憲制改革をほとんど行わなかったからである。更にわれわれは政治制度に重点を置き、今日のイギリス政治を出来るだけ客観化しようとする立場を採用するため、なお更ブレア政権以来のものを整理しておく必要に迫られる。

　本書はまず、以下の諸章において1997年以後の労働党政権によってなされた立憲制改革という制度変動に伴う、イギリス政治における変化［改革によって大きな影響を与えた点］および連続性［基本的な枠組みにおいて従来のものを、継続させている点］という軸を据える。さらに言えば、われわれは、更なるイギリスにおける未来の展望の基盤を定めることを秘かに目指すものである。

　われわれは紙幅の制約上、本章においてイギリスの立憲制改革全体にわたって詳細に論を展開することは出来ない。従って本章は、イギリスの最近の労働党政権下の立憲制を手際よく整理する「立憲制政治」というメグ・ラッセル論文（2011）を素材として、手短に政治制度改革事項と論点を確認することとしたい。

　まずその「立憲制政治」の序論は、三つの段落からなる。これは、ラッセルの論文の全体像を手短に示すものである。ラッセルによれば、「1997年と2010年との間の労働党政権における拡大期間のうちで最も明確な遺産のうち

の一つは、立憲制改革プログラムである」と説き起こす。更に続けて、V.ボグダナアという主導的な立憲制史学者は、それを「イギリスが1911年ないし1832年以来示しているうちで最も急進的な立憲制改革プログラム」(2001；143)と記述しているという。しかしこれにもかかわらず、2010年5月に形成された保守党と自民党の連立政権は、労働党の諸改革が一般に受け入れられぬと例示することによって、それ自体の大きな立憲制改革政策課題をもって到来した。そして連立政権は、それがあまりにも進み過ぎていると例示することによって、あるいはそれほど十分でないことで多様に批判されていることでともに到来した。

　かくしてこのラッセル論文は、本章においてわれわれの立場と同じくブレア政権によってもたらされた政治制度改革の政策課題を確認する。

　第二段落はまずこれを受ける。「最近の立憲制改革史を回顧し、かつそのあり得る未来に向かって展望する」として1997年以来の改革過程とその未来展望を、ラッセルは述べるという。これは1997年から2010年までの労働党下の立憲制改革について、均衡のとれた評価をしようと努めるものである。その期間の恒久的遺産とは何であろうか、そしてその批判者達はどの程度正しかったのか。本章も、過去にも未来にもともに連立政権下の展開への文脈を設定し、かつ労働党によって残された「解決」がさらに改革されるように思える方法への文脈を設定する。

　この段落においてラッセルは最初に、われわれの視点と同じくなるべく客観的に、最近の立憲制を労働党政権の政治制度改革の過去と未来にわたって概観するという。さらに彼女は、それが普遍的なものなのかも問うという。

　第三段落はまず、それをより具体的に換言する。即ち、「1997年から2010年期中の展開に続くものにおいて、最初にブレア政権下の前半からG.ブラウン政権下の後半について要約される」という。ブラウンは立憲制改革に大いに関心をもった。しかしブラウンの遺産は、ほとんど無に等しかった。T.ブレアは立憲制改革にほとんど関心を示さなかったにもかかわらず、広範な改革を主宰した。これは、何であったのか。次に本章は、改革プログラムの批判者達が二つ集団(「保守的」批判者達と「急進的」批判者達として各々特徴づけら

第4章　1997年以来の立憲制改革　75

れた）から広範に出ている。三つの主要な批判［諸改革は一貫しておらず、有効でなく、かつ不安定となりがちとするもの］に焦点をあてる。本章は、次にこれらの批判がどれくらい十分に筋が通っているのかを示すために、幾つかの主要領域における改革の実施と結果をより詳細に検討し、かつ労働党の立憲制プログラムが多くそれに信頼を与えるよりもともに一貫し、かつより急進的であったと結論づける。最後に、本章は新政権が一貫した改革を実行し、かつゆえにその諸批判を鎮めることが同様に困難であることに気づくように主張することによって、新しい立憲制の検討課題へと向かう。

　この最後の段落において、ラッセルは最初に皮肉を込めて、前者がさほど情熱を持たないが、重要な遂行を果たし、後者が大改革を打ち出すにもかかわらず、ほとんど実績を残さなかったという。次にラッセルは、労働党政権期の評価における立憲制改革批判事項へと移る。これは、賛否両論からなっている。かくしてこのラッセルによれば、ブレアらの政権が一貫した改革を実行し、かつ批判に応えることが同様に困難となることがわかることを前提に更なる政治制度改革課題へと論を進めるというものである。

§２．T.ブレア首相期の立憲制改革［不承不承の急進者（Radical）］

　本節はまずラッセルに従い、下院選挙によって勝ち取った政権を、三期に分けるものに沿って立憲制改革事項を確認する。最初に、1997年以降の労働党政権による広範な立憲制改革は、公式的起点となったブレア政権における政権公約からラッセルによって論及される。

　それを受け、「2001年の労働党政権の第二期の末までに、［Box4.1］において要約された如く、全体的な一連の方策が是認されていた」という。それらは、スコットランド、ウェールズ、北アイルランド、およびロンドンにおける新しく権限が委譲された諸機関・大多数の世襲貴族を除く貴族院改革・新しい人権・および情報公開・ならびに政党資金を治める新規則［の方策］を含んだ。労働党政権は、庶民院の選挙制度改革を審議するために、独立選挙制度委員会を設置した。しかしその勧告は実行されていなかった。労働党の

[Box4.1] 1997-2010年の間の立憲制改革活動

立　法

- 1997年　レファレンダム法
（スコットランドとウェールズ）
- 1998年　スコットランド法
- 1998年　ウェールズ統治法
- 1998年　EC修正法
- 1998年　イングランド銀行法
- 1998年　人権法［HRA］
- 1998年　北アイルランド統治法
- 1998年　地域開発機関法
- 1998年　大ロンドン市政庁法
- 1998年　政党登録法
- 1999年　貴族院法
- 2000年　情報公開法
- 2000年　地方行政府法
- 2000年　政党、選挙、およびレファレンダム法
- 2003年　地域議会［準備］法
- 2005年　立憲制改革法
- 2006年　ウェールズ統治法
- 2009年　議会規準法
- 2010年　立憲制更新およびガバナンス法

非立法活動

第一期［1997-2001］
- 庶民院近代化委員会（1997-2010）
- 独立選挙制度委員会［R.ジェンキンズ委員会］（1997-1998）
- 貴族院改革王立委員会［J.ウェイカム委員会］（1999-2000）

第二期［2001-2005］
- 2002-2004年「ウェールズ議会の権限および選挙制度委員会」［リチャード委員会］

第三期［2005-2010］
- 2007年から2009年までのスコットランド権限委譲委員会［カルマン委員会］
- 2009年　庶民院改革特別委員会［T.ライト委員会］

（Source：M.Russell, 2011, p.9）

第三期に、改革は速度が減じられたが、2005年の立憲制改革法を含んだ。それは、新しい最高裁判所を設置することによって、貴族院における最高裁判官達と入れ替えることを含んだ。そしてこれは、北東イングランドへの権限委譲をなすために、住民投票を実施することを含んだ（これは、敗北した）。第三期（2007年6月、G.ブラウンが政権を引き継ぐ前）に、主要な革新は、ウェールズ議会により大なる諸権限を与える法案であった。これらの諸方策は、以下でより詳細に論じられる。

　この段落はブレアの改革過程の約十年を、ラッセルの要約に沿って説明される。いずれにせよ、下院の選挙制度改革を除き、ブレアの立憲制改革がある意味で順調に進んだ状況が示される。ここではその諸方策が次の段落において論じると宣せられる。

　第二段落はまずこれを受け、「これらの出来事を基盤にしてブレアが熱心な立憲制改革者であるとみなすのは自然かもしれぬ」と説き起こす。しかし実のところ、ブレアは、決して改革への偉大な情熱家ではなかった。労働党

政権の第一期においてさえ、彼の主要な焦点は例えば、福祉改革および公共サーヴィスといった他の国内問題についてであった。2001年以後ブレアは、（特にイラクとアフガニスタンにおける）国際問題によってより多く逸らされた。ブレアは、党の立憲制の業績について稀にしか話さなかったし、この領域の決定に至るとき、慎重ないし関心をなくしさえする傾向をもった。

　ラッセルは、ここでブレアがこの政治制度改革に必ずしも情熱的であったわけではないと説く。逆に彼は、他の国内事項の改革に強い関心をもったという。ラッセルによれば、ブレアがそれどころか、同時多発テロなどの外交問題に足をすくわれることになる側面に注目する。

　第三段落において本題に、われわれは戻ることとなる。ラッセルによれば、ブレアの立憲制改革への情熱の欠如は、次の三つの説明によって彼の業績と熱意のずれが分かるという。第一に、ブレアは、労働党の党首としての自らの前任者であるJ.スミスから、第一期で定められた立憲制目標の大部分を引き継いだことに関わる。スミスは、より説得力をもつ改革者であった。しかし彼は、1994年に急死し、かつブレアに遺産を残した。その時まで、多くの諸改革から、手を引くことが困難であった。例えば、スコットランド議会を設置する必達目標は、スコットランドにおける大規模な草の根の権限委譲運動からの圧力の時代に対する即応であった。こうした必達目標から後退することは、労働党の選挙支持基盤の主要な諸要素を遠ざけただろう。

　第二に、労働党は、1979年以来野党にあったし、繰り返された総選挙で敗北したがゆえ、単独政権を形成し得ることに1997年以前に自信をもたなかったことに関連する。かくして労働党は、可能なるハング［単独過半数を持つ政党なし］議会および［ないし］連立政権の準備をするために、自民党との協議に入った。自民党は労働党とは異なり、いつも立憲制改革に高い優先順位を置いた。両党の会談から生じる政党間（「クック-マクレナン」）合意は、一連の提案を設定した。労働党は、1997年に大きな多数を勝ち取り、ゆえに結局のところ政権運営をなすのに、自民党を必要としなかった。しかし労働党は、改革の多くを公の必達目標としていた。

　第三に、野党期の労働党は、決然と経済的に責任を負うように現れ、かつ

主要な予算の増大を除き、1997年以後の最初の二年間に前の保守党の歳出計画と合わせる公の約束をなしたことに関わる。例えば、公共サーヴィスないし福祉給付に対する如き、他の大きな改革は高価となろうし、故に直截的に十分には実施し得なかろう。対照的に立憲制改革は急進的なように思え、かつほとんど歳出を要しなかった。

かくしてラッセルはこの三つの理由から、ブレアの立憲制改革と自らの熱意とのずれを指摘するに至った。

最後に、この「三つの要因は、労働党がその指導者の両義性にもかかわらず、特に最初の初年に、全体的な立憲制改革を実施することを終えた理由を説明する」と付け加える。しかしながら、この文脈も後述の如く多分、中途半端に実施される改革もあれば、少しも実施されぬ改革もある理由を理解するのに役立とう。

結局のところ、ラッセルは、ブレア改革が実施過程において必ずしも首尾一貫してなしたわけでないと説くこととなる。従ってラッセルは、ブレアが実際にはイギリスの立憲制改革において重要な役割を果たしたにもかかわらず、熱意を欠くがゆえに、「不承不承の急進者」と称することとなったという。

§3．G.ブラウン首相期の立憲制改革［挫かれた急進者（Radical）］

ラッセルはゴードン・ブラウンを、労働党の立憲制改革においてブレアと同じく「急進者」と名づける。とはいえこの彼女の表現は皮肉なものである。これは、ブラウンが政治制度改革においてはるかにラディカル（成文憲法の主張など）であるにもかかわらず、実際にはほとんど実行し得なかったことによるからであるという。

ラッセルによればまず、ブラウンが「首相を引き継いだ後に、新鮮な弾みが期待されていたかもしれぬ」という。ブレアは、自らが首相になるとき、立憲制改革に一つのスピーチも与えなかった。しかしブラウンは多年にわたって、立憲制改革を支持していたし、書いていたし、また話していた。ブラウンは自らの党指導者選挙運動期中に、次のように言った。即ち、ブラウン

は、「立憲制改革プログラムのために国民的合意の共有を構築」することを目指し、「かつ首相としての私の最初における行動のうちの一つは、われわれの民主政におけるイギリス国民の信頼を構築するために、議会に権力を戻すことにある」と。ブラウンは首相に就く一週間以内に、この領域における自らの計画を設定するために、主要な議会声明を行なった。

　かくしてブラウンは、革命的憲法の主張を持っていたことがラッセルによって確認される。

　しかしながら、彼は、国民からの支持を取り付けるにはカリスマ性にかけていた。ラッセルによれば、「ブラウンが首相を離れた時（ほぼ3年後に）、ブラウンの立憲制改革は、きわめて影が薄かった。それはブレアの遺産に十分には至らず、かつ自分自身の初期の修辞に至らなかった」として、その要点が捉えられる。[Box4.1]で示された如く、ブラウンの首相期の唯一の明らかな立法提案は、議会規準法（以前には計画されなかった）、そして立憲制の更新、ならびにガバナンス法案であった。これらのうちの第一のものは、範囲において限定された。主要な諸要素は、それが2010年総選挙以前の議会期が切れた時、除かれた。

　ブラウンはこのようにして、自らの急進的政治制度改革の実現へと至る前提である、国民の支持を得るには条件が不足していたのである。

　このブレアとブラウンの対比について第三段落において、「再度われわれは、逆説に直面させられた。即ち、ブレアにはきわめて重要な改革は、両義的であった。しかしブラウンはそれを実施した一方で、立憲制に情熱をもったように思えたが、ほとんど達成しなかった。再び次のような三つの主要素は、首相の意図と行動との間のミスマッチを説明できる」とし、その経緯や理由がラッセルによって示される。

　第一に、ブラウンは、ブレアが首相職に10年在職した後に、首相職に就いた。その時までに、最も容易に実施可能な主要な改革は、既に起こっていた。そのアジェンダについてなお「未完の仕事」の諸断片（最も明らかに、更なる貴族院改革、および庶民院の選挙制度改革）が初期に達成し得なかったのは偶然ではなかった。これらの争点に関するブレアの懐疑は、党内で多くの者に

よって、共有された。ゆえに進展は、困難とならざるを得なかった。次にブラウンは、より一層挑戦的にして野心的である更なる諸理念（特にイギリスを成文憲法へと移行させるもの）を導入した。

かくしてラッセルによれば、両元首相が共有していた改革計画の大半が実行され、ブラウンの首相期には、それほど実行可能な事項など残っていないとみなしたという。これは、ブラウンにとって不幸であったという立場がとられる。

第二に、かくして「ブラウンは、偶発事件の犠牲となった」という。彼が首相に就く数カ月以内に、グローバルな金融危機があった。そして全ての注目が経済を安定化することに向かった。ブラウンは、10年に及ぶ前財務相としてイギリスにおいても国際的にも要となる役割を果たした。そのことは、彼の国内アジェンダの緊急でない諸要素からそらしたのである。次にブラウンも、その立憲制領域内で、議員［MPs］の歳費乱用に関する『デーリー・テレグラフ』紙における暴露によってひき起こされた第二の危機を扱わねばならなかった。これは、「議会規準法案」、および「独立議会規準機関」の設置をもたらした。これらは、他の諸改革から官僚や大臣の両方とも逸らした。

ブラウンにおける不幸は、予期せぬものであったという。アメリカのリーマン社の破綻に発する未曾有の金融危機などによって、イギリス経済は大きな打撃を受け、これに対して大きな財政出動をせざるを得なかった。更にブラウンに打撃を与えたのは「議員経費醜聞」であり、これはイギリス政治全体を震撼させたという。

第三の問題は、「ブラウン自身の性格」にあり、これも「彼が責めを負った」ものである。ブラウンは首相として二つの主要な欠陥を例示した。即ち、それは、ブラウンの優柔不断および委任を決断できぬことである。彼の立憲制の更新、およびガバナンス法案は、2008年の3月に立案として発表されたが、果てしなく遅らされた。しかし2009年6月までその最終形態で発表されず、かつ選挙制度改革の新条項を加えるかどうかに対して、さらに躊躇うことによって究極的に延期された。この法案は、次のようなブラウンの修辞が与えられれば、期待はずれのものとして多くの者によって批判された。即ち、そ

れは例えば、貴族院から退職を認めるものの如き、僅かにしか整えられぬ法案を主に含んだと。その可決は、首相官邸からの恒常的介入のゆえに、このとき誤って扱われた。これらの条項のうちのいくつかは、省かれねばならなかった。

かくしてこの問題は、われわれが懸念するブラウンにおける首相としての資質の欠如事項へと波及した。それは、制度改革が先行するのとは逆に彼の優柔不断性として、ラッセルによって指摘されることとなる。

最後の段落は、「ブレアとブラウンの両者についてわれわれは、首相が彼らの継承によって、かつ彼らの制御外の事件によって明らかに追いまくられることを知る」こととなったという。彼ら自身の政策選好によって問題を形成し得る可能性は、われわれが想定し得るよりも制限される。立憲制改革に慎重なブレアは、改革指向のブラウンが改革を阻止される方法において制約されたけれども、イギリスの改革を実行する以前の公約に制約されたという。

かくしてラッセルは予期せぬ事件などにより、更なる立憲制改革の実行へと進めるような条件が、ブラウンにとって失われるに至ったと結論づける。

§4．立憲制改革の着実な評価

前節までにわれわれは、現在のイギリスの政治制度における基本を構成する立憲制の背景をなす、1997年以来の労働党政権の立憲制改革プログラムの遂行過程を辿ってきた。本章は、それを確認するために、ラッセルの「立憲制政治」論文に沿って概観してきた。われわれはこれを受け、より着実な立憲制改革評価をなす段階に達している。

われわれはこのラッセルによる、権限委譲（地方分権改革）、国会改革、選挙制度改革、人権法と司法改革、および透明性「事項」の下で、着実な評価をなすように進めてみよう。

まずラッセル論文の「漸進的評価」節は、前の「労働党政権下の立憲制改革過程」節を受け、「多くの批評者は立憲制改革過程における比較的初期に評価した」と説き起こす。更に2010年の執筆時点にある、ラッセル論文はそ

れと比較すれば後期に属するものとなる。従って「われわれが後知恵の利点をもつがゆえに、彼らがどれくらい多く省察された精査によってもち堪え得るのか」と問う。従って既に政権の獲得から十年以上を過ぎ、かつ議論も定着した当時において彼女は、自らの節において「権力の多元化、改革の安定、および適切なところにおいて、司法化の貢献に関する主要な有効性を分析」できるという。最後にラッセルの節は、その改革の一貫性全体をはじめとする一般的評価で終えると宣言する。

［１］権限委譲［Devolution］（地方分権改革）

　ブレアの立憲制改革において最も反響があり、かつ日本においてもイギリスの「地方分権改革」として意訳されるほどに重要視されるものは、中央権限の地方層への委譲事項であったという。

　ラッセルの第一段落は、「権限委譲は、労働党によって制定された最初にして最も重要な立憲制改革のうちの一つであったし、（全ては1997年から1998年までの住民投票に従って）スコットランドの新議会・および北アイルランドとウェールズにおける公選議会をもたらした」という。権限委譲の「確立」は、［〈１〉有効性がない、〈２〉一貫性がない、〈３〉不安定である］という三つ全ての批判を受けている。権限委譲の確立は、確かにきっちりとしているように思えず、ゆえに幾分一貫せず、かつ十分に権限を委譲していないことで批判された。両方の問題は、その結果として不安定を招き得るという。

　ラッセルはまず、立憲制改革の最初期にしてブレア首相期において、三民族地域への権限委譲の成立を確認する。更にそれを前節における批判指標によって問題を定める。

　第二段落はこれを受け、「スコットランド・ウェールズ・および北アイルランドに委譲された異なった権限によって、かつイングランドにいかなる並行的計画もないことによって、権限委譲の確立の非均斉的」性質は当初、「実用主義的関心によって説明」することが出来るという。イギリスは本来、連邦制をとらず、単一国家制を採用している。従って、この地方分権改革は、後者の形式の下で、中央政府の許可によって、権限が委譲されるものであった。従ってこの権限委譲の批判の指標事項は、必ずしも一律的ではないし、

実際にはプラグマティック的な発想下で行われたという。スコットランドの分権運動家達は、ウェールズの態度が遥かに両義的であり、かつそのレファレンダムが辛うじて可決した一方で、強力な議会を要求した。その間、北アイルランドの取決めは、分派的亀裂を超えて微妙な和平の解決の一部であった。より最近に、次のように三つの権限委譲地域間であるちょっとした収束がある。即ち、リチャード［ウェールズ］委員会は、さらなる権限が委譲されるべきであると提案した。2006年にウェールズ統治法を通じて与えられたものもあれば、ウェールズ議会が2011年の第二次レファレンダムに続く第一次立法権を得たものもある。しかし権限委譲は、「一方的」であるようにいつも思える。

スコットランドは、はるかに高い権限委譲を望む者が多かった。北アイルランドは、新旧教徒間のより激しい対立が尖鋭である下における和平という形での性格をもった。更にウェールズは、前二者と比較すれば、はるかに要求熱が低かったものにかかわる。従ってこの権限委譲は、地方分権改革目標というある意味では高邁な連邦制的な目標的観点からすれば、有効性がないということとなろう。

第三段落は、更にこれを進めたものへと移行する。ラッセルによれば、まず「三つの権限委譲済の地域（areas）全てにおいて立法は、もし国会がそのように望むならば、国会の究極的立法権を保持することによって伝統的なウェストミンスターの議会主権を公式に擁護」してしまうという。これは、スコットランド問題やウェールズ問題へのウェストミンスター国会の介入に導いていない（しかし「直接支配」に一時的に戻す取決めを幾つかの機会においてもたらした）。しかしそれは、権限の委譲が意義ある権限の分散を示さぬというある解説者達の主張を刺激した。N.ジョンスン（2004：305）は、「権限委譲を与えるものをはじめとして近年の立憲制方策のいずれも責務を上下に推進させるにはあまり遂行していない」と結論づけた。この懐疑は、労働党がロンドンと同様にスコットランドとウェールズの両方で最初に諸行政府を形成し、かつ限定された政策の不一致、および主に非公式であった諸行政府間関係システムをもたらしたという事実によって更に刺激された。

かくしてラッセルによれば、この有効性指標批判を受けて、それぞれの民族地域が変化した局面に論及する。「これは全て、次のような2007年の権限委譲済の地域議会選挙に続いて変化した。即ち、その選挙は、スコットランド民族党［SNP］行政府、およびウェールズ民族党［プレイド・キミリュー］をはじめとするウェールズにおいて連立をもたらした」と。2010年に党派的利益は、ウェストミンスターの保守党と自民党の連立政権選挙にさらに分岐した。ゆえに権限委譲（地方分権改革）は、徐々にスコットランドとウェールズにおける有権者の見解を代表する、特有な機関を設置する視点で遥かに有意義となっている。この可能性は、次のような特にM.V.フリンダーズ（2005, 2009）とD.ジャッジ（2006）の如き、ある急進的批判者達によって認められた。即ち、彼らは、古きウェストミンスターモデルから離れて起こった、最も重要な動きであると「権限委譲（地方分権改革）」をみなした。
　まずその地域議会においてスコットランドは、独立国家を求める勢力が徐々に支配権を獲得するようになった。更にウェールズにおいて連立政党勢力が支配するようになったという。これはより大胆な地方分権へと、各地域がより尖鋭な要求勢力へと成長したともいえる。
　最後に、これは不安定指標に関わる。「最初の決着は、リチャード委員会に続くウェールズで既に変化している。スコットランドで2009年のカルマン委員会報告は、スコットランド議会により大きな自治を提案した。これは、イギリス国会によって約束される。しかしこれまでの変化は、主に合意的である。将来、この三地域（areas）間の諸行政府間関係は、相対立する党派的制御および国家層水準の歳出削減の両方の結果としてより多く緊張されるようになり得る。2007年のSNPの少数派政権下で、スコットランドの独立圧力は、封じ込められた。しかしこの政党は、2011年に過半数を得た。もう一つの重要な地域的不安定は、イングランドと関わる。
　かくしてラッセルは、この地方分権改革が予想を超えた影響を及ぼし、国家全体からみれば、はるかに不安定をもたらしたという結論に達した。

［2］議会改革
　本書は議会制度論とりわけ、各論的には上院制度について最も重点を置く

ものである。従って、本項は、この総論を含むものと解してもらいたい。もちろんここでは両院制度改革がテーマとされる。しかしわれわれは、この立憲制議会改革（主として貴族院のそれ、そして下院立法委員会での証拠取得の導入）を中心として行われるとみなす。従ってわれわれは、ラッセルの説明に沿って議会改革を手短にまとめることとなる。

　まず彼女の論文は、議会改革について「労働党の立憲制上の約束を奉じることに関するこの政党における最も甚だしい失敗のうちの一つは、国会改革に関してであった」と説き起こす。1997年の政権公約は、貴族院が二段階で改革されると誓った。即ち、第一段階は、世襲貴族（彼らは、貴族院におけるその議席を世襲的に継承し、かつその議院の多数を形成した）を除去することである［暫定上院］。第二段階は、「より民主主義的にして代表的」な第二院を創設することである。第一段階は、次のような1999年の貴族院法を通じて（多かれ少なかれ）実施された。即ち、その貴族院法は、ほぼ92人の世襲貴族以外に（世襲制）全てを除いたし、この議院を主に一代貴族から形成される状態に置いた。しかし第二段階は、この問題の王立委員会の設立・ならびに多様な政府の『白書』・議会委員会・および外部機関からの提案（その大部分は、少なくとも部分的に公選の第二院を創設することを支持した）の刊行にもかかわらず達せられなかった。多くの改革者達にとって、貴族院改革についての政府記録は故に、深刻な失望であったという。

　ラッセルによれば、1997年の勇ましい政権公約と比較すれば、失敗であったと提示する。

　それは、この二段階にわたって漸進的に改革するものであったためであるという。

　第二段落において彼女はこれを受け、早速その様相から開始する。「本質的に貴族院改革が特に、政府執行部権力を抑制する視点から、ほぼ差異をなさなかった」という。貴族院議員は非公選のままであったし、政府と庶民院に挑戦する正統性問題を被り続けた。当初、それは、「第一段階」の貴族院改革が労働党政権に抗する議院を実際上弱め得る（というのは離脱する世襲貴族は、不均衡に保守党員であったからである）。かくしてフリンダーズ（2005）は、

レイプハルト（1999）による多数決主義型民主政と合意主義型民主政（コンセンサス）モデルを適用することによって、二院制が、政府執行部を以前よりも抑制していないと結論づけた。

　ここでは、上院が最高の目標である、第二段階の「民主主義」段階プログラムに達しなかった結論によってかくして判断されるからである。

　第三段落において、ラッセル流の現実的視点からの説明によって評価できるものを導入しようとする。「実際上、改革された貴族院は以前のものよりも政府に対して明らかに大きな挑戦を示した」という。貴族院改革以後、貴族院における政府の敗北は、より一般的となった。貴族院は、以前にあったよりも対立的となり、かつ政府法案を認めたがらなかった（Russell, 2010）。この驚かせる結果の主要な理由は、貴族院の政党均衡の変化が労働党に多数を与えぬためであった。貴族院議員数は庶民院と異なり、比較的得票率に比例したし、結果として自民党と無所属派が力の均衡を保たせた。これは特に、強力な地位に第三党を置くことによって与党労働党に抗して形成する新しい連合の機会をつくった。同時に保守党の偏向を除去することは、政府に抗する挑戦を与えたし、この可能性のあるものが実現されることを可能にした。かくして数多くの政府の敗北があった。しかしまさに敗北を生じさせることを避けるため、貴族院の要求に対するより大きな政府の即応性が明らかな如く存在した（Russell, 2010）。大抵の作者達（例えば、Bogdanor, 2009；Cowley, 2006；King, 2007；Russell, 2010）はゆえに、第二院が労働党下で実際上強化されたと結論づける。そしてフリンダーズ（2009）は、後に自らの見解を変えた。庶民院と貴族院との関係は、立憲制の変革のインパクトを計ることがいかに困難であるかの適切な事例であり、かつ対立に焦点をあてることが誤り得るのかという問題の適例である。

　かくしてラッセルによって上院は実際上、かなり変化したとこの段階において説き始められる。例えば、従来と異なり、政府提案を敗北に追い込む事例が増加したという。従って政府陣営もこれを無視できなくなり、上院対策を検討してきたからである。従って、両院関係も変化しつつあるが、その対立のみを強調すべきでもないと説かれる。

第4章　1997年以来の立憲制改革　87

　第四段落は、ラッセルの上院改革の結論へと導くものに関連する。急進的批判者達は、「第一段階」の貴族院改革が不適切であるが、正しい方向における一段階であったことに一致するという。ラッセルは、貴族院がより正統的にして強力であり得ると説く。しかし急進的な批判者達にとってこれは、それほど十分に進んでいなかったものとなる。次の段階は、第二院が公選とされるべきであるということとなる。しかしながら、主要政党を分断させ、かつ1999年から2010年までの期間中に改革の第二段階を阻止するのは、正確にはより一層正統的にして介入主義的第二院への恐れなのである。ラッセルによれば、後述のごとく下院との関連で上院改革を進めなければ成功しないと示唆する。従って両院関係を考慮せぬブラウンはブレアと異なり、主としてあるいは全体的に公選の第二院とすると自ら宣言した。『白書』は、2008年にこのような趣旨で最終的に刊行された。三党全ては、この立場に今公に約束されるという。しかしこれは総論賛成で、実際的な各論では従来の関係が失われてしまうのではないかという問題を残すこととなるという。とはいえ新しい連立政権は、2011年5月に公選の第二院提案を発表することとなった。しかし貴族院の組み立ては、ゆえに不安定のように思える一方で、改革するにはなお多くの障害が残る（Russell, 2009）とラッセルによって締めくくられる。
　第五段落においてラッセルは、下院改革論へと移行させる。この改革は、「貴族院と同様に、しばしば労働党政権下の検討課題上にあった」という。1997年に新しい（下院）「近代化委員会[Modernisation Committee]（特別委員会）」が設立され、かつ数多くの議事手続改革を提案した。これらのうちのいくつか（例えば、立法「プログラム」およびより短い議会開会時間といった）は、その政府執行部を抑制させる庶民院の「有効性」を高めたとみなされる（Kelso, A., 2007b）という。これらは、特別委員会により大きな資源（resources）・特別委員会議長達からなる連絡委員会の前に定期的に現れる首相・および政府提出法案の対外的証言を審議する公法律案委員会の設置を含む。議会の低下を悲しむ保守派の批判者達と急進派の批判者達の両方の意見を聞くことは、一般的である。しかしフリンダーズは、「1997年から2005年期中のイギリス

の展開は、議会の低下と矛盾するように全体的に思える」と結論づけている（2006：399）という。つまり、ラッセルは、最近の議会が低下したとばかりいえぬ状況も見うけられると反論する。

　最後の段落はそれを受け、「これは、2005年以後にさらに一層本当となった」と述べられる。2009年6月にG.ブラウン首相は、議長の経費危機に続いて新しい庶民院改革特別委員会（「ライト委員会」）を設置した。この委員会は将来、特別委員会議長［委員長］と委員の両方が選挙され、かくして院内幹事の影響力を減じ、かつ庶民院がそれ自体の検討課題に対しより大きなコントロールを与えるべきと提案した。これらの主要な勧告は、議会が2010年選挙のゆえに、中断する直前に合意されたし、新議会で実行された。大抵の者は、それらが議会の有効性を高め、かつ実のところ、省庁特別委員会が1979年に設置されたが故に、庶民院改革のうちの最も重要な一括を示し得ることに一致するとした。それらは政府提案でなかったし、自由投票で可決されたが、ブラウン首相期のより大きな立憲制上の遺産であることが証明できよう。

　ラッセルは、「議員の経費危機」を経験することによって、議会議員が必死になってこれを改善しようとし、議会の改善提案や従来の議事手続を積極的に使って活動したことを評価するに至ったという。

［3］選挙制度改革

　ブレア首相期の労働党政権は、選挙制度においても広範な改革をもたらしたといえる。例えば、EU議会（EP）選挙、権限委譲済機関、大ロンドン市議会およびスコットランド地域行政府機構に対してであった。とはいえラッセルによれば、「急進派の批判者達にとって、全てのうちで最も大きな失望は、庶民院の選挙制度改革を導入し得ぬことが失敗」であったという。換言すればその不履行は、政権公約違反であるという者もいる。これは、イギリス水準の多数決主義型政治の鍵である。この鍵［小選挙区制］から多くの他の結果が出る。最も明らかに、二党制政治と単独政党内閣という歴史的事実である。しかし両方とも保守党と自民党の連立政権によって2010年から2015年の期間に挑戦された。労働党の1997年のマニフェストは、比例代表制（PR）への移行に関して国民投票を約束していた。選挙制度委員会［ジェンキンズ委

員会］は、選択投票制［AV］（過半数を獲得する候補者がいない場合を想定して、過半数に達する候補者が出るようにするために採用される投票方式）を提案した。しかしこれを国民投票にかけることに対して労働党の幹部議員に多数の抵抗があった。改革展望はその公約が水泡に帰すが、2001年と2005年のマニフェストに残ったという。

とはいえ、第二段落において、ラッセルは、「ブラウン首相が自らの政権の終了における日々に、選択投票制（AV）に関する国民投票を行う決意を発表するための、いかなる更なる行動も行われなかった」という。これは、伝統的なイギリスの「首位者がポスト［公職］を得る」もの（これは、実のところ「相対多数代表制」であり、最大得票数を得る候補者が、たとえ過半数を勝ち得ぬとしても、地方的に選出されることを意味する）より多く「多数決」主義型制度である。AVは、その代わりに選好的投票制（PV）を使用し、かつ各選出議員（MPs）が少なくとも地方投票の50％から支持を得る必要がある。もしブラウンが2007年に首相に就いたとき、これを提案していたならば、彼はそれを実施できたかもしれなかろう。しかし彼の転換は、2010年に議会が解散される前に時間切れで助かるに至る、立憲制改革およびガバナンス法案の修正をもたらすほどまでに明らかに遅くなってしまったという。

第三段落においてラッセルは、こうした「改革の欠如が与えられれば、有効性問題は、当てはまらぬ。しかし結果として一貫性、および生じたものの両方で懸念」があるという。一貫性についてウェストミンスター議会下院の相対多数代表制への執着は、労働党が他のところで実施する改革と一致しなかった。かくして労働党は、ウェストミンスターにおける伝統的な多数決を支持するように思えたが、他のところでより多元主義的形態ないし合意的政治形態を支持するように思えた。このことは、少しずつ（あるいは実のところ積極的に混乱さえする）の思考の更なる一例とみなし得よう。ジャッジ（2006）は、これを使い、ウェストミンスターの改革となるとき、「盲点」をなすと労働党を非難した。他方でフリンダーズ（2009）は、国家層水準と下位国家層水準で用いられた二つが異なり、かつ一貫せぬ論理によって「二つの立憲制」としてその結果を描いた。しかしながら、そこには実用主義的説明があった

とラッセルは主張する。労働党は、スコットランドの多数派のスコットランド民族党［SNP］政権を阻止（分った如く不成功裡である）することを望んで、分裂ないし分離主義的政治を避ける手段として、一部に権限委譲済み機関に非相対多数代表制を支持した。スコットランドの地域統治機構によるPRの採用決定は、連立の取引の一部として自民党によって強いられた。労働党指導部はかくして、自らの政党の少数派的傾向を含んだが、この種の多元主義政治を現実に決して包摂しなかったという。

　第四段落においてラッセルによれば、「この領域の不安定の主張は、P.ダンリヴィによって最も明らかに述べられており、2010年の選挙結果によって証明されるように思える」という。P.ダンリヴィ（2005）は、ウェストミンスター国会外での比例代表制［PR］の使用が政党への忠誠投票行動、および政党システムを変えたと主張する。イギリスの至るところで有権者達が少なくとも一つの比例代表制選挙に投票し得る今、有権者達は第三、第四、および少数政党により多く変えるように思える。そのことは、緊張の増大の下に総選挙で二党制支配をもたらす。2010年に労働党と保守党に投ぜられた得票比率は、65％の低さにまで落ちた。1970年までに二つの「主要」政党に90％以上、そして2001年に75％ほどと比較する場合のものである。ダンリヴィが主張する如くこうした状況下で「小選挙区制」は、規範的に擁護し得ぬようになり、かつ混沌的にして予期されぬ選挙結果に導くように多く思える。2010年にこの制度は、第二次大戦以来、次のように最初の連立政権をもたらした。即ち、この連立政権は、自民党に選挙制度改革を迫る政権公約を与えた。これは（以下で論じられる如く）失敗した。しかし、その結果として「二つの立憲制」制度下で国家層水準と権限委譲済みの地域層水準での異なった代表形式論理を主張することを長期的に不可能と証明し得ると、ラッセルは結論づけるに至った。

　しかしわれわれは、2010年の総選挙の第一党として保守党が自民党を抱き込む手段として、選挙制度国民投票を利用した戦略的側面もあったことを付け加える。

［４］人権法［The Human Rights Act］と裁判官

　更に労働党の立憲制改革計画は、人権や司法分野にも及んでいる。その開始された重要な事項は、1998年の人権法［HRA］（ヨーロッパ人権条約をイギリスの国内法に組み込むことを定めた議会制定法）の可決であった。ラッセルによれば、この「可決は、ストラスブルクのヨーロッパ人権裁判所［European Court of Human Rights (ECHR)］への上訴のみを通じてよりもむしろ、イギリスの国内裁判所で裁判し得るようにすることによって、ヨーロッパ人権条約［European Convention on Human Rights］の権利を擁護する方法によってこの改革を自国にもたらした」という。再び政府は、少なくとも公式に伝統的な議会主権を擁護する方法によってこの改革を実施した。例えば、ドイツないしアメリカの如き、裁判官が権利擁護をもつ管轄権と異なり、裁判官はHRAを侵すことで判決されたウェストミンスター［国会］立法を無効とする権限が与えられなかった。その代わりに裁判官は、次のような「非適合宣言（declaration of incompatibility)」と（高等法院によるECHRに対する議会制定法）を単に発し得るだけである。これは議会に、それを修正するかどうかの決定を委ねた。この新しい取決めも、新法案がそれらを議会に導入する前に、HRAに適合するかどうかを政府が証明する必要があった。新しい議会の委員会である両院合同人権委員会［Joint Committee on Human Rights］は、この人権法の遵守のことで全法案を精査するために設置された。しかしこの議会委員会は、諮問的機能のみしか与えられず、投票［議決］権は与えられなかったという。

　かくしてこの司法改革は勇ましく開始されたが、議会主権の見地から様々に制約を確保し、革命的なものとはいえぬ局面が多く残された。

　第二段落はこれを受け、「急進的批判者達は、この改革がなしたかもしれぬほどまでへとは、進まぬと再び論じることが出来よう」とし、急進派による批判を導入する。政府は、HRA下でのヨーロッパ人権裁判所判決を原則上なお無視できる。政府は、その判決を侵した新立法を提案し得る（しかし両方の訴訟で究極的に答えることが依然としてできる）という。

　他の諸国において人権派は、明らかに政府執行部を抑制する通常、法より

も高い地位をもつ憲法文書によってしばしば擁護される。

　かくしてラッセルによって、他の成文憲法をもつ諸国との比較でなお更、イギリスの人権が十分に擁護されぬように思えると説かれる。

　第三段落は更にこれを受け、「人権法［HRA］の有効性について相反する意見がある」と展開する。しかしV.ボグダナア（Bogdanor, 2009：53）のような積極的に変化を認める学者は、それを「新立憲制の基礎［cornerstone of the new constitution］」と記述しているという。しかし他の批判者達は、それを「不毛」（Ewing and Tham, 2008）と判断したとし、混成面が展開される。しかしながら、急進的批判者達は、個人権と自由について（例えば、その法にもかかわらず導入されたテロ対策立法と身分証明［ID］カードについて）の労働党政権の政策のある諸局面によって面倒にされたという。かくしてラッセルは、執行政府の陣営において、新しいイスラム原理主義派による新しいテロの脅威状況によってまごつかされることも指摘する。

　第四段落においてこれを受け人権法の導入とその効果は、イギリスと海外の両方で、多くの専門家によって研究対象であるからであるという。しかしこうした評価は、困難である。最も簡明な水準でロンドン経済大学［LSE］のF.クラグとH.ワイルドボアによって集められたデータは、次のように示した。即ち、2010年5月までに、18のみの非適合宣言が裁判所によって一致され、かつほとんど全ての訴訟に政府は、議会に人権法に沿って立法をもたらすように要請することによって答えたと。かくして裁判所が慎重でありつつあったが、議会は、しきりに応じたように思える。特に、政府が人権法における権利と相容れぬ立法を明示的に提案する正に機会が存在した。というのは人権法が一つの拘束として役立ったかもしれぬ一方で、それは、絶対的なものでなかったからである。しかし専門家達は貴族院改革のように、あまりにも割り切り出来すぎて対立の諸事例を求めることによって、こうした取決めの有効性を計り得ぬと記す。実のところ、権利規定（特にイギリスで採用された議会モデルの種類下で）は、政府が権利を侵す方法で行動せぬことに決定することによって、「予期された反応」［執行政府に対する抑止効果］を通じて伝わるかも知れぬ。政府・議会・および裁判所との間のより大いなる

「対話」を刺激することを通じて、文化的変革もあり得る（Klug and Starmer, 2005）。HRA自体および両院合同「人権」委員会は、ウェストミンスター議会とホワイトホール官庁における権利のゆえに、「権利文化」ないし「法令遵守文化」を形成するのに役立つかもしれぬ（Nicole, 2004）という。

確かに司法改革を実施しようとする政権側が徹底しない局面もある。しかしイギリスは周知のごとく、近代を通じて人権先進国でもあった。従ってそうした積極的業績の上に立って、こうした人権擁護と司法改革論を評価する必要がある。

最終段落において、ラッセルは「政府執行部活動を抑制することについて、かくしてHRAの有効性を計ることは極めて困難である」とまず、限界を述べる。しかし、その結果のうちのいくつかは、より明確である。大抵の者は、それを裁判官達が政策決定により近づけていることに一致するという。この司法的積極主義［judicial activism］は、貴族院から離れて頂点の裁判官達を強力にすることによって、議会・政府・および司法部とのより明確な分離をなす最高裁判所のおかげで、やがて更に増大し得る。明らかにも、人権の確立は少なくともある程度、不安定である。人権法は、例えば、『デーリー・メール』紙の如き次のような右派の新聞との論争がある。即ち、右派の新聞はそれが例えば、移民やテロの如き不人気な少数派を原則的に擁護すると主張する。ゆえにそれは、イギリス国民に広く愛されることにならぬ。結果的に三つの主要政党全ては人権法［HRA］に加え、あるいはHRAと入れ替える「イギリスの権利章典」をつくる公約によって2010年選挙に入った。

いずれにせよラッセルは、かくして人権および司法先進国が抱えた更なる人権・司法問題と取り組もうとするイギリスの人々に期待しようとしている。

［5］透明性［Transparency］

労働党政権による最後の立憲制改革は、透明性に関わる。より具体的には情報公開法の制定であった。イギリス政府は、伝統的に重要な情報が秘密とされていた。典型的には閣議の秘密という憲法習律や、国家機密の官庁事項などである。しかしながら、民主主義諸国における最近の世界的傾向は、権利として情報開示や公開が求められるようになっている。ラッセルによれば、

「労働党の立憲制改革で論じられる局面は、政府のより大なる透明性への動きである」という。最も明らかな事例は、1999年「情報公開法 [Freedom of Information Act] の導入」であると説き進められる。これは、情報請求の利用を可能にする公共機関当局に新要件を置いた。他の方策は、政治過程の数多くの規制制度、および「立憲制監視（constitutional watchdog）」機関の創設を含んだ。例えば、2000年の政党資金規程および選挙制度委員会 [Electoral Commission] の設置、その年に貴族院指名委員会 [House of Lords Appointments Commission]、ならびに議会規準法 [Parliament Standards Act, 2009]、およびブラウン首相期中の独立議会規準機構 [Independent Parliamentary Standards Authority] の設立である。

　第二段落においてこれを受け、ラッセルは自ら穏健な立場とみなすが、まずその批判から「情報公開法は、急進的批判者達によって失望とみなされた」と説き起こす。これは、一部に対照の問題であった。1997年に刊行された政府の最初の『国民の知る権利』（白書）は、世界における最も公開的レジームのうちの一つをつくっただろうという。しかし後の法案は、その時にあるより保守的な批判者達があまりにも前進し過ぎた、それらの提案を水に流したのである。D.ジャッジ（2006：379）は、情報公開法レジームが「重要な開示制限」を含んだとかくして不満を言う。そしてなるほど、情報公開法は、国民の情報権に27の免責を述べる。しかし実際上、これらの免責の大部分は、それらの事項を決定する監視機関をなす情報公開委員によって寛大に解釈されている公益評価に服する。かくして例えば、「大臣の助言」免除にもかかわらず、こうした情報は公開されている。政党は拒否権を保持し、情報公開委員の助言に抗して内閣文書の公刊を二度拒否している。しかしこうした拒否権は例えば、アイルランドやオーストラリアの如き、他の情報公開法にもある。そしてイギリスにおける情報の使用は、比較的視点からにおいても制限されているのである。

　かくしてラッセルは、最後の文章における二つの国と比較して公開度が不十分であると論及するに至った。

　第三段落においてこれを受け、まず「情報公開法の影響を監視している人

々は、これが多くの懐疑派が最初に予期するよりも大きい影響であると結論づける（R.Hazell et al. 2010)」と問題視する。それは少なくともある程度、政府を公開しているし、よりよき政府の行動の視点で「予期された反応」[政府への抑止効果]をもたらしたかもしれぬ。しかしこれらの取決めが明らかにしていなかったことは、取決めがあると望んだものの如く、政治システムにおける国民の信頼を高めるのである。情報公開法の最も脚光を浴びる結果は、次のような議員[MPs]の経費レジームの情報公開であった。即ち、それは、多くの怒った新聞の見出しへと導いたし、数多くの政治的キャリアに終止符を打ったし、究極的には新しい経費レジームをもたらした。国民の信頼への否定的インパクトは、政党資金および「授爵と現金の引き換えの暴露」をはじめとする他の透明性方策から続いてもいる。

　この段階では特にイギリスが情報公開による予期せぬ事実の暴露によって社会の反感を買った事件に論及される。「経費醜聞」や「授爵醜聞」は、イギリス政治を震撼させ、エリートの側ではそれを乗り越えるために、徹底した厳しい公人規準による「経費レジーム」で乗り越えようとした。

　最後の段落は、これを受ける。ラッセルは「新しい透明性レジームはかくして政治家に説明させるのに比較的有効であり、比較的安定的なように思える」として情報公開ないし透明性措置が妥当であったとして評価しようとする。しかし多分その最も顕著な効果は、新しい規則の設定と監視機関の設置を通じて、立憲制の「立法化」ないし「司法化」に付け加えつつあろう。裁判官達の如く、こうした監視機関は、公選の政治家達から自由裁量を除き、かつそれをより「独立的」にして「専門家的」であるが、民主主義的説明責任の懸念（ある者が「非公選者達の勃興」の懸念）へと導く諸機関に渡す（Vibert, 2007）懸念によって問題点も指摘し、この項目を締めくくる。

§5. 結　論

　本章は、基本的に以下の諸章における前提部分ないし背景をなすものとして構成されている。というのは、本章はこれ以後におけるイギリスの上院の

改革によって、変化した貴族院制度ないし変化した貴族院を正確に評価することを目的とするからである。

　従ってわれわれは、こうして評価する基準のために本章の内容を措定した。この結論節は要点に言及しつつ、補足を加えることとなる。

　本章は最初の「序論」において、前記の目的に適うラッセルによる「立憲制政治」論文を素材とする旨を記した。われわれは、この論文を本章の目的と内容に沿い、「1999年以来の立憲制改革」として進めることを確認した。本章は、特に新しい労働党政権による立憲制改革が現在のイギリスの政治制度にとって、従来に比して新しい内容をもたらした側面に注目するためであった。

　「T.ブレア首相期の立憲制改革［不承不承の急進者］(Radical)」節は、1997年の労働党政権の登場による立憲制改革を概観した。ブレア首相のリーダーシップにより粛々と進められ、必ずしも彼が立憲制改革に情熱を持ったわけではないが、実際には一定の改革が遂行されたものとみなしてきた。「G.ブラウン首相期の立憲制改革［挫かれた急進者］(Radical)」節は、2007年という時期に前任者から密約によって継承が実現したことなどを背景とする。ブラウン首相が極めて遅く就任したがゆえに、様々な問題に直面もした。立憲制改革面について、既にその実現が可能なものの大半が遂行された側面もあった。更にイラク戦争処理やリーマンショックに発する金融財政危機、更に言えば、長期政権に対する飽きがきた状態などの条件も伴った。

　確かに、ブラウン首相期は本人の優柔不断性も含めて、順風とはいえぬ条件もあったとはいえ、成文憲法を公約に掲げるほどのラディカルであるにもかかわらず、その実績に乏しい首相期となってしまった。

　最後の内容節である「立憲制改革の着実な評価」は、労働党政権による立憲制の改革事項を客観的に評価しようとするものである。この改革が急進的批判に多くさらされたのは事実であった。しかしその立憲制改革は、一定の評価に値する改革であったとラッセルによって結論づけられもする。われわれがこのラッセルの「改革」論文を評価するのは、彼女が有力な論者を二つの陣営に分類した点などにもある。

かくしてわれわれは、本章が労働党政権による立憲制改革を整理するラッセル論文によって以下の諸章の文脈ないし背景ともなることを提示するに至ったのである。

参考文献
- M.Russell, 'Constitutional Politics', in R.Heffernan et al., eds., *Developments in British Politics*, 9, Basingstoke, 2011.
- V.Bogdanor, 'Constitutional Reform' in A.Selden (ed.), *The Blair Effects*, London, 2001.
- A.King, *The British Constitution*, Oxford, 2007.
- V.Bogdanor, *The New British Constitution*, Oxford, 2009.
- P.Norton et al. (eds.), *Politics UK*, 2010.
- M.V.Flinders, *Democratic Drift*, Oxford, 2009.
- A.Kelso, *Parliament reform at Westminster*, Manchester, 2009.
- L.Thompson, *Making British Law : Committees in Action*, Basingstoke, 2015.
- N.Johnson, *Reshaping the British Constitution*, London, 2004.
- R.Hazell et al., *Does Freedom of Information Work ?*, London, 2010.
- T.E.May, A T*reatise of the Law, Privileges, Proceedings and Usage of Parliament*, London, [1874] (1879), 2011.
- 倉島隆『現代政治機構の論点』(時潮社、2012年)。
- 小山貞夫編『英米法律語辞典』(研究社、2011年)、ほか。

第5章　第二院の議事手続
　　　（M.W-ブース卿の貴族院の変化事例）

§1. 序　論

[1] 本章の意図とM.W-ブース卿の研究の選択

　われわれは、既に本書の主要な焦点が1999年以来におけるイギリスの第二院改革にあることを宣言した。更に本書は、イギリスにおける伝統的上院の政治制度とその上院改革について特に論じようとする。とりわけ、本書は、議事手続部分を諸章において紙幅の都合上、その内容において省略する部分もあるため、本章で広範にわたってこの欠落部分を扱うものとする。特に本章は、政治制度において新制度論の根幹をなす議事手続の主要部分も整理しなければなるまい。新制度論における中心的な「制度」定義についてP.ホールによるものがより多く引用される。彼による「政治制度」は、「政体と経済の多様な単位における諸個人関係を構造づける、公式ルール・法準拠手続・および標準作業慣例」(Hall：19-20) である。われわれは本章において特に、この「法準拠手続および標準作業慣例」に注目し、イギリス議会の議事手続慣例が重要な政治制度の一角を占めるがゆえに、議会制度の基礎として一章を設定するものである。

　従って議会や委員会などの議事手続について、われわれはイギリスの議会制度論において評価される論者の論稿を選択しなければならない。本章は、この公式手続分野事項を比較的によく説明する、M.ウィーラー-ブース卿[以下、ブースと略記]の諸論文（特に論理的支柱は、2001年の事例研究）を選択する。それらは、地道な議事手続の論理を冷静に辿るものである。われわれは、この政治制度の要素的前提としての議会や委員会などの公式議事手続研究に関する一環としてこの論文を検討することとなる。

　ブースの主要業績は、1989年における上院の議事手続論文[『議会』(Parliament)] ならびに「議事手続（貴族院の事例研究）」(2001)、および「貴族院」

『議会』](2003) などである。ブースのものは、これらの上院の議事手続を丹念に整理し、かつこの手続分野の代表的労作にして先駆的研究のうちの一つであろう。われわれは、主に上院の政治制度を検討するがゆえに、後の諸章の一方の側面の新研究に対して、ブースのこの論文を先行研究のうちのひとつとして本章においても示すものとする。

[2] W-ブース卿論文 (2001) の意図

彼の論文の意図は、1999年の貴族院改革が第一段階として実施されたため、従来のブースによる論文が1989年以来改訂されなかったことから発する。従って彼の事例研究 (2001) は、この変化に即して手直しし、かつ補足されなければならなかったため、貴族院の議事手続の事例研究として世に出される意図をもった。

[3] W-ブース論文 (2001) の序論

ブースはその序論においてまず、自らの議事手続の変化論における「議会議事手続」用語を、説明し始める。この語は、自らが上院事務総長のキャリアに基づき、注目したように、「イギリス議会研究者の外面」をもたらす傾向をもつという。しかし成文でもなく法典化もされていない不文憲法制度において、そして議会主権（国王および両院による議会の三位一体の優位）、および下院に対する執行府の事実上の支配を組み合わせる憲法制度においてK. ピクソーン [Pickthorn] からの引用 [「下院議院の51％を支配する政府もいつ何ときであれ好むものが何であれなし得る今、議事手続は、哀れなイギリス人がもつ全てなのである」〈1960〉] の真理は、明らかである。この真理は、議会議事手続研究がイギリスの政治制度の機能を理解したい人々にとって、少しの時間も無駄にさせないという。

1870年以来、下院の議事手続は優れた下院の書記によって、心地よい古き「議会」の馬車が「合理化された立法のエンジンへと転換」されていたし、「民主化」されていた。この手続的変化は、アイルランド民族党議員 [MPs] による旧支配の決然とした議事妨害および利用に応え渋々の下院に強い、かつ自らのプログラムを、政府をして立法させ、実施することを可能とさせた。

ブース論文はまず、歴史的にその議事手続の起源を1621年という、ジェー

ムズ一世期に辿る。この年は、『主要議事手続規則』ないし『備忘録（Remembrances）』初版の当時の議事規則を書き留めるのをみたように、当時の治世における貴族院議事手続を手短に記述する。次に2001年当時の上院議事手続は、その当時の直前の貴族院手続が、1960年から1999年までの期間へと三世紀半を飛躍することによって、1999年の貴族院法、および相続による世襲貴族の多数の除去の可決前の20世紀後半に記述される。最後にわれわれは、半分のみの改革の「暫定上院」がいくつかの局面に直面する議事手続を検討する。第一に、「未来の貴族院」といった、貴族院改革王立委員会によるものであり、J.ウェイカム卿が議長［委員長］であり（ゆえに「ウェイカム報告」と呼ばれる）、その勧告に即応する問題である。第二に、「暫定上院」は、議員構成が急速に変わりつつあり、かつより政治的にして職業的となりつつあり、状況における古き自己規制制度を保全し得るかどうかという問題がある。第三に、2001年当時の貴族院立法の議事手続が変化なしで継続できるかどうかという問題である。ここにおいて上院の議事手続は、下院の議事手続と明らかに対照的であり、かつ政府の「議事手続管理者」および政府法案プログラムに対する脅威の増大を置くのである。近年、いずれかの性質が、立法量の増大（多くは、十分に備えられているわけではない）を早める。現行行政権は、「議会を近代化させよ」という申し立てにもかかわらず、「下院を近代化する必要がある」という政権公約の修辞をこれまで満たし得なかった。最後に「社会的時間」問題がある。両院ともに家族の責務をもつ議員を挫き、他の議会よりも本会議において議事作業を長く費やした。

　これらの諸要因は、時が古来の貴族院における議事手続の再検討のために到来したかも知れぬことを示唆する。こうした次のような2000年当時の公開的にして自己規制的貴族院の議事手続の伝統に対し、証拠上明らかにされた、国民の支持を念頭に置く必要がある。即ち、この議事手続委員会は、J.ウェイカム委員会をして「第二院が公開議事手続の貴族院の伝統を継続するように努めるべき」であると勧告させた（Recommendations 116-118）。

　ブース論文は、ブースが十分に詳細な知識をもつ貴族院にのみ詳細に検討するという。しかし最近の九つの上院の比較研究は、次のように提示する。

即ち、多くの第二院の議事手続は、相対的に自由にして余暇を多くもち、単独過半数政党などなく、与党が第一院で思い通りになし得る方法を欠き、ギロチンや他の厳しい規律を欠くという。アメリカ合衆国をはじめとする数多くの影響力をもつ、第二院（落し子と感じたごとく）が、「可能な限り貴族院と対等であるべきであり」、オーストラリアとカナダは、最初にこれをモデル化し、かつイギリス上院から議事手続の多くを採用した。後に数多くの第二院において、詳細な立法精査の発展があった。オーストラリアの第二院は、ウェストミンスター議会において複製される議事手続のパイオニアとなった。オーストラリアの元老院法案委員会精査は、出発点であった。このオーストラリア事例は、広範に称賛された委任権委員会が貴族院モデルに基礎づけられ、かつ貴族院に従われた事例である。

かくして本書は、ブース論文（2001）による序論の全体的概略を確認することによって、各節毎に論点を整理するものとする。

§2. イギリス上院の議事手続の変化論
（M.W-ブース卿の2001年論文を素材として）
[1] 1621年の貴族院の議事手続

まずわれわれは、ブースによる貴族院の議事手続の起源から確認する。

貴族院の議事手続を基礎づけることによって、いくつかの原理に基づいた広範な哲学が長くあった。これは、多く以前には下院と共有した。これを書くことは、議会議事手続が議会から十分に考え出されたことがもたらされたことである。しかし両院議会の法実務［慣例］がいくつかの必要性（例えば、現王国の不文憲法にして慣習法内における立法および共存性における明確性）を満たすために試行錯誤によってゆっくりと進化された。イギリス議会の初期の議会議事手続は、遅れてより多く研究された。こうした最近［2000年当時］の研究は、議会両院においてかつ初期によって、17世紀の古物収集的にして議事手続的関心の盛り上がりによって容易にされた。議会外においてJ.セルデン、E.クック［Coke］のように目立った研究者にはわれわれの古き制度研究について、学問愛から骨折る者もいれば、例えば、君主「独裁」に対する

議会の反対前例も与えるように、多かれ少なかれ意識的な政治課題をもつ者もいる。さもなければ、ミートランドが自らの講義において述べたごとく、「17世紀は、E.クック、J.セルデン、ならびにW.プリン［Prynne］、および記録を模る他の熱心な研究者達が学校の少年達に知られる権利を得たランカスター家的な憲法のための闘争…を［みた］」。17世紀の議会議事研究は、物理的資料のかなりな資料集成の残りを好機会によって容易にされた（この資料は1834年10月16日に悲惨なウェストミンスター・パレスの火災によって道路を越えた、ジュエル・タワーの焼却から逃れており、かつ保存されている）。

　初期の時代から両院の法実務［慣例］（大袈裟に議会の「法と慣習」と呼ばれるときもある）は、ゆっくりと発展した。これは、委員会段階や報告段階によって議事手続（三つの法案読会議事手続をはじめとして）、あるいは各議院がなされた動議や質疑による討議によって進める、多くの本質的な諸局面をなお治める。17世紀前半は、特に1621年（この年に上院書記としてのR.ボイヤー［Bowyer］の地位がH.エルシング［Elsynge］によって補充された年）の「議事規則」における体系的に規定された貴族院議事手続規則をみるときであった。E.R.フォスター［Foster］が活き活きと描いたように、これらの優れた書記は、議会議事手続への関心を共有したし、議会先例記録を明らかに改善した。彼らは、議会議員によっても、議会外の法律家や古物収集家によっても、議事手続への関心の明らかな増大がある期間と幸いにも一致した。

　『議事規則』の準備は、1621年2月と3月に、「この議院の慣習と議事規則、ならびに王国貴族、および議会の貴族の審議をなすために指名され、かつ任命される貴族」からなる委員会の権威下で行われた。

　ボンド［上院書記］が自らによる、1621年の『議事規則』版において認めたように以前には大抵の議事手続が慣習的であったし、一連の議事規則によって成文ではなく、規制されなかった。実のところ下院は、次のような1677年に合意された最初の独立した議事規則によって多年にわたり、この議事手続的無知の状態（ある種の議会におけるエデンの園）に依然としてあった。即ち、この1677年は、議員（ミアーズ［Meres］）が「上院において彼らが議事規則とルールを持つ一方で、あなた方［下院］の議事規則」の欠如に注目を

求めたときであり、1670年代のこうした最初の下院『議事規則』は、18世紀期中に遂行され、議事規則によってゆっくりと続けられた。次のようなのは、19世紀（特に1870年代以後）以来のみなのであった。即ち、下院は、「討議存続期間の機会を制限し、ある場合には…下院の議事を組織立て、かつそれ自体の立法の可決を確保するのに政府に優先権を与えるようにし」、基本的な議事手続の修正および制限が目指される議事規則の主要部を採用されるようになるのは〔19世紀以来のみなのである〕。

初期の時代の貴族院において次のように望ましいとみなされた。即ち、委員会の所産として「上院議会に保たれる秩序と品格のための『備忘録』」は、ノース卿によって誤って表現された詔書を調査するために（授爵、貴族としての称号、および特権において貴族院議員に示された、強い関心に影響を与えることによって）書き留められた。これは、両院が不人気の国王の大臣に対する刑事管轄権を行使する方法として、（14世紀と15世紀の議会法実務〔慣例〕を複製する）弾劾の復活と一致した。

議事手続と法実務〔慣例〕を記録することに関わる、書記の関心と議員特権への書記の関心をひとまとめにすることは、現代の研究者をして、驚いたことに、今日まで継続した、1621年の両院の法実務〔慣例〕における諸原理に基礎づけられる、基本「哲学」とすることを可能にする。

最初の貴族間原理は、平等であった。即ち、『ジョンソン辞典』に与えられる「貴族（Peer）」の最初の意味は、同じかあるいは同じ階位者の一人であり、平等である。しかしこれは、後の貴族定義においてコモナーズから区別する貴族の「ノーブルマン」として定義づけられる。われわれは、「ノビリティ」に五つの称号をもたせる。それにもかかわらずその本質的な特権が同じであるがゆえに、「ピアーズ（peers）」と呼ばれる。誇り高きトーマス・（ハワード）アルンデル〔1585-1646〕は、新しく貴族とされたスペンサー卿を貴族院で非難したし、彼が謝るまで、貴族院によってロンドン塔へと送られた（それがいわれたように、貴族院には「いかなる立派な貴族も」いなかった）。

貴族院は、第二にして第一原理と密接にかかわるが、下院のように、命令権をもつ議長をもたなかった。「秩序と品格のための『備忘録』」における議

事規則第 2 条が述べるように「大法官は自らが貴族院において通常話すとき、いつも隠し立てなく話し、かつ貴族院の言明が次のような法案に関して通常のことを除き貴族の同意もなくしてまず、なるごとく貴族院を延会しないものとし、あるいは他のいかなることをせぬものとする。即ち、法案は、貴族がある法案を他の法案よりも選好することについてのごとく、「同様に覆し得るところで、もちろん［通常通り］である。貴族間に相違があれば、それは尋問に付すものとする。大法官が特に万事に話すならば、大法官は貴族としての自らの地位となろう」。第三の一般的検討は階位に従ってあるいは国王の寵意によろうがよるまいが、地位の識別なくして貴族院議員全員、および彼らの特権のために示される点であった。ゆえに「アルンデル伯の投獄に対するチャールズ一世との論争、およびブリストル伯（1826）からの詔書の抵抗があるこの二つの事例」は、国王に対する「貴族院による勝利をもたらしたし、一般議員」と呼ばれる者の権利を強めた。

　最後に、基礎的な要因は、議事手続的自由と柔軟性であった。ここでは、多数が長期にわたって思い通りにしようとも、まず話し、かつ修正を提案し、さもなければ、議事を遅らすために少数派にかなりな権利を与えよう。2001年当時のように議員達は貴族院の寛大さに訴え、自らの帽子をとって話し、かついくらかの貴族がともに立ち上がるならば、最初に立ち上がる議員が階位に関係なく、話したのである。氏名によって他の議員を指さなかったならば、回りくどい表現によって呼ばれた。スピーチは、典型的に非公式であった。ノートからの話は、反対された。投票は話し手が指名されたが、逆な階位順で氏名のみで呼ばれた。採決は不確かな場合にのみなされたという。

　ブースはかくして、自らの「貴族院の議事手続事例研究」における歴史部分を終え、更に一足飛びで、20世紀末へと移行する。

［2］現代の貴族院の議事手続［Modern Lords Procedure］

　ブースはまず、「今日まで350年へと飛躍するならば、何も本質的なことが1621年以来変化しなかった」ということであると「現代の貴族院の議事手続」節を説き起こす。しかし貴族院の議事手続は進化したし、より絡み合わされるようになったし、特に書き留められているという。しかし同じ哲学が支配

し、かつ1870年から1914年との間の下院で証明されるように、議事手続において大きな変化はなかったという。このことは、次のようなアイルランド民族党議員によって用いられる戦術から一部にはもたらされた。即ち、アイルランド民族党議員は、アイルランド自治を追求して理解できる理由のため、アイルランド民族党議員が下院の古き議事手続（議会と政府を機能し得なくさせるようとして）を使う（あるいは濫用する）という。下院議事手続の変化を基礎づけることは、深い憲法上の変化を広げた。そうすることによって大量の選挙民によって支えられ、かつ組織する政府は、自分達の選挙公約に効果を与えようとして徐々に立法するように、下院および議事手続を支配するようになった。下院を拘束する更なる要因は、常任政府の「議事管理者」（特に私設秘書から院内幹事［第一次大戦末の頃における開始以来、僅か3人の顕著な個人によって占められたポスト］）であった。

　対照的に上院は、次のように依然として自己規制機関（ブースが、立法議院の中で世界で最もユニークであると信じるポスト）である。即ち、「この機関において議員全員が平等にして…議長による特権なくして存在している」。『議事規則必携』が記すように、上院の院内幹事は、「議事手続や規則事項を上院に助言し、かつ議事手続規則の侵害ないし濫用に注目する責務を持つ」。上院院内幹事は、何らの公式権限も持たぬ。助言は、あらゆる陣営の要望に反映する。ゆえに秩序維持責務は、上院自体にある。上院はルール、およびルールを基礎づける精神に従って行動する責務をそれぞれ個々の議員に課す。

　上院が自己規制的であるという事実は、それが他のいかなる権限も行使せず、かつ委任もしなかったことを意味する。議長としての大法官、上院の院内幹事、および書記は全て自由裁量権をもつが、個々の議員によってか、あるいは上院によってかのいずれかによって覆すことができる。例えば、修正の選択のように、命令権限を持つ議長に頼る下院と違い、実際に多くは、最近の取決めの下で上院において不可能である。

　記されたように議事手続上の自由など極めて少ない。この自由は、比較的小さな議院において機能した。上院の多数は相互に知り合ったし、類似な行動類型を凡そ受け入れた。彼らも今日ほどましてや議事圧力を受け入れなか

った。議事に参加する自由は2000年当時、議事圧力のゆえに緊張下にあったし、今いくつかの制約（例えば、時間制限下の討議に認められるスピーチの長さ）を受ける。これにもかかわらず、二つの必須論点は、議員全てが議事を開始でき、かつ議員が全議事に参加できるということである。いかなる議員も質疑でき、動議を提出でき、あるいは修正を提案できる。これは、命令権をもつ議長がいなくとも、自己規制的貴族といった、ルソー的意味を再現する。議員はルールに従って、かつルールに基づく精神によって行動する。

　かくしてブースは、現代に戻って上院の議事手続期を概述し、上院の議事手続を概観しようと以下で努める。

[3] 貴族院の立法手続

　ブースは、引き続き20世紀における上院の立法手続を概観する。彼によれば、「立法の審議は、上院の議事手続の王冠の宝石（ここにおいて最も著しいのは、下院に適用される制約が上院には欠如する）」であるという。立法は、月曜日・火曜日・および木曜日における他の議事手続に対して優先権をもつ（しかし討議が優先するとき、水曜日の他の議事手続に対するものではない）。実際上、これは、上院開会時間の半分以上が立法に費やされることで意見を述べる。大抵の第二読会が幾分アノジニン［鎮痛物質］（上院は、この段階で一般法案も立法を提案せぬように）が、後の段階（「委員会」、「報告」、および「第三読会」）は、上院議場でなされる。上院議場で修正が時間制限や他の制約なしで、いかなる議員によっても提案できる。こうした自由は他の立法議院場よりも多いし、議院が議事手続の制約なく存分に立法の修正を可能とする。それは例えば、多様な立法諸段階における修正論議の繰り返しの濫用を被りもする。更に大抵の立法が上院議場でなされるように近年、課せられる立法負担の大いなる増大をなし続けるのに更なる緊張がある（下院があるとき法案を審議する六ないしそれ以上の現存常任［一般法案］委員会をもち得るところにおいて、上院は、立法の川の流れが流れなければならぬ、唯一のチャネルをもつだけである）。

　最近、いかなる議員も出席できるが、修正を採決する権限なしによって、モーセ・ルームにおいて、法案を審議する大委員会の使用をはじめとして上院議場から立法を切り離させる実験があった。こうした諸委員会は下院と同

時に開会し、かくして立法過程を迅速化する。この議事手続は、オーストラリアの代議院から複製された。この使用は、議場から法案を切り離すことが、政府がより多く立法を形成するのを助けることを理解する野党の態度のゆえに、依然として例外状態にある。

　更なる実験は、特別常任委員会（即ち、条項毎に質疑によって法案を審議する前に、特定期間にわたって、専門家や利害当事者からの証拠を取り得る議場から離れた諸委員会［現行の証拠取得委員会の実験］）の使用であった。この議事手続は、法委員会によって提案されるものをはじめとする法律的な専門法案を、そのプログラム［日程］に含ませることができる。この展開は議員が、大臣が上院議場において公務員の要旨説明を読み上げるときのように、洞窟を通じて暗い状態で可決せねばならぬよりもむしろ、知る人々に直接に話すことができることを認める。立法精査の展開は、1990年から1991年までのジェリコー委員会によって強力に支えられ、かつ1992年の上院開会リッポン委員会によって強力に支えられた。これらの上院報告はこれまで、十分な成功をなし得ずして、1992年下院開会の下院ジョプリング報告を複製しようと試みることによって、上院開会時間を短縮するために促進させようと努めた（これは、院内幹事の留保にもかかわらず、開会時間を明確に減じるとき、過剰負担を減じ、かつあり得る議員、特に家族をもつ女性には結果として意欲刺激のなさを減じるのに成功した）。

　かくしてブースは、立法過程の基本である、立法手続を概観することによって次の議事手続論へと進めようとする。

［4］議事手続が変化される方法

　ブースは、上院の議事手続の要点を整理するために基本事項として「議事手続が変化される方法」を取り上げる。ブースは「上院が議員の平等によって、かつ上院の良識によって決定される議事遂行に関わる秩序問題によって自治的であり、かつ議事の遂行に関わる秩序問題が上院の良識によって決定されるが、それにもかかわらず、ルールがある」という。現行の『主要議事手続議事規則』（1621年の「議会上院で保たれるべき秩序と品格のための『備忘録［Remembrance］』の前身）は、上院の主要議事手続を含むまでに拡大された

（ここには私法律案議事および司法議事に関する比較可能な冊子がある）。1862年以来、『議事規則』の骨子は、『議事規則必携（Companion）』の印刷（まず、私的に頒布され、上院によって公認されたが、現在文書になっている）によって補追された。これは、(1955年の30頁から1994年には275頁までになっている) ますますもって議事手続が書き留められねばならなくなるにつれて、長さにおいて大幅に増加した。『議事規則必携』の長さの増大は、より短い手引書の要求へと導き、かつ『上院議事手続および議事法実務［慣例］の手引の要約』が1975年以来刊行され、特に新議員の手助けとして方向づけられた。

　議事手続上の変化は毎年任命され、かつグループのリーダーおよび党院内幹事を含む「議事手続委員会」の促進において今なされる。この委員会構成は、勧告が、たとえそれがいつも政府の指導に従うとは限らぬとしても、従われることを確かにする。かくして上院は、それ自体の議事手続のマスターの状態に依然としてある。登院命令は、委員会勧告（下院の法実務［慣例］のように）覆すのには使われていない。上院の議事手続が上院にとってのみ決定する議事手続であるという承認は、政府の『白書』や『王立委員会報告』にも受け入れられた。

　ブースはかくして、上院の議事手続きが変化される様態を論じた後、上院の委員会の法実務［慣例］と議事手続委員会を論じる。

［5］貴族院委員会の法実務［慣例］と議事手続委員会 ［1976-1978］

　ブースは、この節において「1979年に省庁関連常任特別委員会の設置（セント・J・スティバス改革）に導いた、主要議事手続［public business］を審議するために委員会を設置する、下院による決定に従う」ため1976年に上院が、類似な委員会を設置したと説き起こす。彼らの報告によれば、上院の立法手続改革は、立法を審議する主題常任委員会が設置されるところで、勧告されたという。このとき、両院間に困難は特有であったし、この討議報告に関する両義的即応であった。その結果、このときにいかなる行動もとられなかった。しかし上院を通じてより大きな立法の流れを認めるもう一つの可能性は、「委員会法実務［慣例］と議事手続委員会報告」に戻り（適切に更新され）、かつ類似な方針で提案を実施するものとしよう。

ブースは引き続きこの節の「グループ」という下位議案項目を設定し、それを継続する。「議事手続き委員会は、特定の議事手続の変化提案を審議し、かつ時々特別目的グループ下位項目がその指導下で」上院全体の議事慣例と議事手続に距離を置いて考え、かつ検討するために設置されたという。今まで、こうした調査結果は、上院が下院のようにより多くしたがらぬように、革命的変化に抗して存在した。しかしながら、かなりな支持は、「21世紀における上院の見直しの主張が注目されるまでに」ペストン卿による提案で、2000年5月10日に、上院の議事手続におけるラディカルな変化をなすために明らかにされた。しかしブースによれば、この討議に応じるいかなる行動もなされなかったという。

[6] **通常の経路** (The 'Usual Channels')

ブースは、この節の表題を「通常の経路(チャネル)」[各議員の両陣営に関する、院内幹事達と議事管理者達との間における非公式にして私的な接触]と示す。この接触は「上院の政党のリーダー、および院内幹事、ならびに時には無所属グループの主宰者は、あたかも攻撃から安全を生み出した彼らの匿名性」を促すかのように、「通常の経路」と呼ばれるという。ともに彼らは上院を機能させる解決策を与える。彼らは緊密にともに働き、かつ高度な相互信頼をもつべきであり、秘密が裏切られぬ確実性に相互に信頼を置くことを可能とすべきであるという。

彼らのうちの長は、首相によって任命される上院院内幹事であり、上院の政府の議事に責任を負う。しかし上院議長が命令権をもたぬように、院内幹事こそ、議事手続の規律事項について上院に助言し、「上院の良識 (sense of the House)」を明らかにし、かつルール違反に注目を集める。この「羊飼い」がデリケートであり、信じさせる要素を必然的に含むときもあるように、党院内幹事長の役割は、政府と上院代弁者としての二つの役割なのである。政府の院内幹事長は、政府の議事の詳細の取決めをなす。

非政府政党も、党のリーダーや院内幹事をもつ。彼らは、[上院の議事計画の詳細を作成する人々に対して]政党のために情報と圧力のチャネルとして行動する。彼らは、上院リーダー、院内幹事長、および彼らの個人秘書

(〈Private Secretary〉［彼らは3ヵ年出向する秘書］)ないし政府高官の補佐官である。無所属グループ［Cross-benches］は、最近の50年にわたって数的にも重要性においても（1945年には50人、2001年3月には173人へと）1965年以来、間断的に「通常の経路チャネル」の議員である選出「主宰者」をもっているという。

［7］2000年当時の変化［過剰負担の増大］
（Recent Changes：Increase in Workload）

　ブースによれば、「最近の40年間は、上院の議事水準における著しい増大」を見たという。夜長の議会の開会は今ありふれている。平均して1日当りの出席は、1960年から1999年までに3倍以上となった。主たる増大は、立法作業（特に他の機能よりも時間をかける下院からもたらされた公法律案の骨の折れる修正）においてであった。立法作業は、1970年から2000年までに3倍となった。開会時間は、同じ時期にわたって倍加した。いかなる政党政権であれ、ますます多くの立法を導入しつつある。「制定法集」はますます多くなっている。国民は政府が、立法によって現代生活の複雑性の増大に即応すべきと要求する。上院の議事手続が下院に導入されるという合理化によっては、「依然として改善されぬ」ように、上院議員（しかし非公選にして無給でむしろ高齢である）は実際上、徐々に増大する立法作業数を実行しつつある。そのうちのある作業は、時間不足、常任委員会機能の欠如、ギロチンの強制、および討議の削減、ないしこれらのうちの全ての組み合わせによって目指された他の議事手続のゆえに、下院ではほとんど審議されないのである。

　より多くの公法律案立法は例えば、1999年の刑事裁判（審理様態）法案［後に敗北させられる］や、1997年の人権法案のような論争のある政府法案をはじめとする先議議院として上院に、長く導入されている。ますます専門的な「法律委員会および強化法案」はまず、貴族院の先議として長く導入されている。一般議員提出法案は、拘束されぬ提出権をもつ。選挙区圧力の欠如は、人工流産、同性愛、および安楽死（これは、可決しなかった）法案をはじめとして、上院に拡大される多くの社会的争点法案をもたらした。

　主に1911年から1972年までの中断のままであった、特別委員会作業は、1972年以来大いに増加した（特にEC委員会［1974年以来］、および科学技術委員

会［1978年以来］)。他方、一連の特別目的(アドホック)委員会は、広範な主題について設置されている。これらのうちのもっとも最近のものは、イングランド銀行の通貨政策委員会（特別委員会）、および公法律案委員会、全ての立憲制活動を見直す新しい立憲制［法務］委員会である。

[８] 2000年当時の議員構成の変化（Recent Changes in Composition）

　われわれはブース論文［2001］の最後の文節によって、彼の論稿部分を締めくくることになる。彼によれば、1999年の貴族院法の可決が、「相続によってなった世襲貴族の多数を除くことによる上院構成議員をラディカルに変更」（92人は、「ウェザーリル［卿］」の修正によって一時的救済とされた）したし、かくすることによって、以前の政治的不均衡、および恒常的な保守党の優位を除いた。これらの変化の効果が正確であるというのは、早すぎる。しかしこのことは、今日まで上院がますます政治的となったという広範な認識であった。上院が抑制へと政府立法に反対を迫らぬことに、以前に法実務［慣例］の弱体化があった。1999年11月11日および貴族院法案の女王の裁可以来、上院が挑み、かつ十分にこの権限を最大限に使った数多くの困難があった。以前の自己否定的上院の実際の崩壊話もあった。しかしそれをいうのは早すぎる。

　明らかに「暫定上院」（即ち、1999年の貴族院法の可決以来が適例である）は、自己主張的であり、当時の労働党の上院リーダーであるジェイ女史が述べたように、「より正統的にしてより権威的であり、より尊敬に値する」のである。1999年から2000年７月までの上院議会において、政府は、87回の敗北を喫した。これは、重要な選挙委任権立法案の拒絶、刑事裁判［審理様態］法案、大ロンドン市選挙の重要な委任立法命令［Statutory instrument］の否定票決、および1988年の地方行政府法の第28条［S.28］の廃止に対する不賛成をはじめとして、前の保守党政権下での平均よりも３倍以上の増加であった。

　かくしてわれわれは、ブースの「貴族院の議事手続の変化」論文（2001）を通じて、議事手続の変化の事例研究の要点を示してきた。

　われわれは、引き続き上院制度における最小限度の基本的な議事手続部分に論及することとする。これもわれわれが一貫性を重視する立場から、彼の上院の議事手続論稿（1989 and 2003）に従って、整理する。

§3．その他の貴族院の議事手続概観
　　　（M.W-ブース卿の1989年と2003年論文を中心に）
[1] 序　論
　まずブースによれば、「貴族院は、自己規制機関である」と説き起こす。上院は、議事手続視点から19世紀において下院によって採用された経験に従わなかった。即ち、増加する規制経路であり、多くは古き議事手続精神に従う貴族院の実体的少数派（アイルランド民族党）の不本意の結果として元々導入したのである。貴族院には、アイルランド民族党の少数派がいなかった。そして実のところ、議事手続を覆す少数派による決然とした試みに直面させられていなかった。ゆえに貴族院は、根本変革なくして継続した。個別の議員は、自由を行使する機会と同様に、より大きな自由をなお保持する。
　1971年に貴族院幹事（ジェリコー卿）は、貴族院の議事作業を検討するために、小規模非公式グループを設置した。この報告によれば、この非公式グループは、貴族院が運営方法の要約を以下のように提示したという。「議員全てが平等であり、かつ議長はいかなる統制権もないユニークな制度である。貴族院にはほとんど議事規則など存在せず、かつ貴族院は、『規則集』によるよりもむしろ良識［good sense］に従って問題を扱う。貴族院は、その日常の議事手続に合意するのに慣れている、自己規制機関である。…われわれは、この問題状況が継続すべきことが望ましいことに一致する。しかしこれは、貴族院議員全ての警戒次第でなければならぬ。ゆえに貴族は、われわれの問題を扱う民主主義的にして柔軟な方法が各議員の責務と制約に依拠することを知るべきである。［もしこれが破られるならば］ひと握りの者による濫用でさえ、当然の手順を追って下院の類型に、議事手続ルールの多岐性のゆえに、議員を強いる権限をもつ議長の重要性を確かに伴うに違いなかろう」。
　1971年グループも、統制権限をもつ議長の導入に反対して勧告した。
　「議事規則の範囲内でわれわれは、われわれの議事手続において大いなる柔軟性をもつがゆえに、迅速にして丁寧に、かつ配慮してわれわれの議事を行うことができる。われわれは、規律によっても、他の立法議会においてし

ばしば遵守される討議時間費消的議事手続手段の使用によってトラブルには巻き込まれない。貴族院の良識［sense］は、われわれの議事遂行における決定要因である」。1971年グループの結論は、貴族院で討議されたし、圧倒的に支持されたという。

1971年以来、こうした見解が変化したと言う証拠はない。1986年に貴族院の議事作業を検討するために貴族院の院内幹事（ホワイトロー卿）によって設置された、もう一つのグループがある。

このグループも、有効な権限をもつ議長事例であるかどうかを検討したが、再度反対勧告をした。こうした変革の反対理由は、積極的である。「貴族は、われわれの自己規制制度において、かつそれが具現する『リベラル精神』に誇りをもつ。権限を持つ議長の導入は、討議時間費消的秩序論点を刺激し、議事遂行を悪化させ、かつ古典的な貴族院の自由を削減する」という。

つまり、貴族院の多数の見解は、根本的変化に反対し、かつ貴族院を特徴づける古来の議事手続の保持を支持する。1995年と1999年において、更なる諸グループは、類似な結論になったのである［2003］。

貴族院が自治的であり、議員が平等であり、かつ議事遂行に関わる手続的問題が「議院の良識［sense］」の保持によって決定される実際にもかかわらず、ルールが存在する。『主要議事手続規則［The Standing Order relating to Public Business］』（1999年版）は、40ページからなる小冊子である。この『主要議事手続規則』は最初に1621年に編集された、一連の「上院に保たれる秩序と品格のための『備忘録［Remembrances］』」に起源を辿った。これは主要上院議事手続を含むまでに徐々に拡大された。そこには、『私法律案等議事規則』、ならびに『上訴形態、議事手続方式、および議事規則（司法）』の別々の冊子を含む。1862年以来、議事規則は『議事規則必携（コンパニオン）』によって補完され、かつ説明された。1862年から1909年まで、諸分冊は個々に頒布された。1909年以降諸分冊は「議事規則表」に示されている。『議事規則必携』は、議事手続委員会の権威によって今、発せられる。この委員会は、「上院の最も基本的な法実務［慣例］や議事手続討議慣行、および貴族全てが知るべき議事規則を簡明にして簡潔に述べるために」、1971年グループ勧告に引かれる、

『貴族院の法実務［慣例］および議事手続の簡潔な手引（Brief Guide）』を公認した。1975年の『簡潔な手引』は、1986年グループによってかなり修正された。これは、強調が規則と議事手続の維持により直接的に置かれる必要があるとみなした。貴族院議員は、『議事規則必携（Companion）』という標準議事手続の手引を「長くし、法学主義的にして厄介」と記述していた。確かに、『議事規則必携』は、1955年の30頁から2000年の289頁へと貴族院議員数および議事の増加に呼応して、かつ不測の事態をカバーする要望から増大させた。しかし貴族院は大抵の他の立法部と異なり、成文用語によって法典化されていなかった。上院は、「規則集」よりもむしろ慣例や良識［common sense］によって治められ続ける。かくしてこの『必携』は、E.メイ（Erskine May）の議会手続著作［A Treatise of the Law, Privileges, Proceedings and Usage of Parliament, (1874) 1879］と異なり、依然として相対的に短いのである（2003）。

[２] 貴族院の議事 ［Business］

〈１〉上院の議事活動

　近年、上院は出席、開会日数、各開会の同様な長さ、月曜日と金曜日の開会、および夜長の開会における増加をみた。

　一世代前には、週に３日開会した。午後６時は「今夜の遅い時間」と呼ばれた。今日、上院は金曜日を除き、週に４日ないし５日開会し、平均して朝から夜遅くまで開会する。上院は現在、下院を除き、他のヨーロッパの立法議院よりも長く開会する。そして2000年には初めて下院よりも長く開会した［160日よりも長く169日へと］。こうした数字は注意して扱われなければならぬ。この数字は、下院をはじめとする大抵の議院が上院よりも多く議事を行う、委員会の開会を含まないのである。

　上院は、こうした時間の増加をどんなことで費やすのか（これは、数字によって提供できる［省略］）。

　このことから上院の時間の約半分が立法に費やされ、討議に３分の１、および星印付質疑で20分の１が費やされる。重要な時間量を占める他の議事は、貴族院の大臣声明および委任立法（主に是認手段で）討議を含む（2003）。

この時間量は、労働党政権および保守党政権との間において何らの変化も開示されない。一般類型は、政府が選挙の準備をなしつつあったときの1979年前半に、かつ新政権が立法を準備しなかった、この1979年後半の選挙年に混乱させられただけである。それにもかかわらず、より多くの時間を立法にかける傾向がある。上院は、1979年から1983年までに平均して討議および星印付質疑に時間の30％をかけた。この数は1984年から1988年までには23％に低下した。立法にかける時間比率は、1973年から1983年までの47％から、1984年から1988年までの55％に上昇した。

[3] **貴族院質疑** [Questions]
　上院の主要機能は、行政部活動を精査することにある。実際上、これは上院の諸機能全ての部分を形成する。大臣達は、法案が審議されつつあるとき、政策内容と政策実施に関して問われる。しかし行政部の精査のために認められることが、特に意図される一組の議事手続（即ち、文書によって回答され、かつ個別の緊急通知による星印付質疑と星印なし質疑）がある。

〈1〉星印付質疑 [Starred Questions]」
　星印付質疑は、こうしたものが議事日程 [order paper] で星印化されるがゆえにこう呼ばれる。星印付質疑は、第一の議事作業とみなされる。星印付質疑応答は最初に、1919年に導入されたし、討議を起こす質疑から星印付質疑を区別するために「情報［を得る］のみの目的で」意図された。まず星印付質疑は、議事規則に優先権を与えなかったし、その結果として、成功ではなかった。星印付質疑応答は、火曜日と水曜日に私法律案作業後に優先権の付与に合意された1947年に復活した。1954年にこれは議会開会日に拡大されたし、1959年に最大限度が4時間に引き上げられた。1959年に星印付質疑は、個別緊急質疑応答に対して優先権が与えられた。2002年に、月曜日と水曜日において、その時間は40分にまで拡大され、質疑数は5回に拡大された［2003］。
　星印付質疑は下院におけるように、特定の大臣に向けられるのではなく、政府に向けられるのである。その目的は、意見の表明のためと機会を与えるよりもむしろ情報を得るためである。これは、討議に導かれるべきではない。貴族は、もともとの質疑者によって開始する補完的質疑を問うことができる。

しかし慣例によって星印付質疑は、順番に上院の異なった諸陣営からなされる。こうした補完は読まれず短くして、意見ではなく質疑として表現されるとみなされる。質疑全ては、政府の責務内の事項であるべきである。しかし、上院における国内事項の質疑は、上院院内幹事と委員会議長［委員長］に上程できる。

　星印付質疑は、「広範な聴衆を引き、現代の議事手続の活き活きとし、かつ人気のある部分である。…［しかし］…他の議事手続的混乱を［もたらし］、かつ繰り返される。しかし利用せぬ試みは、この状況を改善するために、上院および議事手続委員会によってなされた」。星印付質疑は通常よりも長い時間をかけ、1959年から1960年に、「質疑時間」の平均的な長さは10分であった。各質疑は、4分をかけた。星印付質疑に充てられた開会時間全体は3.8％であった。ある貴族は、他の貴族がなすよりも多くの質疑をなし、全体の質疑の3分の1を、こうした少数の貴族が行ってしまうのである。これを改善するために1986年グループは、議員がいかなる時であれ、上程できる質疑数が3回から2回に減ずべきであると提案し、これは合意された。

〈2〉星印なし質疑［UQs］

　星印なし質疑［UQs］は、討議を行う質疑である。星印なし質疑は、当日の最後の議事としていつもみなされる。これは、下院の延会動議に喩えることができる。これ［UQs］は制限時間なしであるという（下院との）主な相違をもつ。貴族院議員は、スピーチ形態による質疑をなすが、答弁権限をもたぬ。討議は続き、かつ大臣答弁は、最後に与えられる。UQsは、形式上除かれる動議なしの討議があり得ることによる「貴族による会話」と呼ばれる手段に起源を辿った。1919年以来、「星印なし質疑」用語は、星印付質疑からそれを区別するために発展した。1966年に、星印なしの質疑が最後となることに合意された。1969年にいかなる第二のUQsも、8時以後になされるべきでないことに合意した。1960年にはいかなる者も大臣答弁後に話すべきではないことに合意された。

　一代貴族の到来以来、星印なし質疑の使用における大いなる増加がある。1958年の一代貴族法の可決後における最初の会期の1959年から1960年までに

おいて、12の星印なしの質疑しかなかった。そのうちの5つはひと握りの一代貴族のみであるものによって問われた。1985年から1986年までに44の星印なしの質疑があった。そのうちの24は、一代貴族によって問われた。

1989年前後において星印なし質疑が討議を上程し得ることによって、それが一部には一手段を与えるがゆえに、人気のある議事手続であった。

かくしてUQsに与えられる上院の時間比率は1989年当時、減じられている。これは、人気の欠如よりもむしろ上院になされる立法の要求から生じる。「通常のチャネル」は、UQs（特に多忙な会期末へと）を挫こうと試みるときもある。しかし例外的に切迫して1985年から1986年までの会期中の後半に討議されたUQsは、いつも成功するとは限らぬことを示した。

このリスト［省略］も、第一義的重要性をもつ争点（例えば、南アフリカ問題、ないし欧州通貨制度［EMS］へのイギリスの十全な参加）から、より深遠な事項（電子構成要素におけるガリュウム砒素の使用）までの主題に関する広範な多様性を示した。こうした多様性は、参加者数、介入の存続期間における相違［対立］を左右する。そうした争点のうちのあるものが動議についてより適切に論じられたであろうという、論理が示唆するごとく、議事手続がいかなるものにも使用可能であると言う事実は、その継続的人気を説明した。

〈3〉文面質疑回答［QWAs］

文面質疑回答（QWAs）は、議事日程（order paper）に置かれる。2週間以内に通常与えられる大臣の回答は、質疑者に送付され、かつ『ハンサード［国会議事録］』に印刷される。上程し得るこうした質疑回答にはいかなる制限もなかった。

かくして平均は、通常の長さで1975年から1978年までの会期において448件から、1989年当時の三つにおける通常会期の1,227件に上昇した。いくらかの議員は、平均よりもQWAsを多く問うている。例えば、1987年2月16日に上程された58のQWAsがあった。このうちの16は1人の議員によった。9つは別の議員によった。QWAsは、「仕掛けられた質疑」（政府が大臣声明に頼ることなく、議会と国民に情報を与え得ることによる手段）として使われもした。下院と同様に上院が関心をもつと判断される諸問題について、「仕掛けられ

た質疑」は、両院のために配置された。
〈4〉個別的緊急質疑［PNQs］

　議事日程［order paper］にはない緊急［urgency］事項を上院によって問われる口頭質疑は、個別的緊急質疑［PNQs］として知られる。PNQsは、午後まで上院院内幹事に提出されなければならぬ。質疑が直接回答を正当化するような緊急性をもつかどうかの決定は第一に、上院院内幹事次第であり、究極的には上院の一般的良識次第である。実際上、上院は院内幹事の予備的決定を一貫して支えた。PNQsは、比較的稀な議事手続でいつもあったし、1983年11月に取り決められたPNQsによって、上院の共通なPNQsを繰り返す慣例を断絶する決定（その代わりに声明形態で回答を与えた）以来、多くそうなった。

　その結果、PNQs数はまばらにまで縮小した。

　拒否されたPNQs比率が保たれた記録集など存在しない。しかし1985年から1986年までの会期において、14のPNQsが提出されたし、2件のみしか認められなかった。

［4］貴族院の大臣声明

　大臣声明は、大抵の大臣が下院に出席するようには、上院において第一義的重要性をもたぬ。上院においてなされた声明の多数は、下院で既に言われたことを繰り返す。

　国内政策と外交政策について政府のために大臣によってなされた現代の説明形態で大臣の声明は、戦争状態および政府の政策を議会に知らせるための有用な議事手続として第一次大戦に起源を辿った。

　1980年代期中に声明数の増大があった。

　下院の大臣声明が繰り返されるかどうかの決定は、「通常の経路［チャネル］」を通じての協議後になされる。政府の院内幹事職は、順番に関連する野党の代弁者に問う野党の院内幹事に、大臣声明が繰り返されるべきかどうかを問う。この議事手続が与えられれば、声明がしばしば繰り返されることは驚くにあたらぬ。上院は、1986年の質問事項において次のような根拠で大臣声明の現存の「取決め」について「深い不満」を明らかにした。即ち、「大臣声明が主要

な議事を乱し、日々の予定表の予測し得ぬ遅滞をもたらし、報道には極めて稀にしか伝えられず、かつ議事規則の表現にもかかわらず、適切な準備なしに、ミニ討議へと堕すという根拠で」。

議事手続委員会が「大臣声明を繰り返すことが、特定基準次第であるべき」と勧告するという批判の結果であった。声明は、通常のチャネルとの協議後に上院院内幹事が、それが国家の重要問題についてであるとみなす場合のみに繰り返される。これが厳格に解釈されるべきであることが強調された。1987年から1988年までの会期の証拠は、議事手続委員会勧告が大臣声明数に重要な効果を与えたと示唆する。

ブースによれば、大臣声明が口頭によらず、許可によって『ハンサード[国会議事録]』に印刷できることによる、1989年当時の革新をもつ議事手続も存在するとしてこの項を締めくくる。

[５] **貴族院討議**

1989年前後に原理上、週に１日（通常水曜日）は、一般討議のために留保される。動議は、他の日に討議でき、かつ討議された。しかし動議は重要ではない。１ヶ月に１回の水曜日は、ウイットサン［聖日曜日］休暇までの期間に、一般議員によって提議され、かつ票決によって選択された二つの短い討議のためにとって置かれる。その各々は２時間半である。院内幹事は各討議の開始に、討議における各スピーチの長さに行動指針を与える。２時間半の票決討議の成功は、自発的に２時間半ないし５時間に制限される他の討議へと導いた。

討議は「文書動議」（政府が討議中の主題を上院の議事日程の前におくように要請されることによる議事手続）について行われる。これは、提案者が自らの動議を撤回するように上院に許可を要請するとき、討議の終わりにその回答権を討議者に与える。文面動議の表現は、意見を明らかにすべきではなく、かつ挑発的でなくして、ないし厄介なことをなくして、討議主題を導入すべきである。討議の推進を宣伝するため、かつ大きな関心と参加を引きつけるために、議員に、論争的に、あるいは政治的に緊迫した様式で表現された動議を上程することを認める当時の試みがなされた。しかし上院は、この提案を拒否した。討議も「注目する」（政府が上院に『白書』ないし『緑書』を討議す

るように促すときに、あるいは特別委員会報告書を討議するために適切な議事手続である）ようになす動議について行われた。1987年から1988年までにおける、以下のように六つの諸事例があった。

▽ 注目動議			
日・月・年	動　議	提案者	時間・分
・4.11.87	上院議事作業報告	V.ホワイトロー	4・40
・17.2.88	自然保全審議会報告	E.クランブルック	5・07
・25.3.88	未熟児（保護）法案委員会報告	L.ブライトマン	3・52
・20.5.88	電力民営化	V.ダヴィットスン	3・11
・12.7.88	国防歳出入予算	L.トレフガーン	4・40
・29.7.88	公式秘密改革法	E.フェーラーズ	4・55
（1989年版による）			

　上院の討議主題の意見は、下院の実際とは異なり、採決によるよりもむしろスピーチの内容に通常明らかにされる。しかしながら、ある貴族が上院を促して実体的決定をなさせたいならば、この貴族は、決議形態を議題に入れることができる。これは、政策の承認を求めるために政府によってなされる。1985年から1986年の諸事例は、次のようなイギリスとアイルランドとの合意を承認するために上院の院内幹事による動議の討議であった。即ち、この討議は、6時間継続したし、香港の民族的少数派のための市民権の容認証書［affirmative instrument］を撤回し、かつ修正するように政府に要請する野党の院内幹事によって上程される討議であった。

［6］貴族院立法［Legislation］
〈1〉公法律案［Public Bills］

　公法律案は、いかなる制限なしに貴族院に導入でき、かつ進めることができる。これは下院議事手続とは異なり、政府および一般議員の両方に適用する。公法律案はいずれかの議院に提出し得るが、実際上政府法案の多数は、下院で先議する。これは一部には、責任ある省庁大臣が出席するのは下院においてであるがゆえであり、一部には政府が政党政治論争を目覚めさす下院法案で開始することを通常決定するがゆえである。更に、歳出予算法案およ

び財政法案として証明されるか、あるいは大規模な財政内容をもつ法案は、下院に先議もする。それにもかかわらず、1989年前後において議会審議時間の適切な使用をなすために、かつ会期の後半において上院の過剰負担を避けるために、先議として上院へと、数少ない実体的法案を導入することは、慣例となっている。

　上院に導入された公法律案全ては（下院からであれ、上院法案であれ）、同じ議事に従う。そうした上院に導入された公法律案全ては、最初に読会にかけられ、かつ印刷されるように命じられる。第二読会、委員会、および第三読会といった後の立法諸段階は、上院議場において全て行われる。大いなる時間圧力時に起こる、議事規則第44条が中断される以外に、こうした公法律案は、特別の通知が議事日程に与えられなければ、以下のように述べられた最小限のインターバルによって分けられる。

　a）提案と第二読会間の二つの週末。
　b）第二読会と委員会段階の開始との間の14日。
　c）かなりな長さおよび複雑性を持つ法案について、委員会段階と報告段階との間における14開会日。
　d）報告段階の終わりと第三読会との間の3開会日。
　e）可能であるところで合理的な通知が下院の修正審議のために与えられる。

　1989年当時の20年間にわたって審議された法案数において、重要な増大はなかった。以下の数字は、次のように示す。即ち、例外は、1965年から1966年の平均11から1980年代前半における20へと上昇した、上院の一般議員提出法案である［ことを示す］。しかし1980年代後半における明らかな上院先議法案の低下があった。

　しかしながら、なされた修正数は、1964年から1965年までの労働党政権下の一会期当り511の平均修正数から、1970年から1974年までの会期当り788へと、1974年から1979年までの会期当り645へ、そして1979年から1986年までにおける、1,061へと増加した。こうした統計にあまりにも多くを負わせる事は、容易である（重要な修正もあれば、とるに足らぬ修正もある）。しかし公

法律案が開示する傾向は、上院議員の見解によって、かつ上院が立法により多くのインパクトを与え、かつ政府が上院を使って立法を過去より以上に修正させるという、学術研究によって支えられたのである。

　純粋にして討議に比例して、立法に費やされる時間量の増加の証拠もある。

　この時間のうち、凡そ5分の1は、第二読会において多忙をもってなされ、委員会段階では約半分が費やされ、報告段階では、22.5％、第二読会では7％、そして第三読会後の議事手続（特に下院の修正ないし諸事由の審議）では更に3％が費やされた。

　立法で費やされた審議時間数の増大は、1989年当時における10年前と比較されると極めて著しい。ゆえに上院全体委員会において極めて大きな上院比率が費やされもした。第二読会段階と報告段階がともにかける時間全体は、委員会段階で費やされる時間の半分以下であった。

　立法が通常的に公式になし得るように、第一読会には何らの言及もなされなかった。第一読会での討議や採決は、無視できるほど稀である。第二読会は、法案の主要原則を討議する機会を上院に与える。上院は、ギロチンをもたず、討議を切り詰めるいかなる議事手続方式もない。しかし実際上、第二読会において極めて手短に多くの立法が論じられるだけである。上院において第二読会は、論争的であり、あるいはありきたりであるとみなされる。第三読会討議は、法案に関心水準のよさの徴を与える。そしてこの審議時間は、法案討議に必要とされる。上院が政府法案の第二読会で採決しない（特に政府法案が下院先議とされた場合、ないし委任される場合に）と言うのは不文律なのである。この書かれないルールは、一般議員提出法案にまで拡張しなかった。

　委員会段階は切り詰められもしなかった。委員会段階は、修正のいかなる選抜もなく、上程された修正全ては討議できる。異なった修正議論の繰り返しを避けるために政府の省庁提案によって行動し、政府の院内幹事によって実行される、修正の非公式にして拘束せぬ議案のグループ項目化がある。こうしたグループ化は、野党代表者と正規に討議され、かつ可能であるならば、他の関係議員と討議される。各々の条項ないし予定表の修正は、変えられ、かつ次に各条項ないし予定表は、上院によって質疑に付される。これは、各

条項討議に機会を与える。原稿修正（これは印刷されず、かつ予め頒布されぬ修正である）は、委員会段階および報告段階において規律がとられる。しかしこの原稿修正は、第二読会では採用されぬ。公法律案は、下院のように常任［現在、公法律案］委員会におけるよりも上院全体委員会で審議されることは通常である。これは、立法に費やされる時間全体の半分を占め、ゆえに上院が大部分の時間を費やす単一の議事手続である。これにもかかわらず、公法律案委員会（これは、上院議場から離れてしばしば行われる）は、極めて例外的に使われるだけであった。

報告段階は、修正が委員会においてなされる場合に、かつさもなければ、望まれる時には合意によって行われた。議員が望むように頻繁に話し得る委員会におけるのとは異なり、この報告段階において唯一のスピーチが提案以外に、各修正に認められるだけである。この報告段階において政府は、委員会でなされる論点を一致させる修正によってしばしば提案した。

第三読会は形式的でないときもあった。しかし討議は上院に任せるように、法案形態で行うことができる。とはいえこれは既に政府が敗北させられた変化を、第二読会が討議し、かつ論じることを繰り返す機会ではない。修正は、第三読会で不確かさを明確にし、法案の作成を改善し、かつ政府に確約を遂行することを認めるためにしばしば変えられる。既に討議されかつ決定された争点は、再度開かれるべきではない。こうした制約にもかかわらず、第三読会の修正は一般的であり、かつ修正を切り詰め、あるいは廃止する試みは成功していない。修正が第三読会で上程されるところでは、一般討議は、「法案は可決する」動議において行われた。

〈2〉公法律案特別委員会

1960年代の中絶および性犯罪法案手続は、上院全体委員会が配慮を要する争点に関する、作業可能な立法法律案を生み出すための最善な議事手続ではないことを提示した。その代わりに特別委員会に法案は付された。この特別委員会は、専門的顧問および議会法案の作成の助手をもつことができた。もしこの法案特別委員会が審議すれば、上院全体委員会に再度付され、かつ次に公法律案の通常のコースに従おう。

上記のリスト［省略］は、この議事手続が承認された議事手続（特に一般議員提出法案）となったと提示した。
　特別委員会に付された唯一の政府法案は、「猟犬を使う兎狩り」法案であった。この法案は、1974年から1975年までの会期で上院に最初に達する委任された政府法案であった。しかしこの法案は、第二読会後に進展できなかった。後の会期でこの法案は、4ヶ月以内に法案を報告するように命じられ、野党によって提案された「特別委員会」に付された。この特別委員会は、報告書において次のように結論づけた。即ち、「この法案は兎の被害を減じる適合的手段ではなかった」し、「法案が進められるべきではなく、野生動物保護のための更なる最近の兎狩りの実際［慣例］と立法を検討することに関わる人々によって措置がとられるべきである」と。この法案になされる更なる措置などなかった。この法案は次の会期に導入し直さなかった。
　特別委員会手続は、上院議場における手続の継続が扱えぬ野党と一致するところにしばしば頼られる。未熟児（の救済）は、1986年から1987年までの会期にバーミンガム主教によって提案された。この法案手続は、数多くの仕方で通常ではなかった。第一に、この法案は主教によって提案された。第二に、上院はこの会期における唯一のときに、第二読会において採決した。第三に、この法案は、主題の複雑にして論争的性質のゆえに、成立しなかった。この特別委員会は、会期が終了するときに結論に達しなかった。ゆえにこの法案は成立しなかった。しかしながら、この法案は、法案に敵対的なことで知られる退職していた主教によって再審議されなかった。しかしこの法案はこの仕事を終えるのをみたがった委員会委員であるソロビーのホートン卿によって、1987年から1988年までの会期に再度提案された。その新提案は、新特別委員会に付された。この新特別委員会は、前の会期の委員会が終えられたところで行われた。この特別委員会は、法案をすすめることを認めることに反対して、1988年2月に報告したし、その代わりに最大限の中絶年齢勧告をなした。

〈3〉一般議員提出法案
　貴族院議員は、一般議員提出法案を導入する無制限の権利をもち、かつ議

員が会期の前半に導入を開始するならば、いつもその審議が見出されよう。一般議員提出法案は、かくして下院よりも時には、より容易に利用可能である。この状況は、こうした法案の平均数が、女王の裁可を受ける数が依然として低かったが、近年にかなり上昇していることを示す。

　過去10年［1989年当時での］に平均して18法案が毎年提案されたが、年に二つか三つしか女王の裁可を受けなかった。上院で先議される法案の多くは上院において可決したが、時や政策の理由のため、下院で可決できなかった。しかしこの数字のみがこの話の筋全体を語るものではない。選挙区圧力の欠如は、上院が論争的主題をもたらすとすれば、容易にしよう。こうした数字は、下院と政治が関心さえ得ることができようし、成功裡な立法が続き得るような仕方で、公的な社会的争点議論を引き出し得よう。これは、1960年代の中絶争点および同性愛争点にあてはまるし、1970年代の性差別争点にもあてはまる。前の二事例における法案は、上院における継続的会期に導入された。そして長い時間は、必要な規定の審議に費やされた。最後に、法案は、継続的会期において票決における成功裡な一般議員が、更なる修正後に開く審議を開始し始める下院に送られた。1972年から1973年までの人種差別対策（No. 2）を審議する特別委員会は、次のように確かにするのに十分な公益を生み出した。即ち、下院における最初の後部座席議員および政府がこの争点（1976年の性差別法はその結果であった）を取り上げること［を確かにする］。

　10の一般議員提出法案は、1986年から1987年までの短い会期に、貴族院に導入された。

　これらの法案のうちの一つは、第一読会同然しかなされなかった。更に二つは第二読会で討議されたが、それ以上には進めなかった。こうした法案は、討論機会であり、野党貴族によって導入された。しかしこうした法案は、法となる見通しがなかった。

　二つの法案は上院で可決されたが、下院では敗北した。第一の法案は、地方当局が同性愛を促進することを阻止することを目指した、1986年の地方行政府法であった。この法案は、無所属議員のハルズベリー卿によって導入された。政府与党も上院の野党もこの法案を支持できなかったが、上院におい

てかなりな支持を得た。継続的会期で政府の公法律［地方行政府］案は、類似な目的を持つ条項を含むために、一般議員提出法案によって下院において修正されていた［これは、法へと可決された］。特許（修正）法案は、医薬品の特許の保護を改善するために、労働党の一般議員であるノースフィールド卿によって導入された。この法案は政府名よって支持され、かつ野党の幹部議員によって反対された。この法案は上院では可決したが、下院で敗北した。

　四つの法案は、両院によって可決された。これらの法案は、1986年から1987年までにおいて女王の裁可を得た。三法案は全政党の支持を得た。第一の法案は、セルカーク卿によって提案された「アニマル（スコットランド）法案」であり、保守党がスコットランド法委員会勧告を実施した。第二の法案は、アビテールの無所属議員であるアレン卿によって導入された。この法案は、ビリヤード（制限の廃止）法案であり、ビリヤードホールの免許制度を廃止した。

　ゲーム（修正）法案は、グリニッジのハリス卿によって導入された。スコットランド民族党［SDP］はカジノの開業時間を拡張した。「免許［許可を得た］（レストランの食事）」法案は、アラメインのモンゴメリー卿（保守党）によって導入され、免許［許可を得た］時間外において食事付きのアルコール飲料を出すことをレストランに認めた。与党は、初めにはそれに反対した。しかし与党は、委員会修正によって主張が満たされた。

〈4〉委任立法

　上院の委任立法権限は、議会法によって削減されなかった。1911年に、委任立法の重要性は、今日あるよりも極めて少ない。審議が問題に与えられた証拠はない。議会法案の修正が検討中であった、1947年から1949年までにこの問題は審議されなかった。委任立法は、1911年法の範疇を拡大するのに必要とはみなされなかった。ゆえに理論上、下位立法の重要性の増大は、下院の与党の多数の要望を妨害する上院の遂行能力を拡大した。しかしこの問題について両院の対立は、例外であった。この理由は、上院が周到に権限を使ったと言うことである。（少数の古き例外を除き）委任立法が議会で修正し得ぬように、貴族院による拒絶は、貴族達が最も使うことを渋った最後の手段

である。1950年から1968年の期間において、9つの是認手段は討議され、かつ票決された。しかしいかなる場合でも拒否動議は、実行されなかった。上院は、1968年の南ローデシア（国連制裁）枢密院令（Order）を拒否した。しかし彼らは後に第二枢密院令に同意した。その時以来、是認手段を承認する、22の動議票決があった。しかしいかなるときであれ、こうした動議は可決されなかった。しかし二つの機会に討議としてあげられた問題は、枢密院令を撤回し、かつ修正する政府によって票決をもたらした。同じ期間に16の否認手段は、反対が訴えられたが、議会への嘆願のいずれも票決されなかった。

近年、委任立法に反対する他の方式は、次のような手段のいくつかの規定を非難する動議をはじめとして使われた。この方式は実行されるならば、無効とはならなかろう。特定方法で命令を修正するように、与党に要請するより有効な動議は変えることができる。この方法は実行されれば、与党を強いてその命令を撤回させ、かつ修正させる効果をもっただろう。否認手段は、修正動議（全ての廃棄動議の代わりに）に従った。こうした方法によって上院は、歯止めとして破棄権限を使って、当時の与党を強いて下位立法に明らかにされた見解に注目するように強いた。

〈5〉私法律案［Private Bills］

私法律案は、議会外機関によって促進されたし、利益に関わる。このことは、「一般法［general law］の過剰で、あるいは一般法との対立において…人ないし人々の機関に対して特定権限ないし特定利益を与えるための特定の種類の立法」である。私法律案は、一般議員提出法案と混同されるべきではない。一般議員提出法案はいずれかの議院の一般議員によって導入された一般法案であり、かつたとえ制定されたとしても、一般的な適用性をもつ。この推進者は、国家の一般法を利用できぬ特定権限を求める地方当局でしばしばある。上院の私法律案立法権限は、議会法によって制限されず、かつ下院の権限と同じである。

各議院に割り当てられる私法律案数は、対等である。しかし主に財政的性格を持つ法と国営化された産業によって促進される法案は通常、下院に導入される。1986年から1987年会期において、この私法律案および個人法案（い

つも上院で先議する)を可能にする二つの結合法案は、議会に導入され、かつ先議議院として12法案が上院で導入された。

　両院の私法律案を審議する議事手続は、類似である。上院議場でなされる立法段階(即ち、第二読会と第三読会)は、討議される以外に、星印付質疑後直ぐになされる。討議が期待されるとき、私法律案は通常、議事の終わりに審議される。私法律案は、反対されぬ法案委員会において、委員会議長[委員長]および議長の助言によって周到な精査に服する。

　私法律案規定の異論は、救済のために上院に請願できる。こうした異論が依然として未解決のままであれば、この法案は、準司法的機能を行使する特別委員会に付託される。私法律案に第二読会を与えることは、公法律案とは異なり、法案の原則の承認を含意しない。その結果は、関連委員会に法案を簡明に付託することにある。メリットに関する討議は、第二読会ないし第三読会によって上院議場において行われる。こうした法案はそれらの諸段階において敗北させられるときもある。1988年、上院議場での私法律案論議は、その時間の0.4％しか占めなかった。

　両院合同私法律案の議事手続委員会は、1988年の7月に、私法律案立法過程へと2年の調査を完遂し、かつ両院において討議される数多くの勧告をなした。委員会の証拠として委員会議長[委員長]は、「上院における私法律案議事手続は、円滑にして迅速に働く」と言ったのである。

　ブース論文(2003)は、以下の第7項の貴族院特別委員会から第10項までを特別委員会とし、議事手続と別の節を設定している。われわれは、後の諸章においてこの委員会事項に十分に論及し得ぬため、ここではブース論文(1989)に即して、議事手続として整理した。確かに今日では、法案委員会と特別委員会[調査や説明が中心]とを分けて説明されることが多い。

　いずれにせよ議事手続は、議会や委員会などを含むため、両論文(1999 and 2003)に大きな差異はない。

[7]　**貴族院特別委員会**

　1945年から1972年までの上院特別委員会活動は、上院の管理および議事手続に関わる。その時以来、特別委員会は、特定の必要性に応えて(特にEC加

盟）設置された。しかし下院と異なり、上院委員会は、体系的改革の所産よりもむしろ特別目的で全て設置された。その展開を基礎づけることは、「専門家ないし特別委員会における上院を含む範囲があり得る」と1968年の『上院改革白書』に明らかにされた信念であった。

特別委員会は三つの主要範疇に入る。第一に、会期主題委員会である。このうちには二つがある。それは、「EC」委員会および「科学技術」委員会である。これは常任であり、自分達の主題を選択し、小委員会へと委員を選択し、かつ定期ベースで討議される報告書を生み出す。第二に、「特別目的(アドホック)」委員会である。これは、周到な調査を必要とする専門化された主題について、一般公益事項、あるいは一般公益法案についてである。最後に、1972年以来、必要とされるように、設置され続けた伝統的「国内事項」委員会がある。

[8] 会期［主題］委員会
〈1〉EC委員会

1973年1月にイギリスのEECへの参入は、貴族院のリーダーシップに問題を置いた。上院は、451対58の票決によってEEC（後のEU）加盟について「政府『白書』」を承認する投票を行った。しかしこの法案は、欧州立法の議会精査には何らの言及もなさなかった。

政府は、EC立法の議会精査を組織する必要性があると当初から譲歩していた。そして政府は実のところ、必要とされた議事手続勧告をなすために両院合同委員会が存在すべきと、下院において第二読会によって提案した。しかしそれは、EC法案が、各議院が必要な議事手続を審議するため、別々な特別委員会を任命する法となった後にのみ、であった。メイブレイ-キング卿議長［委員長］下での上院委員会は、1973年7月に報告し、かつEC機関活動を記述したし、欧州立法案を精査するため、他の諸国家機関によって採択された手段を記述した。この委員会勧告は、広範な委任事項権限をもつ特別委員会を設置することを含んだ［(下院と対照的に)立法のメリット、および小委員会を任命し、かつ他の委員を選択する権限をはじめとして］。二つの要因（一つは、実際的要因で、もう一つは政治的要因）は、両院の仕事に分岐をもたらした。実際的要因は、証拠を与えるのに時間をかけ、かつメリットを調

査する審議報告を生み出す上院の権能であった。もう一方の政治的要因は、上院におけるイギリスの共同体［EC］加盟国の一般的受容であった。このことは、貴族院の諸委員会にとって思いやりのない結論に達することを容易と」させた。委任事項権限を狭める政府による試みは、失敗した。このEC委員会は、1974年に設置された。

　法が形成される、伝統的な場所である諸国議会は、共同体［EC］の立法過程において役割が与えられない。立法は、欧州委員会によって提出される。そして欧州議会（EP）は、協議される。最終決定は、EC理事会によってなされる。しかしながらEC条約には国会がその均衡を戻すための諸段階を阻止するものなどないのである。そして両院議会は、立法が［EC］理事会で議論される前に政府に影響を与えることを、両院に可能にさせる議事手続を採用することによって共同体［EC］の立法過程に入ることに決定した。そうすることによって、イギリス両院は、次のように決定する、デンマーク議会よりもラディカルではなかった。即ち、デンマーク議会は、閣僚理事会の交渉においてデンマークの閣僚に先立って委任権を「フォーケッティング（デンマーク議会）［一院制］」の市場関係委員会に与えることを加盟後直ぐに決定した。上院制度は、欧州委員会によって提案された共同体［EC］提出権に向けられた、専門家調査委員会のうちの一つである。かくして上院の制度は、本質的に前立法的である。イギリス政府は、次のように約束を与えた。即ち、イギリス政府は例外的状況を除き、両院精査委員会がその調査を完遂する前にEC理事会提案には合意せず、かつ適切なところにおいてその報告が論じられた。当初からEC委員会は、ブリュッセルに抗してホワイトホールと共同の根拠を形成したときもある。かくして政府は、EC理事会の交渉期間中に報告書を使う地位にあり得る。同様にEC委員会報告は、政府によって反対された欧州委員会提案を支えることができる。

　小委員会を任命し、かつ委員を選任するEC委員会権限は、大いなる議事手続的柔軟性を与える。EC委員会は、同様な下院委員会と一致して働くこともできる。しかしEC委員会は実際上、ほとんど公式的共同などない。有給である議長［委員長］とともに、委員会全部で24人の委員がおり、かつ50

人の他のメンバーは、小委員会（審議中の）の主題における専門家でしばしばあるものを選択した。このEC委員会は、かなりの有効人員［manpower］をもつ。EC委員会は、5人の書記（調査中の主題の専門家であるパートタイマー）、2人の法律顧問、1人の専門家助手、および5人の秘書からなるスタッフによって支援され、かつEC委員会官僚も特別目的で任命される専門家のスペシャリストをもつ。これは、100回から200回の会議間から生み出される、一年に20以上の報告書からなる出版数を認める。証拠は、大臣および省庁官僚、例えば、労働組合やイギリス産業連盟［CBI］のようなロビーグループ、貿易団体、欧州委員会や理事会官僚、欧州議会議員［MEPs］、学者、および他の海外の専門家達から聞かれる。各報告書は、小委員会のうちの一つによって準備される。しかし最終版は、特別委員会によって承認される。

　上院特別委員会全ては実際上、彼らの報告書が論じられる（下院のものとは異なる）とみなすことで満足する。EC委員会報告のうちのいくつかは、情報のみのためである。しかしその多数は今、討議のためになされる。この討議は、上院議場における少ないが評価可能な時間量をかける。実際上、関係者の便宜に適合する報告討議のために時間が見出される。討議に参加する人々の割合（半分以上のときもある）は、当該問題の委員会委員である。これは、討議が幾分閉鎖的であるという批判へと導くときもある。自分達の報告書における討議の範囲を拡大する試みをなすし、委員の参加を挫く委員会もある（結果として貢献の多様性を高める）。

　報告書に対する政府の対応は、多様であった。大抵は補完的であるが、政府の交渉的立場を譲ることを恐れるがゆえに、あるいは政府が報告書に一致せぬが故のいずれかで、曖昧である。極めて長くして重要な報告書について、政府は大臣によって討議における口頭答弁に加え、『白書』に即応して出すときもある。メディアは、報告書自体に対してよりも報告書論議をより多く与えることがしばしばである。両院特別委員会活動、そして報告書数の両院特別委員会活動の増大は、報告書がよき新聞報道に頼ることができないことを意味した［2003年版］。

　「議事作業慣例G.ウィリアム報告」(House of Lords 111 of 2001-2002)

は、EU立法の上院精査の見直し、一般政策提案と特定政策提案との均衡、およびより簡約的にしてより焦点化された報告の要望を勧告した。

〈2〉科学技術委員会

　科学技術委員会の起源は、1977年の委員会法実務［慣例］および議事手続報告にあった。この委員会は、次のように提案した。即ち、関連諸領域内の法案および他の提案を精査する、特定領域とリンクされる数多くの・特・別・委・員・会が存在すべきであるというものである。

　この提案が討議されたとき、科学技術委員会は生温いレセプションによって開会した。この提案は、一政策領域の単一委員会による実験からなされた。最終決定は、「省庁」関連（これ以後、「省庁」）特別委員会の設置に関して下院の未決の決定を遅らせた。これが1979年に定着されたとき、議事手続委員会は再度、この問題を審議したし、次のように勧告した。即ち、科学技術に関する会期［主題］特別委員会は、公法律案の政策特別委員会における実験提案の代わりに、設置されるべきであるという。主題選択の一つの理由は、次のようであった。即ち、科学技術に向けられたいかなる省庁によっても、省庁特別委員会の複製は、避け得るという。上院の議事手続委員会は「上院科学技術委員会の設置は、上院および外部の両方で、広範な支持をひきつけた」という。

　この委員会は、「科学技術を審議するために」広範な委任事項権によって1980年1月に設置された。科学技術委員会は会期制であるが、EC委員会のように実際上、各会期に再び任命され、かつ常任となった。科学技術委員会は、15人の委員、および3つの小委員会をもつ。その委員は、専門化されない知識をもつ委員と同様に顕著な科学者やエンジニアを含む。多くの委員は、科学に基づく産業の実務経験をもち、あるいは学術的な研究科学者であった。委員達は、小委員会ⅠおよびⅡとに分けられた。この小委員会は、各々一年間にわたって主題を引き受け、かつ次に異なった主題を審議するように構成し直される。その3分の1は、一般目的小委員会である。主要な機能は、二つの「主要な」小委員会による調査の主題を勧告することにあり、過去の調査を追跡調査することにある。科学技術委員会は、小委員会委員を選択する権限をもち、かつ調査在任期には主要な小委員会の各々に2人から3人の委

員を選択することは通常である。彼らは、当該分野の専門家で通常ある。しかしこうした専門家が多数でないことは慣例である。

　広範な委任権限が与えられれば、科学技術委員会は、自由に主題の選択をなそう。しかしながら実際上、この委員会は次のことに集中した。
　　a）議会がイギリスの科学技術の発展ないし応用のいずれかを助け、かつ刺激し得る領域。
　　b）政府が含まれる、あるいは含まれるべき科学技術の諸局面。
　　c）科学技術に加えられる制定法に基づく機関の仕事。
　　d）国民の関心と科学技術への関心とが対立し得る諸領域。
　　e）科学技術問題に対する国民の関心がある諸領域。
　科学技術委員会は、省庁の境界を横断する争点を、主題の選択において定期的に選択する。
　調査はEC委員会とともに、小委員会によって行われるように、1人ないしそれ以上の専門家顧問が各調査のために任命され、かつ文書証拠および口頭証拠が取られる。小委員会の原案報告書は、特別委員会によって審議され、かつ合意された報告書は、委員会名で刊行される。しかし次のように重要な区別がある。即ち、調査は、EC委員会（平均してそれは、各々1年間継続し、かつ報告書は全て討議される）によって行われる。調査よりも通常長く、大いに深みがある。特に、政府の文面回答は、各報告書になされる。というのは報告書勧告の詳細にして特定的性質は、討議における大臣答弁が不十分であることを意味するからである。
　勧告は大部分、政府ないし当該関連研究評議会に向けられる。しかし他のところで（例えば、産業界から）の反応を問うたものもある。報告者および証拠を支えるものの読者は、特定主題に関わる科学者や科学技術者を必然的に含もう。科学技術委員会は、報告者が科学的根拠ないし技術的根拠で容易には非難されぬことを確かにすることに関わった。
　科学技術委員会は、各調査を追跡調査する慣例をもつ。主要目的は、政府が科学技術委員会勧告に適切に答えるためであり、その応答が不満足であった諸事項を追及するためであり、かつ報告書以後の展開を明らかにするため

である。追跡調査形態は多様であり、文面回答ないし星印なし質疑により、あるいは更なる刊行報告書へと導く大なる証拠を（大臣からのものをはじめとして）得ることを含み得る。

科学技術委員会は、科学界の非政党政治的意見を語ることが想起される。

[９] **貴族院の特別目的(アドホック)特別委員会**

特別委員会は、1971年12月に、スポーツおよびレジャー委員会を設置した。動議を変えるとき上院院内幹事のジェリコー伯は、それが「多様な主題に関する上院特別委員会の全く長い方針」の最初のものであることを希望した。これは、正しいことを証明した予言である。かくして1945年以来の上院で主に休眠状態にある議事手続は、復活した。新しい機能が引き受けられた。この手続は、二つの主要な方法で使われた。第一の主要な方法は、公法律案を調査する特別目的(アドホック)委員会についてである。第二の主要な方式は、公益の主題特別目的委員会についてである。

主題特別目的(アドホック)特別委員会は、1972年以来、次のような上院の仕事の既成の特徴となった。

〈１〉特別目的(アドホック)特別委員会

年	主題	議長	最終報告日	討議日
1971-73	スポーツとレジャー	V.コバム	25. 7. 73.	13. 6. 74.
1975-77	物品価格	L.ロバートホール	18. 5. 77.	26. 7. 77.
1979-82	失業	B.シーア	10. 5. 82.	16.11.82.
1984-85	海外貿易	L.オルディントン	30. 7. 85.	3 .12.85.
1988-	故殺および終身刑	L.ネイサン	―	―

（1989年版による）

これらの諸委員会の起源（前身）は、多様であった。「スポーツとレジャー」委員会は、政府の主導で設置された。失業委員会は、討議において後に支えられた、EEC委員会の小委員会によって提案された。海外貿易委員会は、討議において提案された。政党支持、あるいは少なくとも黙認は、あらゆる事例において、一般議員ないし野党幹部議員によって成功するこうした主導に必要とされた。一方で「スポーツとレジャー」、および物品価格（比較的に

論争的でない主題）と、他方で、失業（調査中の主題の政党政治的含意が進展をより困難にしたところで）との間に対照を引き得る。失業委員会は、調査に2年費やされ、かつ手続きの詳細は、失業委員会が報告書と一致するのに困難にしたことを明らかにする。上院の議事手続下で、少数派の報告のための規定などないし、議長の報告案に修正を提案することによって示される。大抵の事例において大いなる一致度があり、あるいは少なくとも少数派の見解に従う傾向をもつ。純粋に政党政治の根拠の分裂は、ほとんど知られていない。特に「失業」および「海外貿易」委員会は、政府に困惑をもたらした。1989年頃の「故殺および終身刑」特別目的(アドホック)委員会が大政党政治論争の主題への傾向を覆した。

[10] 国内 [Domestic] [事項] 特別委員会

例えば、上院議事手続、特権、および司法責務のように、上院事項を扱う数多くの委員会がある。公職委員会とその小委員会は例えば、財政、図書室、スタッフ、および芸術作品のように、上院の国内事項を審議する。委員の選出（特別）委員会は、強化法案それ自体ないしこのこと以外にあらゆる特別委員会委員数を提案する。教会委員会と同様に、強化法案と制定法に関する両院合同委員会が存在する。私法律案を審議するため設置された委員会も存在する。特に、次のような問題の特別目的(アドホック)委員会がある。

〈1〉特別目的(アドホック)「国内」特別委員会
1966-67　上院議事のテレビ放映特別委員会
1967-68　上院議事放送特別委員会
1969-70　議会議事の公表特別委員会
1975-77　委員会の法実務［慣例］と議事特別委員会
1984-86　放送（後の上院のテレビ放映）特別委員会
1986-88　私法律手続の両院合同特別委員会
1990-91　上院委員会作業（「ジェリコー［卿］委員会」）特別委員会
1997-98　議会特権（両院合同）特別委員会
1997-98　提案儀式特別委員会
2002　　　貴族院改革（両院合同）特別委員会
（1989年および2003年版による）

加えてかつ徐々に、以下のような非公式作業グループが設立された。

〈2〉非公式作業グループ

年	主 題	根 拠	主宰者
1971	議会作業	リーダー	L.アバデア
1976	図書館	リーダー	V.エクレス
1977	コンピューター	リーダー	ヒルズバラのL.ダーリング
1984-85	図書館および公文書館保管収容力	リーダー	L.トレンド
1986-87	上院作業	リーダー	L.アバデア
1994	上院審議	リーダー	ヘックスハムのL.リッポン
1999	上院議場議事手続	リーダー	エッガードンのB.ヒルトン
2001	行為基準	リーダー	モスティンのL.ウィリアムズ
2001	管理とサーヴィス	委員会議長	L.グレンフェル
2001	管理とサーヴィス	委員会議長	L.トードッフ（委員会議長）
2002	議事手続	リーダー	モスティンのL.ウィリアムズ（リーダー）

（2003年版による）

[11] W-ブースの貴族院の議事手続論［1989、2003］の結論

　これらの諸委員会の価値は、学術研究および学術評価事項である。しかしながら、いくつかの試験的な結論は、過去15年間の上院における特別委員会作業の増大について提案し得る。大抵の委員会活動は、生じるように、特定の必要性を満たすように進化している。大抵の委員会活動は、下院の省庁委員会を反映するための何らのグランド・デザインもなかった。実のところ、下院を複製しない自覚的な願望がある。上院は、下院の委員会制度によって残されるギャップを埋めようと試みた。EEC委員会は、関連下院委員会（第一次的に下院議事場で討議を選択するためのフィルターとして行動する）よりも広範な委任事項権（ECの提案の長所）をもつ。科学技術委員会は、解散された下院委員会と入れ替わった。特別目的委員会は省庁境界間にわたることによって、下院省庁委員会を避ける事項をしばしば扱う。

　学者は、下院委員会と上院委員会との連絡の欠如を、［しかし示すよりも表面下（非公式的に）において存在する］記した。極めて多くの政府機能が

ホワイトホール［官庁］の境界を横断して影響を与える下院の省庁委員会制度の弱みは、あった。ブレア政府は（唯一の成功によってしかない）、政府内の調整の欠如を改善することを目指した。上院は、典型的に進化的方式でかくして有効人員のために、一部にのみ成功したが、下院の省庁委員会制度におけるこの弱みを改善しようと試みた。

一代貴族の指名過程は、徐々に政府の専門的活動にわたって大抵の主題分野（法学・経済学・産業・医学・科学・および多くの分野）における顕著な権威をもつ議員を生み出す。こうした貴族は、政治的進歩とはかかわらず、かつ現代の政府の魅力のない過程のために必要とされた必達目標を与えることができる。この議員の地位は、下院（徐々に専門的であるようには思えぬ）におけるキャリアの政治家と対照をなし、かつそうした政治家を補完する。

こうした諸委員会は、通常委員会委員においても、かつ議員が特定調査のため選択されるときにも、ともに上院議員の特別な専門知識をもつ。こうした諸委員会はかくして、別な形では上院の活動的役割を果たすようには思えぬ人々をはじめとする、上院議員資源を選ぶ。これは、国家公務員（公務員、外交官、あるいは軍務メンバー）の以前の無所属議員に特に当てはまる。こうした貴族は、上院の委員会作業が政党政治的でないがゆえに、使うことが可能である。実のところ、政党政治の熱気から除かれた主題は、最も有用な報告書をしばしば生み出すという。

§4. 結　論

われわれは、本章において上院の基本的な議事手続に関する多くの事項を確認することとなる。というのはイギリスの上院の議会制度が、長い伝統の上に成立しているからである。われわれは後に、これらの基本的な議事手続について最新のものにも論及するけれども、全てにわたって論じることなどできない。従って本章は、この分野の先行研究的な地位にある議事手続論文を中心に概観することとなった。

本「序論」は、第1項を「本章の意図とM.W-ブース卿の研究の選択」と

題した。これは今記したことと関わるものである。ブース論文（1989、2001）によって、われわれは、後の諸章で最新のラッセルの著書によって最も新しくして専門的な研究を取り上げることとなるが、この新著全てに論及し得ぬため、その基盤として示すこととなった。第2項は「W-ブース卿論文（2001）の意図」と題し、ブースが新しく改革された上院を、改革後の貴族院の議事手続的変化として事例を研究したものを概観する。第3項は、早速「W-ブース卿論文（2001）の序論」として、その議事手続の全体像に論及した。彼によれば、1621年という年に、『備忘録』として当時の上院書記によって書き留められた文書が残っていたことなどに注目した。従ってブースによれば、その議事手続の起源のものは、今日においても大まかに守られている旨を確認した。しかしながら、ブース卿は、これが現代（2001）において大いに変化した局面を実証しようと試みた。

　本章は「第1節」を、「イギリス上院の議事手続の変化論（M.W-ブース卿の2001年論文を素材として）」と称する。ブースはまず、第1項を「1621年の貴族院の議事手続」と題して、この起源の確認を概観した。

　この項に対してブースは、上院の議事手続が変化したことを主題とする。従って第2項は、「現代の貴族院の議事手続」として約350年後の現代における上院の議事手続の変化過程を論じる旨を告げた。

　それをブースは主として「貴族院の立法手続」、「議事手続が変化される方法」、「貴族院委員会の法実務［慣例］と議事手続委員会［1976-1978］」、「通常の経路」、「2000年当時の変化［過剰負担の増大］」、および「2000年当時の議員構成の変化」の6項目に分け、上院の議事手続きの変化局面を検討した。われわれは、これを後の最新の研究（2013）に先行するものとして位置づける。

　われわれは、本章の後半部を占める第2節を、「その他の貴族院の議事手続概観（M.W-ブース卿の1989年と2003年論文を中心に）」と題した。われわれは、本章にこれも前記と同様な意図（議事手続の先行研究を確認する）を含むものである。

　第2節においてわれわれはまず、ブース卿の論文（1989）における「序論」

を配した。ブースは、その議事手続論全般にわたって、上院が自己規制機関であることにおいて徹底していると述べた。ブースは、この現代における直接的関連を、上院が19世紀に、下院に従わなかったことと関連づける。つまり、貴族院はアイルランドの民族的少数派がいなかったがため、この下院の経路が既成経路の増大を含み、多くが上院の古き議事手続精神に従っており、下院における、実体的少数派（アイルランド民族党）に対する不本意な結果として下院がこの少数派に従ってそれを導入したという。実のところこれは、上院が決然とした、議事手続を覆す少数派による試みに直面されなかったからである。ゆえに貴族院は根本改革なくして継続し、個々の議員は自由の行使の機会と同様に、手続上より大きな自由をなおもつということとなったという。

更にこの自己規制機関としての上院の特徴は、1971年につながる。この年に上院幹事は、議事作業を検討するために、小規模な非公式グループを設置し、運営方法の要約を示し、「議員が全て平等であり、議長によっていかなる統制権もないユニークな制度で」あると表現したからである。

従って貴族院は大抵の立法部と異なり、成文用語によって法典化されず、「ルールブック」よりもむしろ慣例や良識によって治められ続けるとブースが宣することとなる。

第2項はこれを踏まえまず、「貴族院の議事」と題し、その下位項目では上院の議事活動として出席や開会時間量が多くなったと言う。

引き続き第3項は「貴族院質疑」と称し、四つの質疑形態を配置する。これはそれぞれ「星印付質疑」、「星印なし質疑」、「文面質疑回答」、「個別的緊急質疑」として上院の質疑形態が示される。

更に第4項は「貴族院の大臣声明」である。大臣声明は、大抵の大臣が下院に出席するように、上院において第一次的重要性をもたぬが、貴族院でなされた声明の多数は、下院でのものと同じことを繰り返す。

第5項は、「貴族院討議」である。原則的に週に1日は、一般討議のために留保されるという。他の日にも動議は討議可能であり、そして討議が行われる。しかし動議は重要ではない。月1回の水曜日には、聖日曜日の休暇まで

の期間に、一般議員のためにとって置かれる。その各々は、2時間半である。院内幹事は各討議の開始前に、討議の各スピーチの長さに行動指針を与える。2時間半の票決討議の成功は、自発的に2時間半ないし5時間に制限される他の討議へと導いた。

更にわれわれは、より手続上明確な第6項「貴族院立法」法案事項へと進んだ。これは、なじみの「公法律案」、「公法律案特別委員会」、「一般議員提出法案」、「委任立法」、および「私法律案」の五形態である。

われわれは、ここまでブース論文（1989）に主として即し、議事手続事項を分類した。更にわれわれは、以下の事項もブース論文（2003）よりも先行するとしても、われわれが後の諸章で十分に論及せぬ委員会事項［特にM.ラッセルによる新上院論において］であるため、その前提として「議事手続」事項を概観してきた。

ブースによれば、第7項「貴族院特別委員会」から第10項までは、上院の「特別委員会」（2003年版）とも題するが、議事手続委員会の範疇に含める［1989年版］。われわれは、後者［特別委員会］の概念（1989）下に以下の委員会を入れる。第一は、会期［主題］委員会である。この中に更に「EC」と「科学技術」の委員会を包摂する。もう一つの下位範疇に特別目的委員会（アドホック）を入れる。第三範疇に、伝統的な国内特別委員会を示す。確かに現行の委員会分類は、法案委員会と［調査や説明中心の］特別委員会に分類する場合が多い。しかしながらとにかく議事手続は、議会や委員会などと関わるがゆえに、ブースの1989年と2003年の両論文間に大きな相違はないのである。

第10項において、われわれはW-ブース論文（1989年および2003年）による上院の手続き、特権などの責務などを扱う数多くの委員会に論及した。第11項はブース論文の結論であり、前の特別諸委員会を受け、その「諸委員会の価値は、学術研究および評価事項」であるという。ブースは自らを実務者として位置づけ、必ずしも学者としてのものでないと謙遜する。いずれにせよ彼は、いくつかの「試験的な結論を［1989年当時に］過去15年間の上院特別委員会作業の増大があった」と提案できるという。従って大抵の委員会活動が、生じるように、特定の必要性を満たすように進化していると主張するに

いたる。

　われわれは、こうしたブースの上院議事手続論をその各論的論稿にして先行研究として評価する。しかしブース論文おいても、問題を残す。例えば、最も新しい論文（2003）においてさえ、「歴史分析（1900-2002）」、「議員構成」、「議事手続」、「特別委員会」、「司法機能」および「貴族院と対外世界」といった節構成にしている。しかし周知のように既に「司法機能」は、上院にはほぼなくなっており、逆に今日のものと大きな差異を顕在化する結果ともなっている。

　いずれにせよ、こうした諸問題にもかかわらず、ブース論文は、われわれにとって、上院の議事手続論としての詳細な先行研究と、十分に位置づけることを可能とせしめるものである。

参考文献

M.A.J.Wheeler-Booth, 'The House of Lords', J.A.G.Griffith et al., *Parliament*, London, 1989.

Sir M.A.J.Wheeler-Booth, Procedure：A Case Study of the House of Lords, in D.Shell et al. (eds.) *Second Chambers*, London, 2001.

E.R.Foster, *The House of Lords 1603-1649*, Chapel Hill, 1983.

l.Blackburn et al. (eds.) *Parliament*, written by Griffith et al., London, 2003.

House of Lords, (eds.), *Companion to the Standing Orders and Guide to the Proceedings of the House of Lords*, London, 1989.

P.Hall, *Governing the Economy : The Politics of State Intervention in Britain and France*, New York, 1986.

P.Hall and R.Taylor, 'Political Science and Three Institutionalisms', *Political Studies*, 44（4）：936-962（1996）.

The House of Lords, *Companion to the Standing Order*（2013）.

L.Thompson, *Making British Law*, Basingstoke, 2015.

R.Rogers et al., *How Parliament Works*, London, 2015.

T.E.May, *A Treatise of the Law, Privileges, Proceedings and Usage of Parliament*, London, [1874] 1879 and 2011.

Cabinet Office, *Guide to Making Legislation*, 2014 (http://www.gov.uk/government).

House of Commons, *The Second Chamber : Continuing the Reform*, London, 2002.

F.W.Maitland, *English Law and the Renaissance*, Cambridge, 1901.

前田英昭『イギリスの上院改革』(木鐸社、1976年)。

川人貞史『議院内閣制』(東京大学出版会、2015年)。

田中嘉彦『英国の貴族院改革(ウェストミンスター・モデルと第二院)』(成文堂、2015年)。

岩崎美紀子『二院制議会の比較政治学』(岩波書店、2013年)ほか。

第6章　両院制の理論と比較視点
（M.ラッセルの著作の分析）

§1. 序　論

　今日の議会主権論は通常、議会に立法主権があることを意味する。しかし現代の代表民主政において主権は、国民を代表する議会にあるともいわれる。従ってこうした議会制民主主義における（特に）議会は、中小規模国家を除けば、大部分において両院制を採用している。ゆえに本書は、こうした視野から主に両院制に焦点をあてる。確かに「一院制対両院制」論争は、両院制事項においても最大の争点のうちの一つである。しかしわれわれが両院制を中心として論を立てるのは、この論争の中でまさに両院制の存在意義が問われており、これに即応せねばならないからでもある。

　とりわけ、この両院制問題と取り組む、イギリスの貴族院改革が近年、政治制度論において特に注目されるようになった。われわれは、この上院改革と関連してイギリスにおいて上院研究の隆盛を経験している。その頂点に立つ研究者達のうちの一人がメグ・ラッセル（Meg Russell）である。彼女は既に、2000年にイギリスの貴族院に関する大部にして綿密な『貴族院改革（海外からの教訓）』を刊行していた。これは、比較両院制研究としても優れている。更にこの作者は、それ以来数多くのイギリスにおける第二院の研究成果を発表し続けてきた。われわれは、彼女の集大成である『現代の貴族院（ウェストミンスターの両院制の再生）』(2013) に注目する。

　本書では、ラッセルの両院制研究の基礎的要素を捉え、その応用の可能性を探ろうと試みる。

　われわれはまず、『現代の貴族院』における第3章「両院制理論と比較視点」を素材として、その両院制比較理論の基盤を構成することとする。

　ラッセルは「序論」の冒頭で「本章は、他の立法部の両院制の存在、および両院制の性質を調査することによって、かつ世界の国家の憲法の分析を引

くことによって、異なった種類の文脈を与える」と説き起こす。われわれは、本章において両院制問題を、他の諸国のものとの比較において論じる側面に注目する。従ってラッセルの視点は、当然のことであるが、われわれが法則性や客観性を重視する視点と共通な立脚点に立ち、かつ基本的な学問的態度でもある。

　彼女によれば、こうした仕事は貴族院が偶然的観察者でも想定できるように、全くの例外でないことを示す。いずれにせよ、自国の上院が貴族院という前近代的名称にもかかわらず、現代世界における上院と共通性をもつことを確認する。更に続けて、世界の上院は大部分、公選の議院である。しかし直接公選でないことは必ずしも極端な例外とは限らぬという。この上院が最も弱いともいわれるが、他の上院も全てが強力であるとは限らぬと説く。『現代の貴族院』によれば、「特にイギリスの改革者達は、自らの第二院に不満をただ感じるのみであるとは異なる」という。改革議論は、「他の両院制諸国」においても共通である。「両院制理論」に関する章は、両院制の三つの主要次元（第二院の正当化・議員構成・および権限）と取り組むことを示す。ラッセルは、この章の結論が「両院制と貴族院の両方の比較調査」から教訓や課題を引き出すと宣言している。

　かくしてわれわれは、ラッセルから両院制研究の基礎的な応用可能性に応えてくれる言質を得たこととなる。

§2．現代の両院制の正当化

　ラッセルはまず、現代における第二院の主要な次元のうちの一つである正当化次元から論じ始めるけれども、「両院制の長所理論は、実際的展開からのもつれを解くことができぬ」と説き起こす。さらに初期の貴族院は、自覚的に意図されるよりもむしろ進化したと言い得るという。例えば、N.マキァヴェリ（1469-1527）やモンテスキューのような作者は「混合政体」の長所を評価するため、両院制を称賛した。しかしD.シェルが指摘するように、「この混合政体理論が説明し、かつ正当化しようと努める最初の制度の創設にある程

度の原因があるというのは誤り」であろう（Shell 2001：7）という。それにもかかわらず、これらの思想家の諸概念は、アメリカをはじめとする後の両院制の樹立に影響を及ぼした。その結果、『連邦主義文書［Federalist Papers］』はなお頻繁に今日、引用される両院制のための多くの明確な議論を述べた。

　数多くの両院制の正当化は、現代の文脈において（両院制反対論と同様に）その賛成論にも示すことができる。両院制構造と両院制諸国の多様性が与えられれば、統治制度に与えられた可能な利益は、完全に一般化することが困難であろう。ここにおいてわれわれは、二つの両院制の機能を、「代表」と「代理」であると、通常特徴づける最近の説明に従う（Patterson and Mughan 1999）。

　「代表」機能の性質は、既に明らかであろう。第二院は、次のような異なった集団が代表される機会を提供する。即ち、異なった諸集団は、第一院の取決めによって不利にされる諸集団から利益を得ると。これは、両院制における多数者支配の効果を恐れる少数者集団に特に当てはまる。両院制エリートモデルは、地域モデルが地理的な少数派に有利である一方で、階級的少数派に有利であった。第二院は、言語上の少数派（今日のベルギー）、ならびに宗教的少数派（ボスニア・ヘルツェゴビナ）、および1935年以前のアイルランド自由国の「上院」代表を保障するように構成できる。

　しかし第二院の選択肢的代表形態は、少数派集団にいつも利を与える必要などない。多くの制度化において選択肢的代表形態は、第一院に対する選択肢的論理を簡明に組み込む。かくして第一院の政党代表と対照的に「職能代表」を与えようと努めた第二院もある。この職能代表モデルの足跡は、現代のアイルランドおよびモロッコに見られる。ここに第二院議員は、例えば、医師、経済人、あるいは農業従事者のように、職業集団を公式上、代表する。オーストラリアにおいて第一院選挙の使用は、単独政党政権における多数決主義制度を使う。他方、元老院［上院］は、勢力均衡によって小政党や無所属政党をもたらす傾向を持つ比例代表制によって選出される。類似の制度は、貴族院に代わって公選議院を導入すると言う、提唱者達によってイギリスで提案されている。実のところ、現行の貴族院は公選ではない。しかし貴族院

は、最近の任命類型が少しも単独政党の多数をもたらさぬように、ある程度、この勢力均衡論理に従う。こうした制度は、両院制政党モデルとして記述されよう。即ち、それによって両院の設計は、異なった政党の多数を明示的に確かにする。しかしながら、イギリス事例は、エリートモデルの残滓を明らかにもつ。オーストラリア上院は地域モデルに公式上、従う。

　これらの事例全ては、立法部を構成するのに最も適切な「手段」論争があり得ることを例示する。第二院の存在はかくして、選択肢的諸モデル間で達せられる、ある種の妥協を認めることができる。W.H.ライカーが指摘するように、「両院制（議会）において明らかな多数が実のところ、現実（選挙上ないし社会上）の多数であるか否かのテストなど存在せぬ」（[1992] 115）という。実のところ、イギリスとカナダのような制度において、人々の投票の50％以下で選出された第一院の多数にとって、一般的である。ゆえに両院制の取決めは、決定が実際の選挙の多数［政権与党］の利益に反映するように思えるかも知れぬ。

　両院制の第二の「代理［重複］（Redundancy）」の機能提案は、二院制議会における本質的な重複をさす。ツェベリスとマニーが「質的コントロール」（1997：40）を直接に指す利点をもち得る立法は、1度ではなく、2度あるとみなされる。S.C.パターソンとA.マガン（1999）は、代理［重複］を制度化する二つの第一義的議論が存在するという。第一に、修正の役割は、政策問題が二回目に、かつ理想的には異なった視点から調べられることを簡明に認める。ゆえに明らかな判断の誤謬は、避けることができる。この「真摯な再考」能力は、第二院の古典的機能のうちの一つである。特に国民が一つの見解に達するより大なる機会を提供する、立法の審議の第二ラウンドによって導入される「遅らせる過程」は、より広範にいきわたる争点（メディアを通じて近現代民主政におけるものをはじめとして）を認める。初期の両院制の提唱者達はそれを、「多数者の専制」の危険ばかりでなく、過剰に性急的にないし不十分にしか審議されぬ決定形成の危険に抗する擁護とみなした。

　かくして両院制は、政治的決定形成に参加するアクターの規模を拡大するために存在する。両院制は同時に、必然的にその立法過程を遅らせる。ゆえ

に周知の比較政治学者A.レイプハルト（1994、1999）にとって、「多数決主義」民主政から「コンセンサス」民主政を区別する10のうちの一つがある。即ち、コンセンサス民主政は、政治的決定により広範な同意度を必要とする民主政であると。同様にG.ツェベリスにとって、「制度的拒否権プレーヤー」[2002]がそれである。即ち、彼は、政策変化を邪魔し得るアクター数によって異なった政治制度を特徴づける（他のこうしたプレーヤー事例は、最高裁判所と大統領である）。

§3．第二院の議員構成

引き続きわれわれは、『現代の貴族院』(2013) を通じて、第二院の主要次元である議員構成事項を検討する段階に達している。ラッセルはこの「構成」項を、「第二院を選択する様態は極めて多様である」と説き起こす。現代民主政において第一院は、普通選挙制によって一般的に選出され、かつ人口（数）に沿って地域の諸領域間に議席が広範に配分される。対照的に第二院は、直接公選ではないか、あるいは少しも公選でない議員を含む。地域は、人口が含意するよりも大きい議席率ないし小さい議席率をもつことが可能である。世界の民主政は、議院内閣制諸国と大統領制諸国に分類される。われわれはここでは、二院制を採用する諸国を視野に入れる。本節では、ラッセル説 (2013) を検討するため、それに従って、第二院の議員構成事項を、「直接選挙制」「間接選挙制」「任命制」「世襲制」「混合議員制」の五つに分けて、概観してみよう。

[1] 直接選挙制

74カ国の第二院のうちで、全体的に直接公選諸国は、最近の調査では21カ国のみ（大部分は大統領制民主政諸国）でしかない。これらの諸国において、両院制議員が両院制を機能させる、創造的緊張ないし摩擦の種類を遂行するには、あまりにも類似すぎる明らかな危険がある。しかし公選の両院間を区別するようにするには、多様な手段がある。

最も明らかなものは、オーストラリアの事例のように、異なった選挙制度

の使用である。この事例の代議院は、小選挙区［(AV) 選択投票制］制を使い、選出される。他方、上院［Senate］は、比例代表制［PR］を使う。逆にポーランドとチェコ共和国における下院は、大選挙区のPRを使い、上院は多数代表的な小選挙区制を使う。こうした制度下の両院間における政党の均衡は、極めて異なる結果となる。しかしながら、第一院と第二院における選挙制度間では、類似性が多い事例もある。例えば、チリの両院はともに、類似な準多数決主義選挙制度を使うが、異なった規模の選挙区を使う。

しかし両院間の相違は、他の方法によってなすことができる。第二院議員の一部が１日のみで全て選出される第一院と対照的に、いかなる時であれ、選出される事例もある。かくして第二院議員は、第一院の任期よりも長い任期で仕えることによって、アメリカやアルゼンチンのように、半分ないし３分の１ずつ選出できる。地域モデルを使う連邦制諸国等において人口が少ない地域では、過剰代表とされる傾向がある。この古典的事例は、アメリカである。アメリカの諸州は、人口が広範に異なるが、２人の定員しかもたぬ。しかし類似な制度は、他の多様な諸国にある。

特に二院制には、異なった議員資格の制限が存在する。最も注目すべきは、第二院の年齢条件が高く、第一院と諸々の知識ないし成熟度概念間の連繋に反映する。『比較憲法プロジェクト』によれば、憲法において年齢要件を設定する56の両院制諸国のうちで、36カ国（この全てが公選であるわけではない）が第二院において高い年齢要件を使う。例えば、イタリアの両院は、極めて類似する選挙制度を使って選出される。元老院［上院］議員は、代議院が25歳のみを必要とする。しかし上院議員は少なくとも40歳以上でなければならぬ。こうした第二院の選挙権も年齢によって異なる。即ち、下院の有権者が18歳以上のみを要件とするが、上院のそれは25歳以上である。10カ国は、第二院議員が少なくとも40歳以上であることを要件とし、追加的な11カ国は、35歳に設定する（例えば、代議院が21歳以上を要件とするチリをはじめとする）。更に18カ国は、議員が少なくとも30歳である必要がある。

[２] **間接選挙制**

公選制を採用する諸国のうちで、次のような間接選挙制を適用する国もあ

第6章　両院制の理論と比較視点　149

る。即ち、第二院議員は、一つないし複数の機関（この機関の成員は公選のものなどによる）によって選出される。このメカニズムは、地域モデルに基づいた制度においてしばしば使われる。しかしこのメカニズムは、他のものにも使われる。15の第二院は全体的に間接選挙による。追加的な19の第二院は、間接的に選出される議員を含む。

　最も共通な間接選挙制度形態は、元々のアメリカ上院において使われたものである。この間接選挙制によって第二院議員は、下位国家層の立法部議員によって選択される。例えば、これは、オーストリア、インド、南アフリカ、および（ロシア連邦ならびにベラルーシをはじめとする）いくつかの旧ソ連地域に見られる。下位国家層の立法部代表の選択肢は、下位国家層代表である。この制度は、ドイツで使われる。ドイツにおいて第二院議員は、国家公務員に、連邦参議院における詳細な議事作業の多くを実際上委任する、州政府からの大臣である。

　選択肢は、第二院議員を選出するとき、地方議員を含むことである。これは、非連邦制諸国において使われるメカニズムである。例えば、フランスの上院議員は、地方議員と下院議員の両方を含む選挙人団によって選出される。これは地域的に組織される。しかしアイルランドの地方議員と下院議員は概念上、職能代表範疇の元老院議員を選出するために組み合わされる。職能代表も、第二院の5分の3が地方議員によって選出されるモロッコの制度の一部を形成し、かつ残りは職業的議員（例えば、農業と産業を代表する）ならびに労働組合議員によって選出される。

［3］**任命制**

　直接選挙制と間接選挙制はともに、一般的なものである。しかし貴族院だけが非公選議員を含むばかりでないのである。前記のようにラッセルが示した74の両院制諸国のうちで、16カ国は公選議員を含まず、更に20の第二院が非公選議員を含む。これらのうちで、第二院への最も共通なルートは任命制である。

　任命制第二院は、イギリス貴族院の遺産によって直接に影響を受けた、いくつかの諸国（特に英連邦諸国のもの）を含む。最も顕著な事例は、カナダの

元老院である。カナダの上院において議員が概念的に州を代表し、首相によって任命される。カナダが1867年に連邦が形成されたとき、この任命制はイギリスの制度に見出し得るうちで最も宗主国に近いものであった。同時にカリブ海諸国のうちのいくつかの第二院は、中東諸国のうちのいくつかのもののように、全体的に任命制であった。

　ある諸国のうちの議員の少数であるが、第二院に任命され、年功序列と専門知識をもたらした。かくしてインド憲法は、第二院に大統領が「文学・科学・芸術・および社会福祉事業」分野から引かれた、12人の「優れた」人々を任命する。任命が職権上、自動的である事例もある。例えば、イタリアの大抵の上院議員は、直接公選である。大統領は、前の共和国大統領も権利として自動的に議席をもつことに加え、少数の議員を任命する。

[4] 世襲制

　イギリスの貴族院の世襲制は確かに、少数派に属するけれども、他の世界に全くないわけではない。もちろんこのイギリスでさえ、92人に世襲議員を減じているが、4つの第二院諸国に世襲議員がなお存在する。アフリカの二つの事例（レソトとジンバブエ）において議席が部族長に留保される。ベルギーにおいて君主の子供（そのうちの3人が現在存在する）は、ひとたび18歳に達すれば、元老院に自動的に議席をもつこととなる。とはいえ、彼らの役割は現在、実際には儀礼でしかない。

[5] 混合議員制

　さてここまでに明らかなように、第二院が異なったルートを通じて入る議員の混合形態であることは、一般的である。全体的に直接公選であれ間接公選であれ、混合議員構成は、情報が利用可能な74の第二院のうちの50事例のみを占める。残りは、公選議員が特に一般的であるものに沿って、非公選議員の存在とともに、こうした異なった類型の組み合わせを含む。とはいえ、混合構成議員の地位は、これらの諸範疇が示すよりも広範でさえある。例えば、モロッコの第二院は、全体的に間接公選である。しかしこの事例は、前記のごとく、地域集団と職能集団の組み合わせによって選出された混合構成を含む。類似の混合構成は、スロヴェニアの全体的に間接公選の第二院に当

てはまる。

§4．第二院の権限

われわれは引き続き、『現代の貴族院』(2013)における第二院の主要な次元のうちの第三のものを検討する段階に達している。ラッセルは、「20世紀後半に貴族院は、一般に比較的弱い第二院とみなされていた」と説き起こす。例えば、レイプハルト（1999）は、自らの36の民主政諸国のおける周知の分類（ここでは全て両院制とは限らぬ）において、イギリスの両院の権限の均衡を、「極度に非均斉的」と判断した。レイプハルトはかくして、1999年以前の両院制が「中程度の力と弱い力との間」にあると結論づけた。G.サルトーリは、イギリスが「次第に一院制へと変化させる、…極度に弱い両院制」(1994：188) をもったと主張することによって、更に進めた。

ラッセルの著書の基本的な主張のうちの一つが、「1999年の貴族院改革が貴族院を強めた」ということであるという。このことは、貴族院の公式権限が変わるためでないし、確かに上院の権限は変わらなかった。その代わりに強まることは、変化が上院の議員の地位へともたらしたことである。このことは、既にもつ権限を使うことによって彼ら自身により変化をもたらし、かつ権限を使わせたことである。この「第二院の権限」節は、他の二院の公式権限に焦点をあてる。この権限は、憲法と他の文書に書き留められたものである。この「権限」節は、他の公式権限が比較視点で相対的に強力であることを示す。とはいえ第二院の事実上の権限（即ち、公式権限が実際上使われる範囲）は、はるかに扱いにくいのである。

立法機関は、多様な種類の公式権限をもつ。公式権限の間における主要権限は、1）法案の作成に合意し、2）法案を修正し、あるいは3）それを拒否する権限である。しかしながら、立法部は、執行府（公職から彼らを除く権能をはじめとして）に対し、かつ例えば公的任命ないし国際条約の署名［締結］のような事項に対する多様な権限をもつことができる。第二院の権限は、これらの諸事項に関する各々の議院の第一院と異なり得るし、しばしばそのよ

うに異なってなすことができる。第二院の立法権限は、異なった種類の法案間において実際に異なり得もする。

［1］政府［ないし内閣］の形成権および罷免権

　現代の議院内閣制立法部がもつ基本的な権限は、不信任決議を通じて政権から政府［内閣］を退陣させる権能である。この権限の存在は、大統領制と議院内閣制とを区別する主要な特徴のうちの一つである。しかしこれは、ほぼ全ての議会制国家の第一院と第二院とを区別する主要な特徴のうちの一つでもある。即ち、議院内閣制の第一院が執行府を罷免できる一方で、第二院は一般に罷免できない。かくしてイギリス政府は、庶民院（1979年に起こったように）の不信任決議によって崩壊させることができる。しかし現代の貴族院にこうした概念などない。同様なことは、第二院が選出されるところで（例えば、オーストラリア、インド、およびスペインにおいて）さえ、大抵の他の議院内閣制諸国にも当てはまる。例外はイタリアであり、このイタリアでは政府がいずれかの議院においても不信任決議によって崩壊させることができる。各新政府は、両院によって公式上承認されもせねばならぬ。しかしながら、例えば、スイス（およびアメリカでさえ）ならびに他の事例において、第二院は、こうした承認が形成された後に、政権から執行府を罷免する権限をもたない。

［2］通常「立法」権

　次に最も基本的な議会権限は、立法（特に政府から発する立法）権限である。これは、第一院の同意がこうした立法を可決させるのに常に必要とされる一方で、第二院には事実ではない。政府は1911年以後の貴族院のごとく、第二院の同意なくして立法法案を可決できる。ラッセルによる資料［世界の第二院（議員構成、および下院が覆す権限による）］（省略）によれば、2011年11月から2012年1月との期間において、両院制諸国の解釈にもとづき、第二院による「通常」立法権限を可能限り要約するという。かくしてこの資料は、上院の諸権限が広範に多様であり、かつ権限および議員構成形態との明確な関係があることを示す（2013、p.54）。公選議院は、非公選議院が主に底辺に集中されるが、彼女の資料のより強力な頂点列を支配する。

第一列は、第二院が絶対的立法拒否権をもつ諸国を含む。この承認なくして法案は法となり得ない。この制度は、例えば、アルゼンチン、チリ、ブラジル、およびメキシコの大統領制のように、アメリカモデルにもとづく大統領制において一般的である。アメリカのようにこれらの諸国は、強力な直接公選の上院をもつ。議院内閣制の第二院が類似な権限を持つ国もある。しかしこれは、はるかに一般的ではない。これらの中にはその可決を開始する政府提出法案が大まかに（3分の1）貴族院にある。1911年および1949年議会法における貴族院の権限の制限は、下院では先議する法案のみに適用するために立案された。

　これは、比較的共通な特徴に注目を引く。これは、第二院が他の立法形態に多くの権限をしばしばもつということである。もう一つの古典的事例は、ドイツに見出される。ドイツの連邦参議院は、州の特別な代表機能のゆえに、州の政策に影響を及ぼす大まかな法案の50％に絶対拒否権をもつが、他の法案にはもたぬ。類似な制度は、南アフリカにある。例えば、こうしたものの諸事例において、「通常」法案のようなものなど明らかにない。ゆえに先ほどのラッセルの資料におけるこうした諸国の地位は、その説明注においてあげられる、特定事例とともに、第二院に最大限に反映する。スーダンと南スーダンにおいて、第二院のみ、州に影響を及ぼす法案を調べ、これらの法案の絶対拒否権を享有する。

　この『現代の貴族院』の資料が示すように、第二院の多数が絶対拒否権をもたず、その代わりにある意味で覆し［乗り越え］得る。11事例において絶対多数決ないし超多数決によって、論争はしばしば両院合同議員の出席によって解決されねばならぬ。これは通常、第一院に有利である。即ち、第一院は、一般に最大の多数議員をもつからである。残りの事例において第二院は、第一院の票決によって覆すことができる。9カ国において下院議員（MPs）の3分の2によって通常、ある種の超多数決を必要とする。更なる10カ国において絶対多数決が必要とされる。残りの事例（下院法案の貴族院をはじめとして）において、第一院の簡明な多数決を覆すのに十分である。

　この分析において庶民院法案に関する貴族院の立場は、貴族院法案には明

確に強力であるにもかかわらず、比較的弱いように思える。しかしもう一つの次元は、ラッセルの資料には示されぬ。第二院に公式権限は、下院が覆され得る方法ばかりでなく、乗り越えが行い得る前にもたらすことができ、遅らせる度合いからも出る。ここに庶民院法案に対する大まかに1年の遅らせる権限は、相対的に長い（より十分な議論については以下のものを参照されたい [Russell 2012a]）。第二院が拒否権を欠く場合（例えば、チェコ共和国とフランスのように）において、第一院がその懸念を迅速に覆し得ることには少しの制限もない。他の事例においてきわめて短い遅らせる期間は、憲法において特定される。例えば、ポーランドが30日、日本が60日、アイルランドが90日と特記される。数少ない事例においてのみ（タイ）、第二院は、180日遅らせることができる。もう一つの事例は、インドである。インドでは6ヶ月である。この国は6ヶ月にわたって遅らすことができる（その後両院合同協議会の出席が必要とされる）。1948年のイギリス議会法の実際上の期間は、二つの庶民院審議との間と同様に、次の議会会期まで、論争のある法案を遅らすことができる。ほぼ確認できる表現規定は、イギリスモデルに両院制を基礎づける、いくつかの諸国に含まれるが、第一院における諸読会期間に必要とされる期間の縮小による。これらは、アンティグァ-バーブーダ（3ヶ月）、グレナダ（6ヶ月）、バルバドス（7ヶ月）、およびバハマ（9ヶ月）を含む。

　多様なメカニズムは、二院間の立法論議の究極的決議の前に、合意に達しようと試みるのに使うことができる。「ナベット［navette］」（両院間往復交渉）制度（イギリスの「ピンポン交渉」として口語的に近年多く知られる）は、一般的である。ナベット制度は、こうすることによって簡明に両院間で前後に往復（行ったり来たりの交渉のやり取り）する。

　ある事例におけるラウンド数は、1回ないし2回ぐらいによって少なく固定され、かつ他の極において可能的に無制限である（Tsebelis and Money 1997：56-62）。後者の例は、イタリアである。イタリアでは一つの法案は、1995年に最終的に合意される前に諸議院間において17年間往復した。

　特に両院間紛争を解決する共通な手段は、両院合同協議会の使用である。こうすることによって各議院間の数多くの代表は、妥協を交渉するために集

まる。この制度は、初期の時代から19世紀の半ばの終わりまで、イギリスにおいて作用した。ラッセルの資料にこうした制度を使う22カ国事例が示されよう。ある事例において合同（両院）協議会が数多くの「ナベット」制度の交渉回数後に、自動的に設置されよう。他方で、別な事例における両院合同協議会が、両院のうちの一つによって、あるいは政府によって要請されねばならぬ（Russell 2012a）。この取決めは、その制度の詳細設計に依拠されることによって、第二院に多かれ少なかれ利があり得る（1999, 2000：141-4）。

[3] 財政立法権

ラッセルは、「財政法案は、一般的に第二院の権限のうちで最も多様である」とこの財政立法項を説き起こす。この財政立法において第二院は、第一院よりも権限をしばしば持たないばかりでなく、通常立法に対して享有されるものと比較しても権限をもたない。この事項についてもイギリスは再度、この事例にあてはまるという。庶民院の財政特権は、古来の憲法慣例［習律］である。これは、1911年の議会法がほんの1ヶ月に、上院の遅らせる権限を縮小した。直接公選の第一院にとってこうした財政的至高性概念は、他の諸国（特にウェストミンスター議会上でモデル化された諸国）において一般的である。例えば、オーストラリア上院［Senate］は絶対的立法拒否権をもつが、財政法案について、第一院に導入せねばならず、かつ上院によって修正ができない（しかし修正を要請できる）。1999年に、主に確立された民主政諸国のうちで20の第二院の権限に関する調査は、次のように調査結果を示した。即ち、11事例において第二院は、財政立法の権限について多く制限されると（Russell 2000：34-8）。

[4] 憲法改正権

第二院は、憲法上の立法をしばしば多様に扱う。しかし「憲法改正」の項において上院は、通常立法よりも大きな権限を持つ傾向があると説き起こす（Russell 2001a）。これは、憲法の変化がより広範なコンセンサスを必要とすべきという原理と一致し、通常の制定法に変化を必要とするものよりも勝る。成文憲法をもつ諸国において、例えば、こうした変化に合意するため、必要とされる国民投票のような特別な超議会多数決メカニズムがしばしば存在す

るからである。しかし多くの諸国において第二院も重要な役割を果たす。例えば、ドイツと日本において憲法修正について、両院において3分の2を必要とする。

この他の形態においてでさえ、弱い上院は憲法の変革に重要な権限をもつ。チェコ共和国における上院［元老院］は、通常法案を精査するために30日をもち、第一院において絶対多数決によって乗り越えることができるには、5分の3の多数を憲法の修正のために必要とする。同時にフランスにおいて第二院は、第一院によって容易に乗り越えることができる。しかし憲法の変更は、［上下両院の］両院合同協議会議員の出席において5分の3を必要とするか、さもなければ国民投票によって可決せねばならぬ。

［5］他の権限

最後に、第二院は、多様な種類の権限を持つことができる。例えば、大臣を呼び出し、質疑をする権限、あるいは公的任用に承認権を持つことができる。特に議院内閣制において大臣達にとって、たとえ大抵の大臣が下院からその任務に就任することができるとしても、上下両院において定期的な質疑に直面することは、一般的である（Russell 2000：196-202）。両院において主要な任用について責務を共有する制度国もある。オーストラリア、インド、イタリア、およびスイスにおいてこれは、国家元首を選出することに当てはまる。フランス、ドイツおよびイタリアにおいて第二院は、同様に最高裁判所裁判官の任命を共有する。他の諸国（例えば、ロシア連邦とアメリカのような）において、第二院のみは、こうした任務に責任を負う。これは、そうした第二院の地位を憲法の守護者として補強する。

§5．両院制諸国の検討からの一般的教訓

ラッセルの研究は、本節の表題のように、世界における両院制の検討の一般的教訓を強調する。彼女は、「手短な世界の第二院調査は、主要な類似性と相異性のうちのいくつかを例示し始める」と説き起こす。とはいえ特徴は全て、率直な「議員構成と権限」の記述によって捉えられるとは限らぬ。ラッ

第 6 章　両院制の理論と比較視点　157

セルによれば、こうした表題節がいずれの両院制形態が最も効果的ないし最善とみなされるかどうかを問う（その多様性が与えられれば）前に、諸国の第二院間の主要な類似性と相異性のうちのいくつかを要約することによって始める。かくしてこの節は、第二院が本来的に論争的であるという範囲（統治形態の一つの重要な共通な特徴）を熟考することによって終える。

[1]　第二院間の主要な類似性と相異性

　諸国の第二院間のいくつかの類似性は今まで、特に次のように、先立つ議論から明らかである。この議論は以下の二つである。

〈1〉「議員構成」的視点から、両院間のエリートモデルの低下にもかかわらず、多くの第二院は、各々の第一院よりも、緩やかに市民と関連づけられる。選出される人々でさえ、「間接」手段によってしばしば選出されるし、任命議員も含むことができる。特に議員は、例えば、第二院が2分の1ないし3分の1で更新されるがゆえに、第一院におけるものよりも長い任期でしばしば仕える。

〈2〉第二院は、「権限」について第一院よりも公式権限を多くはもたぬことがしばしばある（[議院内閣制においてさえ] 執行府を罷免する権能を欠く）し、最終的な立法拒否権ももたないことがしばしばある。

　選挙過程および権限の相対的欠如から、組み合わされた第二院の効果の距離は、第二院が第一院よりもメディアの注目を集めぬことがしばしばあり、国民には目に見えないということである。第二院は、類似な理由のゆえに、学者には一般に研究されていない。この注目度の低さは、次のように含む、他の四つの共通した特徴には補完的である。

〈1〉「任期の拡大から起こる、長期的思考傾向がある」。ここでの古典的事例は、終身任期の貴族院で依然としてある。しかし多くの他の極端でない事例がある。カナダの上院は、70歳まで任命される。ブラジルとチリの上院議員は、8年任期で選出される。2004年までフランス上院議員は、9年任期であった。『比較憲法プロジェクト』データによれば、ほぼ第二院の半分は、それぞれの第一院よりも長い任期を使う。

〈2〉「より大なる継続感と安定感は、多くの第二院が決して解散されない

ことにある（例えば、半数ないし 3 分の 1 定員の選挙である）」。これは、第一院と明確な対照である。

〈3〉「特に第二院は、イギリス以外のあらゆるところで、第一院よりも小規模である」。イタリアで第一院は、630人の議員がおり、上院は315人である。同時にインドはそれぞれ545人と245人であり、ポーランドは460人と100人である。これは、上院議員が下院議員よりもそれぞれ他のものよりもよく知り、かつ品格をもって行動する文化に貢献できる。

〈4〉最後に「第二院と年齢ないし年功序列との連繋が残る」。任命は、被任命者が業績基盤で選出されるインドにおけるように、より古い議員をもたらすことができる。しかし多くの公選議員も、第一院よりも高い議員年齢要件をもつ。特にこれらの制度のうちで注目度が高いものは、若くして野心的な政治家には魅惑的となることができないことである。その代わりにこれは、彼らのキャリアの終わりの議員をより多く含むように思える。M.ラッシュによる五つの公選第二院の議員分析（2001）は、全てが各々の第一院よりも年齢データが高い側面をもつと示した。最も極端な事例は、フランスであった。フランスの上院議員の半数以上が60歳以上であり、下院議員はそれと比較すれば、こうした高齢者は 5 分の 1 以下であった。

それにもかかわらず、第二院間において大いなる多様性があることが明らかなように、一つの注目度しかないというのは、誤りであろう。公選議員を含まぬ第二院もあれば、国民によって全体的に選出されるものもある。権限を比較的に含まぬ第二院もあれば、立法全てに拒否権を享有する第二院もある。かくして第二院がよりまだるっこいし、第一院と比較するときますます上品な制度であるが、騒々しくして闘争的であり、かつ極めて党派的第二院もある。第二院が政府の政策を阻止する本当の可能性をもつ、いくつかの諸国（オーストラリアと日本）において上院は、メディアの注目をめったに浴びない。

この効果は、立法制度設計の詳細に大いに依存する。多様な学者は、政策過程への一般的にしてスタイル化された第二院の効果をモデル化しようと努めた（e.g.Buchanan and Tullock 1962；Heller 1992；Levmore 1992；Miller,

Hammond and Kile 1996；Riker 1992；Rogers 2001)。しかしこれらのモデルが数学的に優雅であり得、しばしば本来的な道理にかない、ある意味でわれわれの理解を改善する。しかしこうしたモデルは、ひと握りの現実世界事例以上には稀にしか当てはまらないように、簡明化する仮定を必要とする。例えば、アメリカの取決めに大抵影響されるものは、多数が最終立法拒否権をもたぬとき、第二院が実のところ、最終立法拒否権をもつと想定する。これは、「典型的な」第二院などないという前の議論から明らかであろう。

［２］両院制を機能させるもの

両院制の多様化は、いずれのモデルが最も有効ないし望ましいのかという明らかな問題に導く。この解答は、大いに文化的に特定的である。それは、ある国がこうした取決めが実際上、機能する方法と同様に、両院制的取決めから求める利益と伝統、地域構造、および政党システムといった諸要素と基本的に関連づけられる。例えば、第二院における重要な多様性の種類は、国毎に明らかに異なる。それにもかかわらず、多様な学者は、両院制を機能させることについて、あるいは少なくともどんな条件の下で第二院が政策過程に有意義に影響するように思えるのかについて、一般的な結論を引こうと努めた。かくしてこうした説明は、第二院調査を構造づけるために使われた同じ二つの次元（こうした「機関構造」とその「公式権限」）に焦点をあてる傾向がある。

多分、最もよく知られた両院制の比較技法は、レイプハルトの技法［1984、1999］である。彼は、議員の地位の「不一致」次元、および公式権限の「均斉」といった、二つの次元と命名する。第一次次元をレイプハルトは次のように強調する。即ち、第二院（議員の地位がそれぞれの第一院のそれと異なる）は、多くのインパクトを与えるように思える。これは「混合政体」理念と全体的に一致し、かつ両院制の中核的代表機能と一致する。レイプハルトは、地域的不一致への特定的強調を与え、かつ第二院がいくつかの地理的地域（アメリカとオーストラリアにおけるように）を過剰代表にするか否かに強調を与えた。他の著者達はその代わりに、党派的不一致の重要性（即ち、両院の均衡が異なる範囲）を強調した。サルトーリ（1994：184-5)は、「類似ないし非類

似」構成を純粋に「政府与党が一致的多数を得る」ことを基礎づけた。ツェベリス (2002) は、「拒否権プレーヤー」としての第二院の扱いによって次のようにさえ示した。即ち、両院が同じ政党の多数をもつとき、第二院は、有効に「吸収」でき、かつ政策過程に最小限度の影響力しか与えることができない。経験的研究は、次のように示す。政府が政党の多数を欠く第二院から大きな抵抗に直面することによって、最も重要なのは、実のところ、両院の政党の不一致なのであると (Druckman, Martin and Thies 2005 ; Druckman and Thies 2002 ; Hiroi 2008)。現代の立法部において第二院議員間の地域代表関係は、党派的忠誠によって実際上、しばしば影が薄くされる (Russell 2001b)。しかしそれは、全体的に効果的でないという必要もない。「強力な」両院制は、諸国全てに必然的に適合するわけではなく、かつ不安定化さえあり得るわけではなかろう。同じ議員資格をもつ両院でさえ、異なった決定をなすときもあり、かつ「再考」や遅らせる利益をなおもたらすときもある (Rogers 2001 ; Tsebelis and Money 1997)。しかしこうした議院は、不必要なように思えるリスクをいつも冒す。

　レイプハルトの「均斉」次元の重要性は、明らかである。即ち、第二院を強いて考えさせる権限を欠く第二院は、絶対的拒否権をもち、あるいは長期間にわたって法案を遅らし得るものよりも政策上、他の条件が同じ条件においてインパクトを与えるようには思えぬ。しかしながら、ふたたび相対的に弱い公式権限しかもたぬ第二院でさえ、影響力をもち得ることに注目すべきである。例えば、論争のある政策に国民やメディアの注目を引くことによってである。貴族院の事例は、拒否権が重要な影響をもたらすのに不可欠であるとは限らぬことを確かに例示する。

　第二院の有効性を検討するとき、第三の次元［正統性］も存在する。それは、前の二つの次元ほど直接的に明らかでないが、イギリスの事例において重要である。即ち、「正統」と認識されぬ議院は、議員が第一院議員と異なるときでさえ、公式権限を行使することを躊躇するかも知れぬ。20世紀の貴族院は、重要な公式権限にもかかわらず、公選の下院議員の決定を阻止する世襲貴族の権利が問われるように、徐々に臆病となっていった。1990年までに

D.シェルは、貴族院が「自発的に手控えた」と示した (1999：203)。両院制の正統性は、ある学者達によって注目された。しかしそれは、十分に展開されなかった（しかしのちの章で補われる）。第二院の正統性が問い得る多様な理由がある。第一院と比較されるとき、しばしば明らかでない「民主主義」的議員構成にばかりでなく、こうした議院の決定を問うときの基本的な役割にも多様な理由がある (Lijphart 1984, 1999；Money and Tsebelis 1997)。有効であるために、第二院は、三つの性質を持たねばならぬ。第一に、第一院との対比における特有な議員構成であり、第二に、第一院に再度審議させる適切な公式権限であり、第三に、権限行使のための国民の目における重要性である。しかしながら、ある程度まで、一つの次元における強さによって償われる。特に強力に正統とみなされた議院は、たとえ公式上、弱いとしても、政府には説得的であり得るからである。

[3] **第二院は、基本的に論争的なものである。**

これは、ラッセルがきわめて多くの第二院を統一させる最後の特徴（第二院の役割、およびその存在でさえ論争的であるという範囲）へともたらす。パターソンとマガン (1999：338) は、次のように付け加えることによって第二院を「本質的に論争がある制度」と示す。即ち、「多くの諸国は、一院制をもつことに決めない。二院制をもつが、二院制を除去する国もあれば、なお二院制を保持するが、どのように改革すべきかについて明らかに絶え間なく議論に関わらされる諸国もある」(Ibid.) という。

こうした論争は、次の二つの理由のために生じる。一方の理由は、第一院を問うことの第二院の中核的機能のためである。もう一方の理由は、多くが非公選であるか、あるいは社会のいくらかの諸セクションを過剰に代表するかのいずれか［あるいは両方］であるが故である。換言すれば、皮肉にも両院制の「不一致」を保障する特徴こそ、ある議院が「非代表的」ないし「非正統的」であるという主張に導かれる。かくして例えば、イギリスとカナダのような諸国の議論は、第二院の民主政的出力の欠如に焦点をあてる。他方、フランスやオーストラリアのような諸国における批判者達は、いくつかの集団の過剰代表（それぞれ農村地域と小さな州）に不満を言う。いずれにせよ多

くの論点が存在する。われわれは、『現代の貴族院』(2013) が締めくくりにおいて結ぶ言葉によってこれをひとまず終えることとしよう。

「第二院は必ずしも公選の第一院の決定を質す中核的役割のためでなく、基本的に論争的制度なのである」(p.63) とラッセルは主張するに至る。

§6. 結 論

われわれは、本章における内容の要点に論及しながら、それに補足する形態をとり、本節の結論とする。

まず「序論」において、最近の両院制研究において著しい業績を残した、メグ・ラッセル女史の『現代の貴族院』を基に、第二院の主要な三次元（正当化・議員構成・および権限）を考察する目的に言及した。この三次元は、従来の第二院研究の重要な基本的要素であった。ラッセルの特徴は、理論よりもむしろ基礎的資料に基づき、丹念に整理し、かつ数値化することなどにおけるものである。にもかかわらずその代表的な研究は、従来の基礎研究にもかなり、基づいているものである。従ってわれわれは、新しい実証研究に基づく、彼女の比較視点からの基礎研究に光をあててきた。

まずラッセルは、自らの「両院制の理論と比較視点」章が両院制制度が「広範にして著しく多様」であることから論じ始めた。更にこうした国家の立法部の制度調査が貴族院を、より明確な展望へともたらし、実のところ「上院改革論議をより明確な展望へともたらす」ために役立つと述べた。ゆえにこれが上院の主要な三次元によって要約できると説かれる。

従って本章は最初にこれを受け、第一の次元を、「現代の両院制の正当化」として論及した。特にラッセルの研究は、イギリスの第二院の実証研究（特に議事録、背景調査、および面接調査などの集計）に基づくが故に、極めて的を射ている問題設定でもある。つまり民主主義正統性を支柱とするイギリス国家において、前近代的な「貴族院」名称を使うばかりでなく、その制度においても非公選的「上院」は、その正当性において大いなる問題を残すからである。とはいえ『現代の貴族院』のこの章は、上院が民主主義正統性という

ものよりも、むしろ混合政体論的機能や再考機能などといったものによって妥当性を主に論じることとなった。

　更に上院における第二の主要次元である「第二院の議員構成」節は、議員自体の構成を検討する。それは選出制度を直接選挙制、間接選挙制、任命制、世襲制、およびこれらの混合議員構成として、イギリスの議員構成問題を相対化しようと努め、論証しようとしている。

　第三の主要次元は、「第二院の権限」節において論及される。これについても、ラッセルはイギリスの弱い貴族院を念頭に、その長所を探ろうとする。この基本的指標は、政府［ないし内閣］の形成権と罷免権、通常「立法」権、財政立法権、憲法改正権および他の権限とされる。これは「両院制の理論と比較視点」章名の文字通りの内容が論理立てられる。

　最後に、われわれは、ラッセルが「両院制諸国の検討からの一般的教訓」として、諸国の両院制の比較視点と自国の上院改革との関連によって結論づける節を設定するに至った。

　それは「第二院間の主要な類似性と相異性」、「両院制を機能させるもの」、および「第二院は、基本的に論争的なもの」としてまとめる。この第一のものの結論は、典型的な第二院のようなものはないというものである。第二の教訓は、上院が通常、①第一院との対比で特有な構造、②下院に再審議させる適切な公式権限、③国民の目に、この権限行使の十全な正統性をもたらす、といった性質をもつことが重要であると主張することにあるという。

　第三の教訓は、第二院が論争的であるがゆえに、上院が政治制度内での緊張を熟慮し、かつその緊張を表現するために、基本的に両院制に緊張が存在するものと理解することにある、というものである。

　確かにわれわれは、第二院が論争的であり、基本的に政治制度内の緊張を熟考することを念頭に置くべきであるという教訓について尤もであると考える。とはいえわれわれが、前の前の章で辿ったように、この「論争的」争点はなお、挑まれる余地を残す両院制論の大きな課題でもあろう。最後にわれわれは、メグ・ラッセルの第二の業績が、2000年の『貴族院改革』研究であることを認めてきた、従ってこの著作が、他の諸国との広範な比較研究に基

づくものであり、われわれは2013年の業績などと併せて評価しなければならぬ。

参考文献

M.Russell, *The Contemporary House of Lords : Westminster Bicameralism Revived*, Oxford, 2013.

――――, *Reforming the House of Lords : Lessons from Overseas*, Oxford, 2000.

――――, 'Elected Second Chambers and their Powers', *Political Quarterly*, 83 (1), 117-29 (2012).

D.Shell et al., ed., *Second Chambers*, London, 2001.

S.C.Patterson and A.Mughan, *Senates*, Columbus, 1999.

N.Machiavelli, *Discourses on Livy*［邦訳あり］, Chicago, 1996.

A.Lijphart, *Patters of Democracy*［邦訳あり］, New Heaven, 1999.

G.Sartori, *Comparative Constitutional Engineering*［邦訳あり］, London, 1994.

G.Tsebelis, *Veto Players*［邦訳あり］, Princeton, 2002.

K.Strøm et al., eds., *Delegation and Accountability in Parliamentary Democracies*, Oxford, 2003.

Tsebelis and Money, *Bicameralism*, Cambridge, 1997.

倉島隆『現代政治機構の論点』（時潮社、2012年）、ほか。

第Ⅱ部

イギリスの政治制度各論
（現代の両院制）

第7章　イギリスの上院制度の現在
　　　（M.ラッセルの著作の分析）

§1. 序　論

　本章は前章に引き続き、21世紀における両院制度のうちのイギリスの第二院を特定的に概観する。われわれは前章と同様に、現在の第二院制度研究の最も先進的研究者のうちの一人である、メグ・ラッセル著『現代の貴族院』(2013)を素材として選択する。われわれは、既にイギリスの第二院がある程度の制度的変革を成し遂げ、かつその力関係が変わってきたことに論及してきた。その結果、これは、世界の両院制問題研究に着実な進展をもたらしもした。従ってわれわれはこの研究成果を踏まえ、彼女による現状の概観を前提として問題状況を明らかにすることとなる。

　ゆえにわれわれは、彼女の著書（2013）の第4章における後半の制度的状況の説明を確認する。

　まずラッセルの「現代の貴族院の概略的序説」章の後半は、現代の貴族院の機能、権限および組織を概述する。その中核的機能（執行府の説明責任、立法精査および討議）は、「政府の障害としての上院（立法上の敗北）」章、「交渉結果およびより上院の広範なインパクト」章および「非立法的政策作業」章において更に精緻化される。これらが作用する枠組みは、議会法においても最も明らかに詳述される、上院の権限を含む。しかしその権限は既成の憲法習律に依存もする。彼女の「概略的序説」章は、その権限が理解される様態、ならびにその解釈が1997年改革、および2010年の連立政権の後の樹立に従って変化した様態を要約する。次節は、貴族院組織について、この枠組みのもう一つの主要部分を扱う。これは、貴族院（そこに「自己規制[self-regulation]」概念が要である）の議事作業組織および議員に利用可能な支持形態に拡大する。ラッセルの章は次に、貴族院のイメージおよび最近の「活動範囲の拡大」の試みについて手短に言及する。彼女の「概略的序説」章は、1999年以後の

現代政治における貴族院の役割に関する手短な逆説の上院節によってしめくくるという。

かくしてわれわれは、ラッセルによる章（2013a）を素材とした、上院制度の要点を記述してみる。

§2. 今日までの上院制度の歴史的問題状況（上院の継続性と変化）

われわれは、前節でラッセルによる「イギリス上院制度の現在」論に言及した。本節は本論に入る前に、この前提となる上院制度をめぐる問題状況の歴史的過程を手短に示す必要がある。われわれは、ラッセルの著書の「上院小史」の結論節がこの内容を簡明に記すものと解釈する。本節は以下でこの問題の筋道を確認する。

ラッセルは、「イギリス上院の長い歴史は、最近の議員構成と政治的役割の多くの諸局面を明らかにするのに役立つ」と説き起こす。ここでは今日の上院の問題は、長い歴史において「議員構成」と「政治的役割」の多くの関連事項が存在していたという。これも現在の論争が深い起源をもつことを例示する。その間に、逆に「伝統的」とみなされる上院のある他の諸局面は、比較的最近の革新であることが分かるという。従って彼女は、古くから存在したとみなされたものが相対的にまだ最近の変化によるとも言っている。いずれにせよ、われわれは、ラッセルが上院制度の「連続性と非連続性」の問題状況を以下のようにまとめて表現し、現状の制度の前提として辿ることとする。

議員が上院に就任する経路論争は、特に長く確立されている。これは慢性的な「授爵に現金を」の申し立てに最も明らかに当てはまる。もっとも最近では、21世紀の最初に聞かれた。しかし400年前に明らかに聞き得たし、より有名なのは、ロイド・ジョージ首相［1916-22］について聞こえたことである。これらの醜聞は、それほど通常的ではない。しかしより多くの懸念は、君主ないし（後には首相）の任免権に関して長く存在してきた。「執行府（the executive）」の政治的支持者達を上院に抱き込む能力は、危機時に論じられてきた（1832年と1911年に）ばかりでなく、現職大臣が第二院で数的利点を

得ようと努めた時、より日常的に論じられた。これらの不満は、アン女王下［1702-14］および後のピット首相下［1783-1801、1804-06］において著しかった。より最近では任命における、より政治的均衡の慣例が確立された。それによって首相も野党のために（かつ無党派議員にも）新しい貴族をつくって出席させる。しかし最近の政府は、第一義的に自分達の支持者達を好んだのである。この官職任免権は、同様にしばしば懸念の原因であったし、貴族院の規模に大いなる恒常的圧力をもたらした。

　最近の上院は、貴族院議員の間において元下院議員であった貴族院議員がしばしば批判される。例えば、2012年2月に、N.クレッグ副首相は、次のように提案した。「上院は、下院から再雇用された…人々によって［1958年以前］当時よりもはるかに増加されている」と。実のところ、歴史は、長い間下院から上院へとキャリアの昇進の伝統があったことを示す。これは次のような理由で起こった。即ち、世襲貴族の多くの長男は、自らの父親の議席を継承する前に下院において下積み［経験］として仕えるためであるばかりでなく、新しい世襲貴族候補者が引かれる最大の共同管理を与えるが故であると。この類型は、1958年の一代貴族法［制］も簡明に継続した。実のところ、新貴族の37%は、元下院議員であり、1958年から2008年に授爵した（A.Brocklehurst 2008）。かくしていつも大抵の人々が評価できる以上に両院間に強い連繋があった。

　ラッセルによれば、これに関連づけられるのは、その他の二つの重要な点であるという。第一に「貴族院議員の地位は、歴史的に静態的でなかった」ということである。1999年以前の上院は、議席が世代から世代へと受け継がれて来たものとしばしばみなされる。これは、ある家族（セシル家とソールズベリー家によってここでは最も明らかに例示される）において確かに本当であった。しかし貴族の更新がいつも起こった。貴族院議員を授爵させる1958年以前の唯一の道は、新しく世襲貴族の地位を与えることを通じてであった。19世紀後半と20世紀前半にそうした数多くの栄誉が元政治家、軍の指導者および他の公的人物に授与された。かくしてP.A.ブロムヘッド（1958）が指摘したように古き貴族は、現れたかも知れぬごとき、「貴族制」では全くなかった。

従って彼女は、従来の貴族が最初からその下位に属するものと無関係であったわけではないことを強調する。

　貴族院に関連するもう一つの重要な第二の点について、ラッセルによれば、上院の元下院議員への不満は、上院がより「政治的」となったし、あるいは「独立的」ではなかったという提示に沿ってしばしば進むという。これらの主張は簡明に、見当違いとなる。明らかに確認できる無党派無所属議員グループが台頭し、かつ貴族が「専門家」議院としての評判を固定化するのは実のところ、20世紀後半になって初めてであった。政党システムの最初期から上院は、政党への忠誠が主教へと拡大しさえすることによって、極めて政治的貴族院となったのである。貴族は、自ら幾分政治的論争に超然とすると主張したかも知れぬ。しかし200年間にわたって上院は、トーリー党［現在の保守党］によって支配された。無所属にして専門家としての上院は、重要な意味でかくして相対的に現代の現象である。ここでは今日において強調される「独立的にして専門家としての貴族」説は、古くからの伝統ではなく、新しく導入されたものでもあることが確認される。

　ラッセルによれば、次に上院の変化の側面を、「両院間の権力の均衡は、やがて大いに多様となった」として論じ始める。確かに、初期の両院制時代に、下院は下位であった。しかし下院は、徐々に上院と対等となり、かつ第一次［首位］的議院としての地位を最終的に得た。しかし正確にはこれが生じたときには、歴史家によって大いに論争された事項である。1780年代後半頃に政府は、僅かに君主と貴族の信頼で生き残ったが、下院の信頼で生き残ったわけではない。第二院は、多くの上級大臣（および首相）が20世紀前半まで引かれる議院であり続けた。しかし下院にとって大いなる民主主義の確立は、選挙区に対する議員統制と同様に、非公選議院の地位に挑んだ。重要な時代に（最も明らかなのは1832年と1911年に）、上院はその力を主張した。しかしそうすることによって上院は、世論が生み出すよりも一層政府を推進させ、厳しくリスクを冒したのである。20世紀後半に貴族は、野党をあまり遠ざけないようにすることには遥かに周到であった。皮肉にも上院の非公選基盤、およびそれに対して未決となっている上院改革の脅威は、後に論じられるよ

うに、世論（およびメディア）に配慮させたのである。

　かくして彼女は、大選挙改革以来の民主主義的制度改革の実施から、1911年の両院制改革を軸に、変化する状況を説明し始める。

　ラッセルによれば、「それにもかかわらず、上院は長く論争的である」とも言っている。われわれは、貴族院が民主主義的制度改革が必ずしも直接的に貴族権力の低下を比例的にもたらしたわけでない問題に論及する。

　彼女によれば、それを継続して、「上院改革要求は広範であった」という。しかしこうした上院改革がどんな形をとるのかについての一致は、稀であった。20世紀は、上院改革の枠組みに関する失敗によって混乱した。しかしそれよりもはるかに早くこの改革枠組みの試みは、開始した。実際上成功した改革は、はるかに稀であった。例外なくほぼ成功した改革事例は、何十年もかけて討議していたのである。「保留拒否権（suspensive veto）」［3期連続して下院によって可決された法案は、上院の承認なくして国王の裁可を受けることができる］は、1911年［この「議会法」は法案を遅らせる権限を制限した。即ち、財政法案は1ヶ月に、他の公法律案は2年までに制限された。更に1949年の「議会法」では、1年に遅らせる権限を制限した］に実施された。しかしこの保留拒否権は、19世紀前半に最初に提案された。一代貴族制は100年以上にわたって討議された後に、1958年に導入された。1999年法は、世襲制に起源を持つ立法部を終わらせる必要性について類似の討議期間に続いた。諸政党間会談は繰り返し行われ、そのとき失敗に終わり、諸政党間にも重大な分裂（特に労働党）があった。まず一つの理由は上院議員の地位をより擁護できることが、上院を活性化し、かくして下院の至高性［primacy］を妥協させるのではないかという長期にわたる懸念があったからである。これらの懸念は、最近の議論を活性化し続けた。歴史と最近の出来事はかくして、上院改革が困難であることを示す。成功する改革案は、比較的小さくして簡明で、かつよく習熟される傾向をもつという。2012年の野心的な連立政権提案は、この傾向を推進しようと努めたが、結局のところ撤回された（政府は1968年にこうした最近の野心的政府提出法案に出くわされたものに対する、類似な泥沼に陥るのを恐れるからである）。

ここにおいて彼女は、両院間関係に論及し、かなり以前から上院の急進的な改革が下院の優越を脅かす懸念として、その改革が阻止される状況を示唆している。

　このラッセルの著書が提起する主要問題のうちの一つは、イギリスがなお「同じ古き」貴族院（これは、「改革されぬ」と一様に特徴づけられる）を持つか否かであった。ラッセルの著書の残りは特に、1999年改革の効果などと取り組むという。しかし今日の上院は、長い過去の上院改革史とは明らかに異なる。継続的要素にもかかわらず、上院は歴史上、かつ特に20世紀中に多くの諸変化を受けた。集合的にこれらは、変換に加えられる。しかし変化の進化過程は、誇張された安定感をもたらした。ゆえに1999年の上院改革（2005年に補完された）は、長い出来事の鎖におけるもっとも最近のものであった。こうした制度的変化が上院の政治的インパクトなどにとって実際上、いかに重要であったかは、彼女の著書の残りにおいて取り組まれるという。

　かくしてわれわれは、1999年の上院の制度改革によって貴族院が異なった両院制議会となっていることを以下において探求することとなる。

§3．上院の立法過程

　われわれは、上院の制度を主に論じるものである。従って上院が果たすべきルールないし手続きの全体像の概略を示さねばならぬ。それが「立法過程」事項である。ラッセルの著書では、われわれが今扱う「概略」章では示されていない。従ってわれわれは、本節においてラッセルの著書における「政府の障害としての上院」章の「上院の立法過程」節を本節において主に配することとする。

　ラッセルはまず、「ウェストミンスター国会の法案全ては、上下両院によって審議されねばならぬ」と説き起こす。そして多数の法案は、下院が先議するという。下院における多数の法案は、下院議場において、かつ上院の議事手続前の下院「委員会」においてともに、精査を受ける。しかしながら、その代わりに、政府［内閣］提出法案の約3分の1は、上院でその審議を開

始し、後に下院にわたる。例えば、2008年から2009年の間の会期中に、下院で19の政府（内閣）提出法案が先議された。上院でそうした政府法案は最初に、8つが導入された。2010年から2012年にはその数字はそれぞれ、36の下院法案と11の上院法案であった。上院で先議する法案は、論争のない法案である傾向がある。これはまず、簡明に下院が「第一院」であるがゆえである。下院において大抵の上級閣僚は出席する。主要法案の下院先議は、注目度の高い審議に機会を与える。この審議において与野党は、メディアの十分な注目を集める中で自分達の立場を述べることができる。下院議員は、その見解を与える。上院の審議は、より注目度の低い関門である傾向がある。大抵の法案は、下位大臣によって指揮されねばならぬ。下院先議法案を開始する特別な理由は、議会法が、これらが貴族院先議法案に適用しないように、必要があれば、使うことを確かにするためである。ゆえに下院は、こうした法案に対立がある場合に、法案を強制できない。それにもかかわらず、円滑な政府立法の運営は、両院が議会会期を通じて占められるために、確かな数の法案が上院の先議を必要とする。

　この「立法過程」の「序論」段落は、上下両院の法案の先議、上院議場での審議、内閣提出法案、審議における閣僚の出席事項などに言及される。

　ラッセルの「上院の立法過程」における第二段落は、上院の立法過程の諸段階からまず、説き起こす。この段階は、下院のものと基本的には同じであるという。法案は、第一読会、第二読会、「委員会」段階、「報告」段階、および第三読会にわたる。しかしながら、各段階に適用する議事手続の詳細は、両院間においてある意味で異なる。両方の場合に第一読会は、簡明に討議なしの公式的な導入である。第二読会は、法案の原則を本会議で行う審議である。各議院の「委員会」段階は、条項ごとの詳細を議員が審議する機会である。しかしこの議事手続は、異なる。大抵の法案は、小さな「公法律案委員会」において下院の「委員会」段階がなされる。他方、上院の「報告」段階は、全ての貴族に開かれる本会議ないし「大委員会」のいずれかでなされる。「大委員会」において固定された議員数も存在しないし、そうした大委員会が上院自体と併行して運営できるがゆえに、出席議員数は予測できず、かつ

何らの票決も認められない。対照的に、下院の公法律案委員会［以前の常任委員会］において審議される法案は、「委員会」段階において票決できる。両院の「報告」段階は、そのときには本会議における審議である。ここにおいて議員は、「委員会」段階において審議でき、かついかなる目立つ争点も票決できる。最後に、第三読会は、法案の原則を審議するための最後の機会である。修正は上院の「第三読会」段階で行うことができる。他方、下院ではできない。『議事規則必携』は、貴族に法案の内容を審議することを認め、かつそれになされるいかなる修正も認めるために、各立法段階において最小限のインターバルの勧告を規定する。この同じ規制の度合は、法案の諸段階をより急いで行うことができる、下院にはない（House of Lords：132）。

　この第二段落は最初に、例のごとく5つの上院の立法段階を措定する。次にその議事手続の詳細事項へと論を移行させる。主に貴族院の議事は、本会議場ないし「大委員会［全議員に出席が開かれる］」において行われることに論及する。更に、ラッセルは、立法過程段階における「公法律案委員会」などについて、『議事規則必携』という立法の手引文書などの基本用語事項を示しつつ、次の段落へと論を進める。

　ラッセルによる立法過程に関する第三段落はまず、「一般に、貴族は、自分達の立法審議にプライドをもつ」という。これは、貴族院審議の特徴である精神的誇りを有することから、その長所を示そうとするものである。上院は「自己規制を行う」。上院議長権限は、下院議長よりも権限が制限される。この点において最も著しいのは、上院の重大な審議には「ギロチン（審議打ち切り）」概念などないということである。対照的に大抵の下院法案は今、「プログラム化」される。これは、固定された時刻表が法案の各段階に設定されることを意味する。下院委員会が時間切れとなると、いくつかの条項は十分に精査できず、同様に下院は、「報告」段階において時間切れとなり得る。こうした諸問題は上院では起こり得ぬ。このことのゆえに、かつ政府が上院に多数を欠くがゆえに、下院が必要であるよりも「通常の経路」期中に非与党代表の見解をより注意して聞かねばならぬ。自己規制は、次のように意味する。即ち個々の議員は、議長が貢献的支持を制限できず、あるいは次の議事

を上院に移行できないように、かつ決定的には修正を選択する権限を少しももたぬように、審議の時期に対してより一層の規制を持つこと［を意味する］。いかなる貴族もかくして無限数の修正を上程できるし、修正が法案に適切であるならば、審議されるべきであると要求できる。審議が果てしなく継続しないことを確かにすることは、ある貴族が「上院の忍耐に挑もうとして」いるならば、出席する貴族による上品な集団圧力によって時には対とされる自己規制と良識［good sense］次第となろう。

　この段落は、下院がかなり大胆な規律の強制的特徴をもつのに対して、上院の自己規制的特徴の局面から説き起こす。つまり下院は、上院と異なり、議長による規律などについて強い規律権限をもち、かつギロチンといった方式なども使われることとの対比によって説明する。最後にラッセルは、貴族院が「良識の府」的な長所の役割の一端に言及するにいたる。

　貴族院の「立法過程」に関する第4段落はまず、政府提出法案に対する上院の勝利から、説き起こす。即ち、「上院による政府与党の敗北は、法案が実際上、審議される（大委員会を除き）いかなる立法過程段階も起こり得る」という。しかしそれは通常、法案自体よりもむしろ修正に当てはめることができる。ゆえにそれは、「委員会」段階、「報告」段階、および「第三読会」段階に集中される。（ある政府与党の敗北は更に論じられるように、委任立法に起こる）。採決は通常、「第二読会」において行われない。というのは慣例上、それは、法案が「委員会」段階へと進むことができ、かつ詳細の審議を受けることができるはずであるからである。特に、「ソールズベリー-アデスン」慣例は、政府与党のマニフェスト法案が第二読会に与えられるべきであり、かつ第三読会において封じられたり、あるいは「骨抜き」修正を受けるべきではないと要求する。実際上、上院は、こうしたほとんどの法案（マニフェストであれ、そうでなかろうとも）を扱わぬ。2007年調査において3分の2は、次のように一致した。即ち、「上院は、第二読会において政府提出法案を阻止すべきでない」と。しかしこの意見は、他のグループよりも労働党貴族によって（即ち、当時の与党からの貴族）より強力に支持された。

　この段落において、ラッセルは、上院において政府提出法案が敗北するも

のから切り出した。しかしそれは、法案の修正について起こるものであるという。更にこうした政府提出法案に関する上院における敗北は、委任立法にも起こると説かれる。次に上院では直近の選挙に勝った政府のマニフェスト法案を阻止すべきでないという「慣例」に論及した。最後に、彼女は調査を通じて、労働党政権時の労働党貴族によって支持された事例を引用する。

ラッセルによる上院の立法過程に関する第五段落は、「上院が政府の敗北の結果ないしより合理的修正（大臣によって提出された修正をはじめとして）のいずれかで、法案修正のときはいつであれ、上院は合意されるべき修正のために下院にわたさねばならぬ」と説き起こす。議会法が使われるべきところを除き、法案は、同じ形態で、両院において承認されねばならぬ。かくして法案を調べることを支持する上院においてなされる修正に合意すれば、いかなる修正も承認のために提出する議院に戻されねばならぬ。もし法案審議を開始し始めた議院が他の議院の修正に合意すれば、この過程を完遂し、かつ法案は国王の裁可へと進む。さもなければ、それが修正に不合意となれば、法案は他の議院へと戻らねばならぬ。この進んだり戻ったりする過程（「ピンポン」と口語体で知られる交渉）は、両院が合意に達するまで継続する。各段階において一方の議院は、妥協が達せられるまで、他方の議院の修正に選択肢［代替案］を提出できる。さもなければ、二者択一的にそれらをあからさまに拒否することに決め、かつ他の議院が撤回することを望むことができる（Ibid.2012a：133）。

われわれは、従来の上院の立法過程においてほとんど論及されない、「ピンポン」といわれる「下院の可決法案の上院による修正審議」段階が登場することに注目する。これは、フランスにおいて「ナヴェット」という「法案の両院の往復」と同じものである。フランスのそれは、両院間の不一致がある場合に行われるという。ラッセルにおいて、かつイギリス議会のホームページにおいてもそれは、「ピンポン」という俗称によって既に示されている。

第六段落は、この「ピンポン（交渉）」を受ける。ラッセルはまず、「政府の立場は、この過程が法案審議を開く様態には、重大である」という。政府与党によって支持された上院の修正は、下院によって明らかに通常、受け入

れられる。ゆえに「ピンポン（交渉）」の拡大は、上院における政府の敗北の場合にのみ当てはまる傾向がある。上院が政府の望みに反して法案を修正したとき、大臣は、それが下院に応える方法を決定しなければならぬ。大臣達は、上院の要求を与えることに決定し、かつ下院が修正を是認するように勧告するときもあろう。大臣達は、あからさまな拒否を勧告したり、さもなければ、妥協的修正を提案するときもあろう。それを通常、下院は是認しよう。もし下院が上院に戻すならば、そこにおける大臣達は、貴族を促して下院の立場をいつも受け入れさせよう。元々の修正を支える貴族は、放棄するか否かを決定し、それらの変化を法案に再度導入し、あるいは妥協を提案しようと試みなければなせぬ。こうした（いずれかの議院において）妥協は「代替修正（amendments in lieu）」として知られ、かつ各々の議院における諸段階は、「上院の可決法案の下院による修正審議」、および「下院の可決法案の上院による修正審議」として簡明に知られる。

　「ピンポン（交渉）」は、イギリス議会のホームページによれば、法案の修正について両院がこの法案の正確な言葉に関して一致するまで両院間で往復できるという。このホームページは、これを「ピンポン」と呼ぶというのである。

　われわれは、この上院の立法過程節の最後の段落に漸く達している。これは、「ピンポン」事項によって締めくくられる。「この過程が全く失敗するときのみ、政府は議会法に頼ることができ、上院の是認なくして法案を可決しようと試みることができる」という。しかしながら、これは、明らかな遅れをもたらし得る。実際上、合意は政府が撤回することによってか、上院が撤回することによってか、あるいは二つの組み合わせによってかのいずれかによって、これが必要としなくとも、ほぼいつも達せられる。1999年以来4法案のみしか上院の望みに反して議会法で可決されたに過ぎない。これらの機会のうちの二つは、1999年以後であった。即ち、2000年の「性犯罪法」、および2004年の「狩猟法」の二つについてであった。しかしいずれも厳密に言えば、政府の敗北に従わなかった。というのは両院間の不一致は、「自由」（即ち、登院命令によらぬ）投票に付す事項に起こったからである（www.Parliament.

uk./lords)。

　ここでは当然ながら、イギリスの両院制の特徴によって、上院のものが覆される可能性に論及する。即ち、弱い上院ないし強い下院という権限上の事項である。とはいえ、政府が上院の結果を無視しない事例が多いという。これに対して議会のホームページによれば、「修正審議後に何が起こるのか」という項目の下に、次のように結ぶ。即ち、正確な言葉の表現が合意されれば、議会法となる方向が示される。しかし両院が合意に達しない、「例外」事例には、法案は成立しなかろう。いくつかの条件が満たされれば、下院は「議会法」を使って、「次の会期に上院の同意なくして」法案を可決すると示す（Ibid.）。

§4．上院の主要機能

　本節はまず、イギリス貴族院制度の基本である主要機能から措定する。われわれは、それをラッセルの「現代の上院の手短な序説」章による著述によって整理する。

　この上院の主要機能節の第一段落は、貴族院が、イギリス議会の「第二院として庶民院と広範に類似な機能を遂行する」と説き起こされる。しかし両院組織とその精神（後にさらに論じられるごとく）は、重要な様態で異なる。貴族院の中核的機能は、立法（これは実際上、政府［内閣］提出法案を意味づける）を精査し、執行府をしてその広範な政策形成と行政を説明させ、かつ審議と討論の国家フォーラムとして活動することである。一つの主要な相違は、貴族院議員が選出されず、かつ選挙区責務を果さぬごとく、貴族院議員が下院議員よりも地方社会へと「連携」機能も果たさぬことである。

　即ち、上院の主要機能は、立法の精査、執行府の政策形成および行政の説明責任を問わせ、国家の熟議フォーラムとしての役割を果たすことなどにあるという。下院との相違は、公選と非公選に関する議員構成事項との関連によって説かれる。

　第二段落はまず、「貴族院の責務構造」から説かれる。即ち、その責務構造

第 7 章　イギリスの上院制度の現在　179

は非政党グループの存在という明らかな例外を除き、かつ貴族院議長（前述）の限定的権限を除き、庶民院の責務と全く類似するという。そこでは与党幹部議席議員と野党幹部議席議員が存在し、両方とも特定政策担当領域をカバーする。貴族院のリーダーは閣内相であるが、今しばしば貴族院の上級大臣である。2005年までに大法官は貴族院から引き出されたし、閣議に出席したが、この公職改革に続き、今 1 人の下院議員によって占め得る。首相は、T.ブレアが2003年に国際開発相として手短にV.エイモスが仕えた時になしたごとく、かつG.ブラウン首相が2008年に経済相としてP.マンデルスンを任命し、かつ2009年にA.アドーニスを運輸相に任命し、貴族院から他の閣内相として任命したごとく、貴族院から自由に任命する。しかし大抵の貴族院の大臣は、より下位の地位を占めるという。時には貴族院議員は、特に大臣職に直接的に就けるために首相によって貴族院に任命できる。というのは憲法習律によって大臣達は、全て議会議員でなければならぬからである。

　ラッセルによる貴族院の主要機能に関する第三段落はまず、「貴族院は、一人の大臣をもつことが、大抵の政府の省庁にとって通常的である」という。この貴族院議員の大臣は、省庁法案を通じて指導し、かつ質疑に答える（一方の議院からの大臣達が他の議院で話をすることができぬごとく）。2013年 5 月に庶民院では82人の大臣（下位の院内幹事を除く）がおり、かつ貴族院には16人がいるだけであったからである。これは、貴族院の各々がより広範な政策領域をカバーしなければならなかったためである。庶民院におけるものと異なり、貴族院において院内幹事も質疑に答弁し、かつ先議法案に役立てることによって省庁（特に貴族院の大臣なしでの省庁）を支える。かくしてラッセルは、貴族院議員が下院議員と異なり、大局的視点からより広範な視野ももたねばならぬとみなす。

　第四段落は最初に、より統計的な数値から「貴族院は、通常一週間に 4 日間開会し、1 日に凡そ 7 時間開会する。2008年から2009年までに、134日開会し、かつ2010年から2012年までに293日開会した（両方の事例において庶民院ときわめて類似な数字であった）」という。ゆえにある貴族院議員が非常勤であり得るが、貴族院自体は非常勤機関ではない。表［省略］（異なった議事類

型に関する、会期［2008-2009, and 2010-2012］における貴族院議員の討議時間［2013, p.80］）において示されるごとく、両方の会期における最大の単一事項は、全体時間数の半分以上を占める、政府［内閣］提出法案の討議であった。より少ない時間量は、一般議員提出法案および委任立法に費やされたという。

　ラッセルによる上院の主要機能に関する第五段落は、貴族院が、政府［内閣］提出立法案を精査することに加え、多様な他の手段を使って国家執行部に説明させるという。即ち、口頭質疑形態で省庁の意見に答弁することをはじめとして［説明させる］。主要な政策事項について両院で同時的に意見が示され、かつ貴族からの質疑によって継続される。しかし貴族院において討議も要請もなし得もする（『ハンサード（議会議事録）』において発表答弁を受け入れる）。貴族院における多様な討論形態は同様に、次のようなものをはじめとして責任メカニズムとして行う。即ち、毎年の女王のスピーチ［これは政府の中心的立法計画を述べる］、および彼らが政府答弁を聞きたい議員によって選択された、政策事項を［はじめとして］。しかし討議も、議員達をして政策事項を審議し、かつ記録にその見解を載せることを可能にする、より広範な機能を遂行する。

　ここにおいてもラッセルは、上院が下院を補う必要性のためよりも幅広い視野からの審議を行わねばならぬと確認する。

　最後の段落はまず、「これらのメカニズム全ては、文面質疑を除き、貴族院自体で時を費消することにかかわる」と説き起こすが、貴族院も庶民院も委員会を通じて沢山の議事を「本会議場外で」行うという。従ってラッセルは、上院における委員会事項の役割を強調することとなる。より特定的に、貴族院は庶民院と異なり、公法律案委員会を設定していない（しかし臨時特別委員会は、法案を調べるために設置される時もある）。しかし貴族院は、特定の政策領域を専門に扱う十分に確立した一組の「特別委員会」をもつ。これらは、同じ庶民院の委員会と対照的に、政府の省庁によっては構造化されていない。しかしこれらは「二つ以上にまたがり」、かついくつかの（あるいは全ての）ホワイトホールの諸省庁に渡り得る。それらの特別委員会は詳細にわたる調査を行い、かつ政府に対して更なる重要な説明責任をもたらす。貴族院の非

立法作業は、質疑、討議、および委員会を通じて行われる事項である。
　かくしてわれわれは本節を通じてラッセルの著書によって、上院の主要な機能を概略し終える。

§5．上院の権限

　われわれが第二院を扱う重要事項のうちの一つは、どれくらいの権限を第二院がもつのかであった。ラッセルはこの権限事項について次のような問題を設定し、この重要性に応えようとする。「全体的に直截的回答をもつ問題ではないが、主要問題は、貴族院がどんな権限を政府に対してもつのかである」という。貴族院の権限の定義を求める第一は、1911年および1949年の議会法にある。しかしながら、これらの制定法規定は、かなり狭い。実際上、貴族院の権限は、確立した憲法習律［conventions］によって大いに制約もされる。この憲法習律は、いかなる編集された文書にも述べられておらず、ゆえに柔軟にして変化を受けやすいのである。二つの重要な展開は、近年こうした現存の憲法習律に圧力を置いた。即ち、一つは1999年の貴族院改革である。もう一つは2010年の保守党と自民党の連立政権の形成である。

　かくしてラッセルは、政府に対する上院の権限の歴史的定義が1911年および1949年の議会法によって求めることができるという。更にこの法における定義が狭すぎるがゆえに、憲法習律によって規制される側面を勘案せねばならぬという。更に彼女は、第二院の権限について、新労働党政権の改革政策と新連立政権の方針によっても影響を受けやすいという。

　まずわれわれは、「1911年の議会法」が、第4節で記述されたごとく、「立法に対する貴族院の絶対拒否権を終結させ、それを庶民院に起源をもつ法案を遅らせる権限と入れ替えた」ことから論及する。更にこの遅らせる期間は、「1949年の議会法によって［1年に］短縮された」という。この議会法は今、次のように規定する。即ち、もし貴族院が2期連続した会期で庶民院の法案を拒絶すれば（あるいは庶民院が合意せぬ修正をするならば）、その法案は、「1年」が最初の庶民院の第二読会とその最終承認との間に経過したとすること

によって、庶民院のみによって可決し得ると。実際上、この幾分複雑な取決めは、貴族院が大抵の立法について「1年程度」の遅らせる権限をもつとしてしばしば要約される。実のところ、この遅らせる期間は、法案提出の導入時機および貴族院自体が進めることに決める方法をはじめとする数多くの諸要因に依拠する。一方の極では、2010年から2012年までの長期間の開始に導入された法案は、貴族院によって拒否されたし、2年間にわたって導入し直される可能性をもたなかっただろう。もう一方の極に、貴族院が1999年に欧州議会［EP］選挙法（「選択可能」選挙名簿式よりもむしろ「固定」選挙名簿式の政府導入提案に対して）を拒否したとき、貴族院は第二読会においてその法案全体を拒否することによって、最終的に第二会期において「協力した」。これは、貴族院が最初の政府の敗北のちょうど2ヶ月後に、その制定法集に載せることを認めた。もし貴族院がその法案を十全な「委員会段階」に付していたならば、かつ後の諸段階に付していたならば、この遅れは更に長くなっただろう。

　かくしてラッセルは、法律上と日程上から判断して、実体を把握しなければならぬと説かれる。

　しかしながら、議会法への依拠が稀にしか必要とされぬごとく、いかなるこうした事例も通常でないと指摘することは、重要である。その代わりに、ある種の妥協は、両院間の初期段階において通常合意される。四つの法案のみは1949年議会法の可決以来、その規定下で制定法案に達しただけである。1949年議会法のみは下院法案に適用し、かつ貴族院の議会可決によって開始する法案には適用しないことに注目すべきであるという。政府［内閣］提出法案の約3分の1は、こうして開始する。そうしたことは、立法の円滑な流れを確実にするために必要である。これは、貴族院がこうした法案に絶対的拒否権をもつが、政府にとって問題であることを稀にしか証明しなかった。

　かくしてラッセルによれば、この第二院の拒否権は、政府にとって実際上どのように関連づけるのかという事項に関連させて、それを評価する。

　政府に関連する第二院の権限節の第四段落はまず、議会法の他の重要な規定は、「財政法案」に関わると説き起こす。これらは全く狭く定められ、かつ

国税、公的貨幣およびローン［借り入れ］をはじめとする財政事項を全体的に扱わなければならぬ。もし下院議長が法案について、こうした諸基準を満たすとして認めるならば、貴族院は可決するのに1ヶ月しかもたぬこととなろう。もし貴族院がそのように成し得ぬとすれば、この法案は庶民院のみの支持によって制定法集に載せ得るだろう。狭い財政法案定義のゆえに、多くの財政法案（予算執行を実施する毎年の財政法案をはじめとするときもある）は、その基準を満たさぬが、更なる憲法習律が本節の終わりで論じられるごとく、財政事項の貴族院での扱いを治めるものとなる。現在、議会法を使って貴族院の同意なくして財政法案を可決する必要など決してない。

　従ってこうした上院の予算に対する遅らせる権限は、1ヶ月にしかないこととなってしまうという。

　第五段落はこれを受け、これが、「貴族院の権限の制定法の制約範囲である」という。しかし既存の憲法習律からくる制約は、さらに広範である。ある決定的な事例は、政府［内閣］の形成と解体にかかわる。憲法習律によって（しかし制定法によらぬ）、政府は下院の信頼を維持せねばならぬ。しかしいかなる類似の憲法習律も貴族院には当てはまらぬ。貴族院が政権から政府［内閣］を除き得るという期待など存在しない。そして「信任決議」が決して行われないのである。

　こうしてラッセルは、イギリスにおける上院の財政権限の少なさを確認することとなった。

　第六段落は、通常法案事項に関連する上院の慣例を取り上げる。「最もよく知られる慣例は、政府提出法案の貴族院の扱いと関わるという。特に「ソールズベリー・アディスン」慣例（あるいは簡明に「ソールズベリー［第五代侯爵］慣例」）は、1945年総選挙後の貴族院における2人の政党リーダーによって合意された。これは、貴族院が与党の選挙公約に現れた法案を阻止すべきでないことを認めた。実際上それは、貴族院がこうした措置を第二読会ないし第三読会で実施する法案を否決すべきではなく、あるいはそうした法案修正を破棄することを認めるべきではないことを意味すると解釈される。しかし実のところ、貴族院の制約は、これより先へと進んでしまったし、いかな

る政府提出法案にとっても全体的に拒否されることは稀である。
　かくしてこの「マニフェスト慣例」や「レファレンダム慣例」によってさらに第二院の権限が弱められることを示す。
　ラッセルによる上院の政府に対する権限節の第七段落は、1999年以来、ソールズベリー慣例が重大な緊張下にあったことから説き起こす。さらに先の労働党政権による［労働党］法案に論及し始める。「この政権は、それが最初に合意されたとき、下院で地滑り的な勝利を得たばかりであったが、貴族院においてひと握りの貴族しかいなかった」という。貴族院は、主に世襲貴族からなっていたし、保守党によって支配されていた。もし貴族院が制約を示さなかったならば、新政権のプログラムはゆえに容易に崩壊しただろう。しかし20世紀末まで、大抵の世襲貴族は、貴族院から離れていた。二大政党によって保たれた議席数は、さらに一層同等に均衡が図られた。自民党の政治家は、特に2005年の総選挙（この選挙において与党である労働党は、国民の得票率の35％を勝ち取った）後に、この慣例の使用の継続に反対してはっきりと述べた。当時の自民党党首であったC.ケネディは、次のように主張した。即ち、「全く異なる政治状況にかかわる60年もの以前の慣例に戻る［こと］は、全く馬鹿げている」と。他方で貴族院の自民党のリーダーであったT.マクナリーは、この慣例を「立法の悪者の最後の逃げ場」と示した。こうした圧力は2006年に報告し、両院間関係を治める慣例を見直すために両院合同委員会の設置へと導いた。その両院合同委員会は、次のように提示した。即ち、「ソールズベリー慣例はなお適用され、さらに一般に定期的基盤で、第二読会において法案を拒否したことは、修正する議院としての貴族院の役割と一致しない」(Joint Committee on Conventions 2006a : 32) と。
　ここでは、先の長い時代にわたる保守党支配型上院を、変革する目的もあったという1999年改革は、別な視点の改革から変化が起こったことにも関わる。しかしこの段落は「ソールズベリー慣例」を受けている。
　前記のごとく、ラッセルは、この第八段落において、この「ソールズベリー慣例」を受け、第二の上院権限についてキャメロン保守党と自民党の連立政権の影響に言及し始める。2010年以後に新しい困難が起こったと説き起こ

す。自民党と保守党は、重要な点で異なったという、「別々なマニフェストによって選挙運動を行った。故に政権の形成は、連立政権合意の草案を必要とした」のである。この合意は、立法の優先順位を規定する主要文書となった。上院の保守党リーダーのT.ストラスクライドは、これが承認のために有権者に述べられなかったにもかかわらず、この慣例が、「もちろん」なお当てはまると選挙後まもなく主張した。より現実的な立場は、次の時に保守党内閣府官房長官のM.ハーパーによって後に提案された。即ち、彼は、連立政権の到来が、「ソールズベリー・アディスン慣例は、たとえあるとしても、同様には作用しない」ことを意味すると下院で言った時に、再認識されたという。

　この節の第九段落は、その他の上院権限の制限が論じられる。まず「憲法習律が貴族院の権限を制限するために重要な役割を果たす、二つのさらなる領域がある」という。第一の役割は、「制定法手段［命令］」形態で「第二次」立法ないし委任立法に関わる。それらは、通常の「第一次」立法によって認められる如く、政策の詳細を述べ、かつ十全な立法過程に至らぬ公式的議会承認を必要とする。こうした法案の使用は、議会法が立案される時審議されなかったが、20世紀に膨大に増加した。その結果貴族院は、きわめて稀にしか使われぬ、公式的法案の拒否権を保持する。憲法習律両院合同委員会（2006a：62）は、貴族院が第二次立法を「通常拒否すべきではない」が、「例外的状況において貴族院にとって拒否することは適切であり得る」と結論づけた。

　ここでは上院の政府に対する権限が制約されるのではなく、逆に権限を持つ事項への論及である。即ち、第二次立法の拒否権を上院が究極的にはもつと言うものである。

　われわれは漸く、上院の政府に対する権限に関する最後の段落に達している。財政事項に関する貴族院の制約は、金銭法案に関わる議会法規定をはるかに超えていくという。下院の「財政特権」（それは17世紀に議会動議を通じて法典化された）は、古来の憲法習律である。その規定は、貴族院を法律上拘束していないし、幾分解釈においてオープンであるが、一般に尊重される。今日例えば、年間予算制を実施する財政法案（それらが「金銭法案」と認められぬときでさえ）は、実際上貴族院によって修正し得ぬとみなされる。財政法

案も金銭法案もともに貴族院の第二読会においてのみ討議される傾向をもつ。そしてその諸段階の残りは、公式上なされ、かつ討議なくしてなされる。貴族院が財政的含意をもつ法案修正を可決するならば、他の諸法案に関して、これは財政特権に入るとして庶民院の書記によって記される。庶民院は、この基盤でのみそれを拒否することに決め得る（しかし庶民院議員［MPs］は、下院の特権を「放棄する」ことを決め得るし、しばしばそうする）。庶民院が特権の根拠によって貴族院の修正を拒絶するとき、貴族院は通常、撤回する。しかしそれは、こうする何らの制定法上の義務の下にもないことによるのである。

かくしてわれわれは、政府に対する上院の権限が極めて弱いといわれるイギリスの制度上の問題点について、ラッセルの著書を通じて概観したこととなった。

§6．上院の精神［エートス］と組織

本節は、前の諸節で、ラッセルによって強調された上院におけるエリート主義的精神と両院の組織の事項を要点的に措定するものである。それはまず、「両院の権限の相違はさておき、両院間の組織と精神との間において重要な区別も存在」するという。主要な組織的相違は、既に言及されたものもある。例えば、貴族の特別委員会が省庁の傾向を帯びるよりもむしろ二つ以上の領域にまたがりつつ、かつ以下のようである。大抵の下院の法案の「委員会段階」は、議場から離れて小さな公法律案委員会でなされるが、貴族院において何らの同様な取決めもない。その代わりに、多くの法案は、貴族院議場で「委員会」段階が行われる。他方で他の法案は、全議員が出席できる「大委員会（Grand Committee）」で行われる。庶民院における如く、貴族院は、日常的な議事作業の多くが、所謂「通常の経路」（党首と院内幹事との討議に与えられた婉曲的名称）によって調整される。例えば「ギロチン」動議（過剰な討議時間を制限する）の如き手続きが一世紀前に導入された一方で、同じことは、貴族院において起らなかった（Wheeler-Booth 2001）。

かくのごとく、本段落は、両院の相違に沿う、エートスと立法過程に沿って主題の要点が言及された。
　第6節の第二段落は更に、上院の自己規制精神に沿って論が継続される。まず「両院の活動について両議院の相違は、庶民院議長の権限が貴族院議長にはないことである」という。貴族院は、公式上、「自己規制（self-regulating）」的である。即ち、「自己規制」は、貴族院の『議事規則必携』によれば、「議長は、規則事項を支配するいかなる権限もたず」、かつその代わりに「秩序の保持と討議ルールの維持は、貴族院自体の責務、即ち、出席する議員全ての責任である」（House of Lords 2010：60）。庶民院において議長は、下院を秩序づけることができ、個々の議員討議において話させるように求め、かついずれの修正が上程されたものの中から討議されるべきかの選択をなし得る。貴族院においてそうしたもののいずれも適用しない。貴族は、計画された討議に先立ち、その代わりに、院内幹事長の任務をして彼らが話す望みを知らせ、全ての名前の名簿が照合され、かつ頒布される。立法においてかつ特に質疑応答時間におけるものをはじめとしてより自発的な討議において話すための競争があり得る。しかし貴族院議長よりもむしろ、貴族院リーダーないし個々の政党幹部達によって必要なところに導かれた、貴族院自体における雰囲気に基づき、分担者が選択されねばならぬ。この取決めは、求められたい貴族によるかなりな好意、および適切な判断に依拠する。そして同じことは、立法修正の上程と進行に当てはまる。もし貴族全てが制限されぬ方式で自らの権利を主張したならば、その結果は、混沌となろう。大抵は、これらの取決めが作用するが、脆いのである。貴族は、庶民院に存在する環境よりも、政府にとって更に確かな環境をつくる。
　このように本段落は、上院の高邁な精神を前提とするが、道徳的エートスに依存するため、その脆さもあるという。ここでは、「貴族院議長」に関する論議が提起される。
　ラッセルの貴族院の精神と議会組織との関連節における第三段落は更に、前のエートス論から議長職事項を受ける。まず「自己規制の伝統、およびそれを維持することの困難さは近年、大いに論じられている」という。これら

の議論は、2005年の立憲制改革が、大法官が貴族院の主宰官として活動する幾世紀にもわたる伝統を終えさせた。これは、新しい取決めが適切に置かれる必要があり、かつ貴族院議長職の設置をもたらした。貴族院議長の選出方式、および新しい役割保持者にとっての適切な機能は、二つの特別に開かれた特別委員会によって審議された。第一の問題は、比較的直截的に証明した。議長は、選好的な選択投票制度［AV］を使って貴族の秘密投票で現在、選出される。しかし機能問題はより困難である。第二委員会は、次のように結論づけた。即ち、「大法官によって最近遂行された役割における変化は、自己規制の喪失に終わりを告げる、不安定なスロープ」となろうし、「いかなる者も望まぬ庶民院型議長へと究極的に導き得よう」(Select Committee on the Speakership of the House 2005 : 7-8)。新しい貴族院議長が貴族院のより多くの統制（特に質疑応答時間に）をもつべきと提案した者もいる。これは、貴族院によって固く拒絶された。

　この段落では、かくして論及された自己規制論から、労働党政権による大法官制度の廃止論と絡め、その廃止に伴って上院改革委員会報告による新議長選出提案にも言及する。

　本節の第四段落は、連立政権誕生の変化の状況から議長職論が開始される。「2010年の選挙後に、連立政権の樹立における周辺の緊張の結果（特に自民党貴族が話す権利）、および貴族院規模の大きな増大（多くの新しい議員は、制限された討議様態においてまだ社会化されぬことによって）の周りの緊張の結果としてその議長職ポストを強めようとする要求が再度現れた」という。元保守党大臣のA.グッドラッドによって主宰された貴族院の見直しグループは、貴族院の議事作業実務［慣例］を調査するために設置された。このグループは、「質疑応答時間における、徐々に御し難くして時には攻撃的な雰囲気」があり、貴族院がより積極的な主宰的役割を議長に与える実験とすべきであると提案した（Leader's Group on Working Practices 2011 : 13）。しかし貴族院は、2011年11月にこうした提案を拒否した。それは、貴族院の保守党のリーダーのT.ストラスクライドがあり得る「自己規制の終わりの始まり」として記述したものである。

第 7 章　イギリスの上院制度の現在　189

　本段落では議長職の権限強化論が提示されるが、上院によって拒否される結末を述べるに至る。

　本節の最後の段落はまず「議事手続的変化への多様な他の諸提案が近年、なされた」と説き起こされる。これらの主要資料は例えば、グッドラッド卿 (the Lords Procedure Committee playing a rather different role to that in the Commons) によって主宰されたごとき、継続的「指導者グループ」であった。しかしながら、既に明らかとされるごとく、議事手続的変化提案全てが議員間で支持を見出すとは限らぬ。くり返しなされた一つの勧告は、政府立法の委員会段階のための大委員会（議場から離れて）のより大なる使用に対してである。例えば、グッドラッド・グループは、次のことはさておき、大抵の法案がこのメカニズムに従うべきであると提案した。即ち、主要な立憲制法案、緊急立法、および「他のきわめて論争的な法案」は［さておき］ (Leader's Group on Working Practices 2011：33)。しかし貴族院は、この変化を拒否した。一部にはそれは、政府にとって政権の存続を楽にするためである。というのは「大委員会」の使用は、決議が認められぬ一方で、より多い政府提出法案のための議場での時間をフリーにするからである。逆に、政権運営をより困難にさせる提案（例えば、庶民院で以前に十分には討議されぬ諸条項は、法案が貴族院に達するとき、過大な注目のゆえに標がつけられるべきというグッドラッド・グループの提案のごとく）は、政府の院内幹事には利点を見出す。かくしていかなる種類の主要手続の変化も相対的に稀である。

　この最終段落において、上院の議事手続の変革提案が上院改革委員会からなされた。例えば、より広範な「大委員会」の大いなる使用であった。確かに広範な領域をカバーすること自体は悪くない。しかし決定がなされないことには、上院にとって大いなる影響力がなされないなどの欠点もある。いずれにせよ、ラッセルによれば、こうした議事手続上の大改革など、稀にしかなされないと結ばれるに至った。

§7．上院議員の管理および議員援助

　われわれは、ラッセルによる現行の上院制度の最後の節に達している。これは、イギリスの上下両院の不均衡な局面に関わる。彼女によれば、まず「両院間での相違というテーマを継続することによって報酬、手当、および他の庶民院議員と貴族院議員に利用可能にした資金度には大きな開きがある」という。2013年5月に下院議員（MPs）は、65,738ポンドの年間給与を受け取った。それはロンドンで別宅費用、ならびに選挙区との往復交通費、三人の常勤スタッフを雇い、彼らを収容する事務所空間をもつのに足る手当である。対照的に、貴族院における資金は、はるかに制限された。

　従来の上院はその歴史の長さのため、基本的には無給であった。しかしイギリスの大きな社会の変化とそれに伴う制度改革によって、イギリスの階級社会的システムも変化している。従って貴族院も変化せざるを得なくなったのである。とはいえ依然として貴族院と下院の扱いは、従来のままである局面を残す。従って上院に少しずつ援助を施さねばならなくなった。こうしたことが本節の論点である。

　この第二段落は、上院議員援助事項について上記の段落を受ける。まず「各貴族は給与を受け取る代りに、日当手当を請求し得る」という。これは「実費手当」に相当するものである。それは、議員が開会期に出席する手当のみが支払われ、かつ実際上出席する者にのみ支払われる。この制度は1957年に最初に導入され、かつ支払い可能な総額はやがて徐々に高くなったし、2010年には300ポンドに達した（Vollmer 2011）。この基盤の下で各1日の議会の開会に出席する貴族は、凡そ年に44,000ポンドを請求できよう。これらの支払いは非課税である。しかし毎日出席する貴族は極めて少ない。前に示された如く、多くは実のところ、はるかに稀にしか出席しない（完全に出席をやめる者にとって、いかなる支払い可能な年金も利用し得なくなる）。ロンドンの外で生活する貴族院議員は日当手当に加え、自宅との往復交通費を請求できる。しかしロンドンにおける一泊費用でこうする貴族院議員にはもはやいかなる支払い可能な手当も存在しない。これは、2010年に先立って存在した

が、この制度を濫用しつつあると言われる、ある貴族院議員に抗するメディアの申し立てに従って終えられた。

　従来よりも上院議員援助は増加している。しかし国民の目には、優れた人々から国会議員は構成されており、かつ厳しい規律がなされていると信じられている。従って彼らは、より高い精神をもって行動すると考えられている。これは両院に対して共通する。

　ラッセルの第三段落において、更に最近の議員への支援状況に言及され、かつかなり長い紙幅を費やして説明されている。多分「最も著しいのは、貴族院議員がスタッフを雇用するための何ら別の手当もないことであろう」という。2010年までに一開会日あたり75ポンドの適度なスタッフ手当は、利用可能であった。しかしこれはその制度が改革されるとき、公式上なくなった。秘書ないし研究者を雇いたい貴族院議員は、その日当手当ないし他の基金からこれのために今、支払われなければならぬ。主に非常勤基盤でスタッフを雇う貴族院議員もいる。貴族院外において自身で雇われる他の者は、他のところで（例えば、企業、任意団体ないし大学で）、スタッフの支持を利用し得る時もある。残りは、貴族院当局および、例えば、産業組織、労働組合および慈善団体のごとき外部のロビー団体から受け取る数多くの説明要旨にひとり依拠する。彼らの多くは、強力なリンクをもつ。政党グループ基金は庶民院よりも一層制限される。第一院での支払い可能な所謂「ショート・マネー」（野党の資金を助けるために1年分を支払うこと）は、総計で2010年から2012年までに650万ポンド以上に及んだ。他方、貴族院における同様な政党援助金である「クランボーン・マネー」は60万ポンド以下であった。スタッフの配置のごとく、貴族院の事務所空間は近年、明らかに増大したにもかかわらず手に入れにくい状態にある。貴族院議員は下院議員と異なり、自らの事務所を持つ者など、ほとんどいない。その代わりに大抵は事務所を共有するが、机さえももたぬ。貴族院事務総長（Clerk of Parliaments）が最近報告したように、貴族院議員に与えられた事務所空間は、1人当たり5平方メートルにしか達しない（これはおおよそ机の大きさの2倍）にすぎぬ。

　第四段落においてまず前段をうけ、この貴族院事務総長は、貴族院の上級

官吏であり、主席書記官にして行政の長の両方として仕えるという。とはいえ対照的に、下院議員は自ら12.5平方メートルが与えられ、それに加え、スタッフのためにかなりな特別な空間が与えられる（Joint Committee on the Draft House of Lords Reform Bill 2012b：379-80）。同様に古き公職は、黒杖門衛官職（一般に「ブラックロッド」と簡明に指される）であり、貴族院における警備責務をもつ官吏であり、公式の議会開会における責務をもつ。全体で貴族院は、2012年7月で494人のスタッフをもった。そのうちの111人は食事運搬と販売役務（即ち、官営の売店・食堂・および土産物店）で働き、かつ100人以上は例えば、財源や人事の如き、内部機能かあるいは警備かのいずれかで働く。貴族院議員の政治的仕事に対して最も直接的な重要性をもつ官吏は、100人程度を数える書記官および他の専門家である。彼らは、両院およびその委員会の両方で手続きや支持を助言する。貴族院議員に人事スタッフの欠如があれば、外部の刊行物へのアクセスと同様に貴族院議員に、政策の要旨説明を与え得る、貴族院図書館における大まかな40人のスタッフからなる研究支持も重要である。

　ここではわれわれは、議員援助の重要事項によって確認する。即ち、スタッフ手当、他の機関によるスタッフとの連携、ロビー団体などからの情報提供事項、ショート・マネー、クランボーン・マネー、ブラックロッド職などであった。更に議員を支える他の管理スタッフ、その他の外部スタッフによる援助などの事項が列挙される。

　最後の段落は、より広範な視点から、下院との対比によって上院の管理および援助費用が示される。ゆえに全体的に貴族院を運営する費用全体は、貴族院議員達がしばしば誇りをもって指摘する如く、庶民院に対するよりも明らかに低い。例えば、2008年から2009年までの会期における両院費用は、それぞれ1億7百万ポンド［上院］と3億9千2百万ポンド［下院］であった。両院の予算間での最大の相違は、議員給与、議員手当、および人的スタッフからなり、庶民院で1億5千7百万ポンドがかかり、かつ貴族院では1千9百万ポンドしかかからなかった。

　かくして両院間における給与などの費用格差は、10対1という数値によっ

て確認されることとなった。

§8．逆説の議院

　ラッセルによる本節は、「現代の貴族院の手短な序説」章の結論節である。われわれはこれを、主に上院の制度節として再構成した。従ってわれわれは、ラッセルの逆説の議院節をそのまま配することになる。ラッセルのこの章は、「現代の貴族院の主要な特徴のうちのいくつかを略述したし、この有名な議会制度の複雑さと矛盾を例示し始めた」と説き起こす。それらは、『現代の貴族院』(2013)の初めに述べられた諸問題のうちの三つ（[1]貴族院が1999年改革以来変化した様態、[2]貴族院議員の地位と文化が下院のそれと異なる様態、[3]貴族院が政策過程に影響を及ぼす様態）に戻ることによって取組み得る。その三つの問題の各々は、続く諸章において更に取り組まれるという。

　われわれは、この問題の主要部を紙幅の都合上、省いた。しかし本章ではこれは、彼女の重要な主張部分を含むがゆえにそれを、ここに手短に配するものである。

　第二段落は、ラッセルの著書が重視する1999年改革関連で説き起こされる。貴族院は、変化についてかつ貴族院が「改革されない」状態のままに残る範囲について多くの意味で変換的である、1999年に重要な変化を受けたという。貴族院はもはや、保守党支配型ではない。そして今貴族院は、何らの単独政党によって支配されないという事実が、政府をして説明させるのに可能な重要性を与える。貴族院は非公選であるが、下院があるよりも政党政治的視点において国民が投票する仕方では今、より代表的である。しかし多くの不定形が残る。首相が議会規模と政党の均衡を決定し得ることを、不適切とみなすとはあまりみなされない。首相の任命権の唯一の制約は、国民ないしメディアの抵抗を恐れるという視点で、法的よりもむしろ政治的である。世襲貴族の多数が離脱した1999年以来、T.ブレアとD.キャメロンによる任命は、貴族院規模を実体的に増加させた。これは、もう一つの不定形の特徴と関係づけられる。即ち、貴族院議員は終身で任命され、ゆえに死亡するまで貴族

院から恒常的に離脱し得ぬ。時代遅れな制度としての貴族院の評判はかくして、全体的に評価されぬが、全体的にいずれも不正確であるわけでもない。

　この段落では、上院はもはや従来の保守党の牙城ではないことが強調された。とはいえ大半の世襲議員の除去を除けば、制度的にそれほど大きな変化はないのである。

　第三段落は前記のものを受け、従来型のはるかに高い単独政党支配ではないということのインパクトからまず言及し始められる。即ち、「貴族院の相対的に比例的な政党の均衡は、庶民院との相違について今、重要な特徴である。これは特に、1999年から2010年までの労働党政権下で、第一院における政府与党の単独政党支配と明確な対照にあった」という。特に貴族院は、多くの無所属議員を含み、市民の少数派にとって、政党への強力な支持を明らかにする時代に適合するように思える。その議員の地位は驚く程に現代的であり、かつジェンダーと民族的少数派の視点では、貴族院はより多様となりつつありもする。しかしこの評判をわかりやすくすることは、複雑でわかりにくいのである。それはより問題のある諸要素（特に貴族院の相対的に高齢議員の存在）とリンクされる。貴族院は庶民院のごとく、常勤的な職業的議会機関である。しかしこの議員の多くはそれにもかかわらず、非常勤であり、スタッフに支払うための給与も資金も受け取らぬ。貴族院は第5章でブース卿が強調したように、「自己規制」の伝統をもつ。しかしこれは、その800人近くの議員による自己規制と協力に頼る。これは、いかなる点においても破壊される可能性もあり得る。

　われわれは、1999年以後に政党ないしグループ間の勢力の大きな変化がなされたというラッセルの強調に注目する。即ち、無所属グループが4大議員グループのうちの一角を占めるようになったということである。更に彼女の変化の主張の一つは、従来よりも上院議員が常勤的になりつつあることである。

　最後の段落は、この節の主題を論じる。これは前の段落をうけるものである。即ち、上院自体が議員構成上、従来の同質型から極めて現代的にして多様な性質をもつものに変りつつあるという点である。

第 7 章　イギリスの上院制度の現在　195

故に貴族院は古い制度であるにもかかわらず、下院よりも現代的であるという意味で逆説の議院であるという。同じことは、第三の問題（政策過程へのインパクト）について言い得る。貴族院は、非公選的性質に基づく憲法習律によって大いに拘束され、立法過程の下位の協力機関で公式にはある。庶民院は、民主主義的な地域代表議院にして主要な政府があるところとして至高性［primacy］を享有する。しかし政府与党が貴族院に多数をもたず、貴族院が多くの高い注目度をもち、かつ「専門家」的議員を含み、政府に説明させるための大きな梃子を潜在的に与える。

　さらにラッセルによれば、上院は従来型とは異なり、多様となっており、かつその中において専門家議員を含むがゆえに、新たな上院像が形成されていると説くに至った。

§9. 結　論

　本章は、ラッセルの『現代の貴族院』(2013)における「現代の貴族院の概略的序説」などをベースとして新しい上院制度を概観してきた。本節において、われわれはこの章の全体の要点に言及しつつ、補足を加える方式を採用する。

　「序論」においてわれわれは、上院研究において最も新しくして、評価の高い研究者による文献を通じて上院制度の基本事項を確認する目的を示した。しかしながら、紙幅に限界があるためラッセルの章を本章は、第三節「上院の継続性と変化」（現代の上院制度の歴史的前提事項の確認）、および第四節「上院の立法過程」（上院制度の立法的基礎事項の確認）を加え、そして「現代の貴族院のメンバーシップ」節と「貴族院へのルート」節などを省いた。これは、紙幅の制約から、かつわれわれの制度中心型目的からやや外れるからである。

　「上院の主要機能」節、および「上院の権限」節は、こうしたわれわれの基本的上院制度事項論に適うものであるがゆえに、ここに示すこととなった。

　「上院の精神［エートス］と組織」節は、従来の高邁な自己規制や広範に

して高度な知性をもつ「良識の府」的側面からその組織との関連で概観した。

「上院議員の管理および議員援助」節は、イギリスにおいて従来型の階級社会が変化した状況にもかかわらず、少しずつしか管理や援助がなされていない事項を取り上げた。

「逆説の議院」節は古き外見にもかかわらず、ラッセルによって現代的に多様な上院となった状況を逆説として皮肉を交えた節[結論]を配した。

最後にわれわれは、新しい上院における新制度の一つとして「貴族院指名委員会[House of Lords Appointments Commission]〈HLAP〉」を付け加える必要がある。イギリス政府のホームページによれば、この独立指名委員会は、「2000年5月に設立され、首相によって支援される非省庁的公的機関」であるという。この機関は、「全て非党派的な政治生活を送る貴族の指名を推薦し、かつ上院の指名全て[政党からの指名を含む]を審査」する。この機関は、首相によって以前に引き受けられた役割を引き受けたという。首相は現在、「非政党貴族のために必要とされる指名数を、指名委員会に」伝える。首相は次に、「政党によってなされた指名と同じ方法で女王へと、指名委員会の推薦」をなすという。特に、指名委員会は、「最高度な適正基準を確かにするために」貴族院への指名を審査する。2003年9月に刊行された上院に伝える、政府の諮問文書は、貴族院指名委員会の業務を引き継ぐ、独立指名委員会を想定したのである[http://lordsappointments.independent.gov.uk]。

参考文献

M.Russell, *The House of Lords*, Oxford, 2013.
―――, *Reforming the House of Lords*, Oxford, 2000.
D.Shell et al.eds., *The House of Lords at Work*, Oxford, 1993.
D.Shell et al., *Second Chambers*, Abingdon, 2001.
Tsebelis et al., *Bicameralism*, Cambridge, 1997.
The House of Lords, *Companion to the Standing Orders*, 2010.
C.Ballinger, *The House of Lords : A Century of Non-Reform*, Oxford, 2012.
A.King, *The British Constitution*, Oxford, 2007.

L.Thompson, *Making British Law : Committees in Action*, Basingstoke, 2015.
R.Rogers and R.Walters, *How Parliament Works*, London, 2015.
www.Parliament.uk/lords.
倉島隆『現代政治機構の論点』(時潮社、2012年) など。

第8章　ウェストミンスター型両院制の再生
（M.ラッセルの著作の論理）

§1．序　論（イギリス上院の六つの主要問題）

　われわれは既に前の二つの章において、メグ・ラッセルによる『ウェストミンスター型両院制の再生［副題］』の二つの章によって、今日のイギリスの第二院を中心として概観してきた。本章はこれを受け、彼女の近著である『現代の貴族院［表題］』(2013)を総括することを目的とする。

　われわれは、最近における最も広範な貴族院制度研究として彼女の近著を評価してきた。本章は、このラッセル学説を彼女の著書の「序説」章と「結論」章を通じて所説を検証することとなる。

　われわれは最初に、彼女の序論章の問題提起から検討する。

　M.ラッセルはまず、「貴族院情報が極めて一般に欠如している」と説き起こす。これは、自らがこの分野における頂点にある研究を行っているという自信をもっていることの一端も示唆する。更にこの著書は、貴族院事項における共通な問題点をここで問うわけではないという限界を示す。ラッセル自身による問題設定は、六つに集約される。

　第一の問題は、「貴族院がどの程度まで、かつどのように、特に1999年の貴族院改革に続き、変化したのか」である。

　イギリス上院は多くの試みにもかかわらず、その議員構成と権限に基本的には大改革をなすことによって、「大幅な」改革と記述できるものに決してなることができないと言う。その代わりにこれは、特に20世紀中に多くの「漸増的な」変化を通じて適応したという。1999年の世襲貴族議員の除去は、これらのうちで最大のものであった。これは、上院議員数のおおよそ半数を除去したからである。

　ラッセルは、これに自らの問いを続ける。それがどんな効果を上院の行動と文化にもたらしたのか。上院は「まだ改革されぬ」機関となお現実的にみ

なすことができるのか。労働党政権期［1997-2010］中において、および続く［2010-2015］保守党と自民党の連立政権下で、1999年以来更なるどんな展開が上院にあったのか。今日のイギリス上院は、1999年以前のものとどのように異なるのか。こうした気鋭の上院学者はかくして、第一の問題を問い続けた後、次の問題を提示する。

　第二の主要問題は、「イギリス上院の文化とメンバーシップ（議員数や議員の地位）が下院のものとどのように異なるのか」というものである。

　ラッセルによれば、まずこうした上下両院の相違の問題は、明確であると言う。つまり一方が公選制度によるが、もう一方は公選ではないと言うことである。しかし上院について別の主張もしばしばある。これは客観的判断に基づかねばならず、従って評価は困難であると言う。例えば、上院が下院よりも「専門家的であり」、あるいは「政党政治的ではない」としばしば言われる。こうした用語が含意することと、どのようにこれが実際上それ自体で明らかにするのかという問題は、重要である。しかしそれは複雑でわかりにくいのである。両院の政党構成が極めて異なりもし、いかなる政党も上院で全体的多数を享受できず、多くの無所属議員が存在するという。こうした諸要因のうちの全ては、上院の政治動態に重要な含意をもち、かつウェストミンスター国会制度により広範な効果を与えるという。

　第三の主要問題は、「今日の上院が、政策およびイギリスの政治文化にどのようなインパクトを与えるのか」というものである。

　1999年改革以前の上院が極めて弱いとみなされていた。例えば、敬意が払われる憲法学者V.ボグダナア（1997：119）はイギリスを、「実際上、一院制統治制度を有するけれども、二院制議会をもつ」と記述した。更に有名な比較政治学者G.サルトーリ（1994：188）は同様にイギリスの両院制を、「極めて弱い」と特徴づけた。かくして上院は影響力を持たず、かつ重要でもないとして退けられた。従ってこれは、十分に研究されてなかった理由を説明するのに役立つという。しかしながら、1999年以来上院は、正規の政府提出法案の敗北を通じて最も明確にされるように、より活発となった。とはいえこれらが実際上、どのような影響力を与える最大の可能性を有するのか。これは、

イギリス政治における権力の均衡および政策形成方法に何を意味づけるのか。ラッセルによれば、第三の主要問題は、こうした六つの問題のうちでおそらく最も重要であろうと言うにいたる。

　第四の主要問題は、「イギリス上院は正統なのか」というものである。

　ラッセルによれば、この問題は上記の問題と関連づけられるけれども、イギリスの非公選議院の役割が「正統」とみなし得るかどうかであるという。1999年に先立って、（上院の多数が議席を継承していた）貴族院が政策過程に参加するための必要な正統性を欠くと広く思わせた。これは上院に注意して行動させ、かつ実際上、弱くさせたという。1999年改革はイギリス上院の議員構成を変えさせ、より活発にさせ、正統性問題に新しい重要性を与える。しかしこの「正統性」概念は、上院の公的議論にはしばしば不明確である。そして政治学者達の間において、これは論争概念であるという。

　第五の主要問題は、「イギリス上院が比較両院制論にどのような教訓を与えるのか、そして比較両院制論がイギリスに何を教えるのか」というものである。

　ラッセルによれば、イギリス上院はしばしばユニークとみなされるが、実際上、他の第二院と多くの一般的特徴を共有するという。ゆえにイギリス以外のこれらの諸議院の議員構成ならびに役割、および人々に認識されぬ方法を検討することは、上院をよく理解させるのに役立つという。しかし1999年以前の上院も両院制度論に重要なインパクトを与えた。イギリス上院が変化したとすれば、こうした問題は多分今、修正される必要があるのかと問うのである。

　第六の主要問題は、「イギリスの上院の未来の展望は、どういったものであるのか」という問題である。

　ラッセルの著書は、イギリス上院改革を極端に強調するものではないが、将来を検討することなくして、上院の現況を熟考するのは奇妙となってしまうという。将来のイギリスの上院改革を考えるとき、次の二つの全く特有な問題がある。まず一つは何が起こるべきなのかであり、もう一つは何が起こるのかである。関連づけられる問題は、多くが上院改革における失敗が与え

られれば、これが極めて逃げを打つことを証明した理由である。かくしてイギリスにおける上院改革の未来の展望は、ラッセルの著書において取り組まれる最後の主要な争点であると説かれる。

§2．「貴族院、イギリス政治および両院制立法部」における六つの問題提起とその解答との関連

ラッセルによる『現代の貴族院』の結論章は「貴族院、イギリス政治および両院制立法部」という副題がつけられる。われわれは、彼女の著作の開始章における問題提起とその論理的一貫性を確認するために、あえてこの結論章の記述を検証するものである。

この著作によれば、前記の六つの問題は続く諸節を構成するために使われる。それらの諸節は、一つずつもともとの問題と取り組むという。

第一に、貴族院を「未改革」とみなすことは正しいのか、という問題と理解される。

即ち、1999年改革の上院改革は、その前身のものとどのように異なるのか。そしてイギリスにはある程度、「新しい」上院をもつこととなるのか、という問題として提示される。

第二に、上院の文化と行動は、下院のものとどのように異なるのかという問題とされる。具体的には例えば、上院を「より専門家的」であり、あるいは「政党政治的」でないとみなすことは、正しいのかという問題である。そして両院はどのような意味において、相互に補完的なのかという問題であるという。

第三にして決定的に今日の上院は、ウェストミンスター国会における文化と政策結果にどんな影響をもたらすのか、という問題である。こうした問題は、1999年以来変化したのかというものである。仮にこれが変化したとすれば、上院がイギリス政治における権力の均衡に、どんな効果をもたらしたのであろうかという問題である。

第四に、上院が依然として非公選であるとすれば、上院は「正統」とみなすことができるのか、という問題である。

第五に、世界で最古の第二院としての上院は、比較両院制論者による両院制立法部の理解を展開するのに重要なものである。仮に上院が現在、変化したとすれば、そうした比較両院制論者にとってこの変化は、従来からの理論の発展ないし理論の進展に貢献するのか、という問題であるという。

　第六に、絶えることなく論争的制度としての上院のあり得る未来とはどのようなものなのか、という問題である。

　かくしてわれわれは、本節においてラッセルの著作の序論と結論における問題設定を確認した。それぞれは、以下の諸節において各々の節を構成してそれに応えることとなる。

§3．「未改革」の上院なのか、「改革された」上院なのか

　われわれはまず、ラッセルによるイギリスの上院の第一の問題とその解答節と取り組む。

　『現代の貴族院』によれば、「イギリスは改革されず、かつ時代遅れの第二院をもつ」と一般にみなされると説き起こす。確かに多くの人々は、貴族を「紅い制服、アーミン毛皮の尾のついた紋章付のものを着用する」議会の形式的開会、および貴族制となお第一義的に連想する。このイメージ（メディアによって伝えられ続ける）は実のところ、20世紀半ばに既に幾分、時代遅れであったという。しかし1999年は、世襲貴族が上院において一代貴族を上回ることをやめたし、その代りにこの世襲貴族が少数へと縮小されたとき転換点を画した。これは、直接的な変換効果をもった。それは、更なる漸進的変化によって継続され、かつその蓄積的インパクトはかなりであった。その結果は、次の四つの広範な領域においてみることができる。即ち、1）上院議員の性質、2）政党の均衡、3）議員の出席、4）政府与党および庶民院に挑む貴族院議員の自信において観察できるという。各事例において1992年にD.シェルによって記述されたごとく、1999年以前の機関と、本書で記述された改革後の上院とを比較することはためになる。これは、20年前に彼が描いていた上院とは、ほとんど認め得ぬほど異なるという。

ラッセルはまず、1999年の改革が上記の四つの指標の下で、かなりな変化を上院にもたらしたと説く。
　ラッセルは「現在のイギリスの上院が未改革であるか、改革されたものか」節の第一段落から、第一指標である議員の性質から変化を探ろうとする。ラッセルによれば、1990年の貴族院は議員の地位で開始する22人の公爵、27人の侯爵、156人の伯爵と女伯爵および102人の子爵（Shell：1992）を含んだという。『サンデー・タイムズ』紙の「富裕な人々の名簿」は、イギリスの200人に上る最も富裕な人々が議員の中にいると示した。最大の職業グループ（463人の貴族を含む）のうちの44人は、「地主ないし農業経営者」と記述され得る人々であった。女性は、貴族全体で1,186人のうちの73人（6％）のみを形成した。対照的に、今日の上院議員のうちの圧倒的多数は、男爵ないし女男爵である。彼らは、独自の権利として任命された。富と貴族院議員資格とのリンクは、主に破壊されている。同様な2012年の富裕者名簿は、そのうちの200人の掲載者の中で7人の貴族しか含まなかった。貴族院に任命された貴族はそれにもかかわらず、職業分野の上級階位から引かれる。この中には今日最大の者が経済・金融と財政・法曹・高等教育・並びに政治自体に貢献していることを含むという。多くの貴族院議員も、広範な政策の専門家がいる一方で、任意部門と公的部門の背景をもつ者もいると説かれる。
　ここでは、改革以前に議員は、極めて富裕な人々の代表（特に、土地所有による富裕な者などが多かった）であったという。しかし改革後において議員は、その高額所得者の構成が破られたことを強調する。しかしこうした議員は、富裕者であることに違いないが、多様な者である点において変化したと言う。
　第三段落において、ラッセルによればまず、「貴族院が記述的意味で十分に代表的であるという主張は、誤りであろう」という（Pitkin：1967）。上院は、「国民のミクロコズム」であるというものになっていないという。貴族院は、「エリート」機関として多分なお記述し得る（その代わりにこれは、職業的により高い業績をなした人々を主に含む）。現代の庶民院は主にまた、中間階級のものである。現代の庶民院は年齢の視点から、貴族院よりも人口的に代表的である。しかし女性の比率は両院で同じである（凡そ4分の1である）。他

方、上院は少数派民族グループから、かつ身障者達をもつことによって、実体的により多くの貴族を含むという。

　ラッセルによれば、貴族院がエリート機関的性質として依然として存在するという。これに対して下院は中間階級が多いという。

　上院が改革されたか、あるいは未改革のままかに関する節の第四段落において『現代の貴族院』によれば、まず「更なる漸進的な変化は、純粋に人物面について貴族院をして新しい上院」とさせているという。新任者および多くの退任者［主に死亡による］の恒常的な流れが存在している。従って2012年後半までに少数の上院貴族しか、1999年以前に仕えていなかった。任命された各新貴族は、必要とされる新しい期待をもたらした。このことは、行動における大きな変化へと導いた。このことの最も対照的な例示は、無所属グループの事例にある。シェルは、このグループの多数が1988年から90年までの会期中に、少しも上院に出席しなかった様態を記述する。他方、恐らく508人のうちの65人（13%）は、出席数の3分の1ほどしか出席しなかった。無所属グループは、世襲貴族とは別に、女王の誕生日および新年の名誉的名簿において貴族の爵位を主に受けていたし、出席する何らの圧力にも直面しなかった。対照的に、今日の指名委員会による貴族院議員は、実働的であることが期待された。2010年から2012年までの期間に無所属グループのうちの69％は少なくとも、議会の開会日の3分の1に出席した。諸政党は、実働的議員資格に徐々に強調を置くことへと任命実際を修正もした。シェル（1992：48）は、「貴族一般を熟考することによって、貴族がいかなる本当の意味でも議員でないほど緩やかにしか属さない者もいる」様態を記した。今日貴族院議員資格は、上院のグループのうちの全てにおいて、第一次的に名誉としてみなされず、職業としてみなされたのである。

　この段落において前の段落を受け、かつ人物面における変化について世代的観点から検討する。さらにここでは新貴族や無所属議員の増加を指摘する。それは、中ほどの行から出席指標に移る。まず改革以前期での出席率の低さから説き起こし、次に改革後の多さを指摘する。最後に、この無所属議員の出席率の増加を、実働貴族院議員の増加傾向として論及する。

第8章　ウェストミンスター型両院制の再生　205

　第一の主要問題節の第五段落においてラッセルによれば、まずこれらの変化のうちの主要な原動力は、「1999年における上院の政党バランスの変換であった」という。小ピットの時代から20世紀後半まで保守党は、貴族院を支配していた。にわかにこの支配は終わり、かついかなる政党も上院で多数をもつべきでないという、一般的な受容が今存在する。実際上、票決権のバランスは、自民党（労働党が与党にあったときに、主要な要となる有権者であった）と無所属グループ（2010年以後に、特に重要となった）によって保たれる。われわれは過去との対照のために、大臣達が一般議員の反乱および激しい野党の抵抗に直面された1988年に、保守党貴族に三行登院命令を出して、「共同体費」（より一般的には「人頭税」と知られる）の導入を支えさせた。これは、きわめて高い出席を促進させた。貴族院議員は、133票の多数によってこの政策を承認した。これは、悪名高き政策の悲惨となり続けた（Butler, Adonis, and Travers 1994；Dunleavy 1995）。これは、保守党政権が貴族院において敗北を時折受けたにもかかわらず、その立法を可決するために、（広範な抗議に関係なく、自党の一般議員［MPs］まで広げることによってでさえ）貴族に究極的に依存し得る。労働党政権の描写は、きわめて異なった。上院における保守党の卓越は、政権が貴族院において敗北の高い数を保障したのである。しかし「労働党政権が貴族院の採決ロビーにおける所定の手順として敗北されたため、庶民院も、所定の手順として上院の修正をキャンセルするように要請された」のである（Shell 1992：253）。D.シェルが述べたごとく、これは、「議会の議院が一党の恒常的な組み込みを含んだ、愚かさの明確な結果」であった（Shell 1992：254）という。

　この段落は指標を、政党のバランスへと移行させる。もともと上院は、保守党の牙城と言われ、労働党がそれを突き崩すために、世襲議員の排除があったともささやかれた。確かにその牙城は崩れたが、労働党による単独多数とはならず、無所属グループが四者からなる一角を占めるようになったと言う。

　第六段落において、『現代の貴族院』によれば、われわれは上院の自信を次のように想起し得る。即ち、1990年代の前後期におけるシェルは貴族院を、

「専門的知識の気配をもつが、何らの現実的大胆さももたず、良心をもつが、それほど信頼性をもたず、わずかな一般的注目度しか集めず、何らの実際上の権力ももたぬ」と要約した (Shell, 1992：254)。1958年以来、彼が示したごとく、上院は「政治生活の周辺から後退りした」(1992：259)。しかし保守党政権か、あるいは労働党政権かのいずれかに影響を与える能力は、きわめて制約された。労働党が世襲貴族を除く公約をもって1997年に政権に入ったとき、これが既に弱い上院を更に弱めると主張した者もいる。幾分理解されるごとく、こうした懸念は、特に保守党によって明らかにされた。貴族院の労働党リーダーとしてのクランボーン子爵は、T.ブレアについて次のように主張した。即ち、「ひとたび世襲貴族議席を除去すれば、ブレアはその代りに何ものも与えないことに完全に歓喜するであろうと」(Mitchell 1999：145から引用された)。合理的に数百人の保守党貴族を除くことが、労働党の立場を強めることを意味するように思えた。『タイムズ』紙の社説は、改革前夜に次のように述べた。即ち、「保守党と著しく連携された、世襲貴族が比較的少ない存在となる貴族院は、まもなく追放されるものほど不便でなくはないことを証明するし、必ずしも大臣達だけによって想定されるわけではないとしても、広範に想定されている」と。しかしこの効果に対するいかなる政権の希望も、ブレアの大多数の労働党の任命と、彼の貴族院改革の第二段階を進めることの失敗にもかかわらず、根拠がないと証明された。その代りに世襲貴族の離脱、そして結果として生じる政党の均衡の変化は、そのいずれかがこの政権に挑む新しい自信を、上院に与えた。イギリス政治にもたらす改革結果は、本章の後半において更に論じられるごとく、重要である。

　この最後の段落において、ラッセルは世襲議員の大半の除去が及ぼすその変化を論じる。イギリス上院はかくして変化したことにより、下院に挑むことが可能となり、かつ自らの議院に自信を持つようになったと結ぶに至った。従ってわれわれは、ラッセルの節によって上院が改革された側面に強調が置かれたことを確認できたこととなる。

§4. 貴族院と庶民院の対照

　本節は、第二の主要問題に関わる。一般に、イギリスの両院制度は、上下両院において極めて非対照的であるとみなされる。従ってわれわれは容易に区別が可能なように思える。ラッセルによれば、この両院の対照問題は中心問題ではないが、その前提として有用であるという。まず第一段落において「両院の議員の地位 [membership]・組織 [organization]・および行動 [behaviour]」において重要な相異があるという。これらのうちのあるものは、長年にわたっており、かつ比較的新しいものもある。きわめて明確なものもあれば、ほとんど十分に明らかにされぬものもあり、かつ結果的に論じられるものもある。

　ここでは、三つのレベルにおいて両院間の相違について考察する旨を告げる。しかしながら、その対照をより深く考察するとなると、これは必ずしも簡明であるわけでもない。

　第二段落において、まず「明らかに両院議員への形成ルートは、全体的に異なる」という。下院議員 [MPs] は公選であり、かくしてその地方諸政党に対して、かつその選挙民である有権者にもともに責任をもつ。下院議員 [MPs] は議会に残るために、少なくとも5年毎に再選挙に直面する。貴族院議員は対照的に、一代にわたって任命される。これは上院に議席をもつ者について、かつひとたびこの議席を得れば、どのように行動するのかについての両方で、深い結果をもたらす。その効果は年齢について、最も明らかである。2010年の総選挙において128人の40歳以下の人々が、庶民院に議席をもった（明らかに異常に高い数である）。対照的に先立つ11年において、この年齢の若者が、貴族院に任命されたのは3人しかいない。大抵の貴族は、議会外の重要な職業上の経験に従って議席をもつ。このことは、再選ないし任命のし直しをしないこと、彼らのより高められた年齢、および大臣への野心の欠如と組み合わさって、党院内幹事からの圧力を下院議員が受けるほどには、圧力を受けさせないのである。政党方針に抗する明示的な投票は、かなり異常である。しかし高齢貴族と外部の職業をもつ貴族は、出席しないと信じる

理由をもつ。故意の棄権は明らかに一般的である。上院はかくして、庶民院よりも遥かに厚意に依拠する。

ここでは最初に「議員の地位」という指標(インデックス)を使って、公選議院と一代貴族任命との相違から論を開始する。次に下院議員が比較的若いのと対照的に、上院は長い期間にわたった業績によって議員となるため上院の高齢性を確認する。更に組織指標では政党規律が強い下院と、緩やかな上院との差異にも論及する。

第三段落においてまず、貴族になされた、二つの頻繁な主張（彼らが「より専門家的」であり、かつ下院議員［MPs］よりも「政党政治的でない」こと）は、ある真実を含む。しかしその描写は、直截的ではないという。第一に、多くの「専門家」貴族が、政党と連合を組むことに注目することは、重要である。例えば、R.ウィンストン、P.D.ジェームズおよびS.コーのごとき、有名人は全て、学界・芸術・科学・および経済界などからの数多くの者と並んで、政党グループの座席に座る。「専門家」の最高の集中は、政治外の業績記録が議席を得るのに最も重要な、無所属グループ議席であり得よう。しかしこのグループは、専門知識について何らの専属的なものをもたぬ。特に政党議席をもつ貴族の多くは、政治自体における専門家と記述し得る。彼らは、引き続きしばしば大臣のような高い公職をはじめとして、下院の役務の時代を過した。かくして貴族院討議は、専門家としての専門知識と成熟した政治判断の組み合わせから利を得る。これが、下院の専門知識を超えるかどうかは配慮を要し、かつ究極的には論争し得る問題である。議会に入る前にこうした高い職業的地位に達した、下院議員は少ない。他方、彼らは貴族形態には補完的である、異なった専門主義形態を、その地方の代表的役割を通じて展開する。恒常的な下院議員の市民への露出は地方の運動、選挙区の手紙の交換および面会相談を通じて、その根拠で経験されるごとく、世論と政党の両方の洞察を彼らに与える。この結果として両院は、重要な補完を享受する。

この段落ではまず、上院が専門家的であるが、政党政治的ではないという論点に言及する。更にこの専門家的性質は、無所属議員グループに集中的に該当する側面であると言う。これに対して下院ではその業績領域にまで達し

ない側面に論及する。ラッセルによれば、下院議員はむしろ直接国民との接触を保たねばならぬがゆえに、両院議員がそれぞれの欠如部分を補われるとも言っている。

　われわれは、この節の最後の段落へと移行する。まず貴族院の「政党政治的でない」性質（しばしば引用される）は、既に言及された諸要因と多く関係づけられるという。政党貴族の選挙上における負託の欠如、および院内幹事からの相対的自由は、合理化された議論を聞くため、かつ「大衆迎合的」政策に抵抗するために下院議員［MPs］よりも大きな自由を彼らに与える。無所属議員は、周知の専門知識に関する立場から話すとき、全く自由に自分達の意見を依然として明らかにする状態にあり、かつ政党貴族（および他の無所属議員）に影響を及ぼし得る。無所属の存在は、討議が庶民院におけるものと大いに異ならなければならぬ環境をつくる。大臣達は、遥かに宥和的な論調を採用しなければならぬ。

　われわれはここまでにおいて、上院が政党政治的でないという局面が集中的にラッセルによって論及されていることを確認した。従ってわれわれは、様々な党規律を免れる局面が示されていることを見出してきた。しかし、貴族院はなお、「党派的議会のままに依然としてある」［2012年当時］。そこでは三つの主要政党の立場は、投票結果が第一の決定要因であるものである。

　しかしこれらの党派的立場は、政党貴族の懸念を勘案せねばならぬ。他方、上院の政党の混成全体は、敵対的ではなく、かつより合理化されたアプローチの必要性を加える。庶民院において政府は通常、その多数に依拠し得る。他方、貴族院において政府は他のグループ議員からの支持（あるいは少なくとも黙認）を勝ち取らねばならぬ。特に、庶民院におけるごとくには、次のようなことの想定など存在しない。即ち、政府与党の議事に欠席することによって時が費消され、かつ「自己規制」が貴族院議長に任せて討議も支配する、相対的に無力にして置くなどという想定もない。かくして新しい上院において主要な四党（無所属グループを含む）からないし三党（無所属グループを含む）からなる穏健的多党制状況が、恒常化しつつあることを念頭にコンセンサス政治を想定することとなる。

このこと全ては遥かに確かでない環境を招き、こうした多党制的環境においてこの政府与党と野党との関係は、誠心誠意でなければならぬ。立法を指導する大臣達は、周到に貴族に耳を貸さねばならぬ。首相の質疑応答時間は、挑戦し得るものである。他方、委員会は、下院議員によってしばしば見過ごされる重要な専門的にして憲法上の事項に光をあてる。一般に、上院は下院よりも政治についてより詳細に焦点をあてるが、政治の「大きな描写」に焦点をあてないのである。しかし主要政策に抗する最後の対決はいつも上院にとってリスクであるため、上院は最終的に大臣の行動を決定するのに主に役立ってしまうのである。

いずれにせよ、われわれは、最後の段落において十分なコンセンサスを得つつ、政府与党側においても、慎重審議を可能にする、立法過程が行われるものと理解できる。とはいえ、この最後の文章の趣旨についてラッセルによれば、上院は政府の主要政策に反対してまで危険を冒すことを恐れるがゆえに、そのリスクを避けてしまい、最終的には政府の決定に与する傾向があるとし、その限界を示すという。

§5．貴族院と現代イギリス政治

本節は、上院の六つの主要問題のうちで最も重要なものであるとラッセルが述べたことと関わる。というのは「貴族院と現代イギリス政治」という表題のごとく、国政に最もインパクトをもたらすことに関わるものとなっているからである。いずれにせよ、本節は最初の問題提起において、政治や政策にこの貴族院がどれくらいにわたって影響を与えたのか、と言うものであった。従って本節は、六つの問題のうちで最も長い紙幅を費やすこととなる。全部で七つの段落から構成される。

その第一段落は、貴族院が今、「1999年以前に存在した、主に世襲的議院に属するものと、きわめて異なった制度」であると説き起こされる。まず上院が変化したことを措定する。それを受け、「貴族院はもはや富と特権をもつ」機関ではないとより具体的に言及する。とはいえ「貴族院はその代わりに、

優れた職業的キャリアによって任命された、諸個人を主に含む」という。今日、貴族院議員資格は、遥かに従来よりも人口学的に均衡がとれているばかりでなく、政党的視点でも重要にして、均衡がとれている。実のところ、貴族院は、総選挙における人々の投票が庶民院よりもより比例制的に投票する様態に反映する。このこと全ては貴族に新しい自信を与えており、かつ政策が周到に交渉されねばならぬ環境をつくる。

かくしてラッセルによれば、新貴族院は、従来のきわめて富裕な特権集団とは異なり、多様な職業キャリアを経た職業人などからも議員が構成されるという。従って新貴族院は、皮肉に言えば、下院よりも多様な成員を含むものに変化し、上院がより比例制的な構成を示すに至ったという。これによって貴族院議員に自信を与えるようになったと説かれる。

第二段落はこれを受け、「本書の中心的焦点は、現代の貴族院の政策のインパクトにあった」ことにあるという。それは前の諸章の資料が示したごとく、政策にインパクトをかなり与えたという。これは政府与党の敗北を通じて、最も可視的である。こうした政府の敗北は、1999年以来数が多かった。政府与党の敗北は主にとるに足らぬものではなく、多くは主要政策局面に関わる（しかし政府法案の完全な拒絶は、稀なままである）。政府与党の敗北を覆す庶民院の公式権能にもかかわらず、かつ必要ならば、議会法下での貴族院の同意なくしての立法を可決する庶民院の能力にもかかわらず、凡そ半分は庶民院によってか、全体的にか、あるいは主に受け入れられる。

ここにおいてラッセルは、自らの著書における基本概念を使い始める。これは、「政策」への上院のインパクトであり、まず政府提出法案に抗し、それを敗北とさせることから始まる。たとえイギリスの両院が、上院の決議を下院によって容易に覆えされる制度であるとしても、票決によって勝利した上院がその法案を修正させることは、政策に影響を与えたと言うこととなる。

第三段落は、これを受け、「政府の敗北は、日常的に政府与党と貴族院との間で続ける、より広範な政策交渉に背景を与える」という。立法の準備は徐々に精緻となっており、かつ労働党が政権にあるとき、貴族院の「操縦戦略」の導入が続いた。ひとたび法案が導入されれば、大臣達は自らの政党から

（下院で起こるごとく）ばかりでなく、無所属議員と野党幹部議員とも日常的に貴族との重要な秘密裡の協議に関わる。与党の敗北ないし不必要な立法の遅れを回避するために、重要な譲歩が通常、政府修正を通じて与えられ得る。ラッセルによる「交渉結果と上院の広範な立法へのインパクト」章の事例研究は、非与党貴族による圧力から政策実体の結果ももたらす上院において、大多数の修正が大臣によって提案されたことを示唆する。これらは、1年当たり幾百もの立法上の変化に達する。しかし上院も実際上より重要であり得るが、遥かに重みのある影響をもつというものではないのである。政府が上院で容易に敗北させられ、かつ数多くの主題の専門家達をはじめとして、上院の聴衆に対してその政策を擁護せねばならぬ官庁内の知識は、政策が準備される様態を形成する。学者達は、立法部の主要なインパクトが一般的な対立を通じてではなく、「予想された反応［敗北や遅滞の抑止効果］を通じて」一般的に生じる様態にしばしば注目する（e.g.Krehbiel 1992；Loewenberg and Patterson 1979；Mezey 1979；Norton 1993）。J.ブロンデル（1970：78）が述べたごとく、立法部の「反応的」な作業は、可視的である。しかしその観察し得ぬ影響力は通常、より大きいであろう。

　この段落および以下では更に政府の敗北論に関わる。ここでは前記の4つのグループからなる穏健な多党制的状況が前提となる。こうなると単純には事が運ばれなくなり、政党間の協議が重みを増すこととなる。従って政府与党は、自らの敗北や審議の遅滞を避けなければならなくなろう。結果的に、法案の修正が多くなっている。確かに予想される反応が両者に生じる。とはいえ全てが予測可能といった状況とはいえぬ局面も十分にあり得る。

　第四段落はまず、「貴族院が反発的にして阻止的種類の両方の重要な政策にインパクトをもつとすれば、これが政府をして即応的にさせ、いずれのグループを理解し、どんな政策が重要であるかを理解することは、重要である」という。上院議員数の均衡、および異なったグループの投票類型によってばかりでなく、例えば、専門家達の委員会の焦点のごとき、他の諸要因によっても決定される。われわれは、生のままの投票力水準において、自民党が1999年以後の要となったことを知る。即ち、もし自民党が採決ロビー（最初

に起こったごとく）において労働党を支持し続けていたならば、1999年から2010年までの期間中の貴族院における政府の敗北は、稀であっただろう。しかし自民党は特に、立憲制および市民的自由について（T.ブレアの主導の多くが阻止され、あるいは水泡に帰された結果をもたらす）共通の根拠を徐々に見出した。今まで、自民党が影響力をもつ地位を保つと主張するのは何らの新奇性もない。自民党は、2012年に連立政権に入ることを通じてこの影響力を明らかに達成した。しかし第三政党の影響力は、貴族院を通じて既に確立されていたし、かくして準恒常的である。ひとたび自民党が政権に入ると、貴族院の動態は明らかに変化した。野党の労働党は、政府の敗北をなお受けさせ得る。しかしそれは、全体的な独立的貴族からの支持を得る場合だけであろう。無所属グループは、上院の周囲で支持を極大化するために、より活発となったし、敵対的修正にしばしば導いた。この新しい動態（第三政党への前の権力シフトのごとく）は、貴族院外において主にこれまで注目されていなかった。

　この段落では最初に、上院による政府与党に対する反発的にして阻止的影響を措定する。その前提の上に政府与党は、各グループや自らの政策意図との関連で、それぞれを想定する必要性が増すこととなるという。こうした状況を仮定して、議員間の均衡や投票類型、あるいは彼らによる諸々の委員会の焦点などから戦略が練られる必要が出てくるし、こうしたものによる結果も生まれることとなろう。最初の労働党政権期における新上院は、自民党が要となったことを想起させる。これは、政権に上記の新しく変化した局面を実証させるものであった。連立政権期にはこの自民党と労働党の関係が逆転する。従ってここでは政府与党と無所属グループとの関連も重みを増してくる。とはいえこの穏健な多党制的状況は、上院外では注目されていなかったという。

　第五段落において、一つの興味ある反事実的条件は、もし保守党が2010年の明確な下院の多数を勝ち取り、かつ単独政権を構成していたならば、何が起こっただろうと仮定することである。自民党は、貴族院でその要となる地位のままに残っただろうし、例えば、国民厚生（医療）制度［NHS］改革や

給付の削減のごとき事項に関する、論争のある諸政策を敗北させるために労働党の陣営に加わっただろう。ゆえにはじめて、現代政治において保守党政権は、中道左派支配型貴族院からの抵抗に直面しただろう。もしこれが起こったならば、どれくらい議会および政党政治が変化するのかを十分に明らかにさせただろう。1999年の上院改革効果がより広範に注目されていなかった一つの理由は、貴族院が労働党政権にいつも歴史的に挑戦していたということである。1999年以後にも上院は、そうし続けた。しかし今、いかなる単独政権もその同じ挑戦に直面する。21世紀の人頭税を導入しようと試みる保守党政権は、貴族院によってそうすることをほとんど確かに阻止されよう。立法によるそうした悪しき考えは、連立政権がその公共機関法案に対してわかったごとく、もはや貴族によって寛容されないのである。貴族院は、外部グループに有効なアクセス点を与えるばかりでなく、今保守党政権がそれを凌ぎ得るフォーラムであるよりも、むしろ庶民院の一般議員の反対を増幅もする。

　この段落は、2010年の下院において保守党が単独政権体制となった場合を想定させようとする。いずれにせよ、ここではたとえこうした下院において一つの政党によって政権が担当される［2016年6月現在、事実である］としても、貴族院は政府与党に挑戦し続ける可能性が高いことを記している。従って改革された上院は、従来の静態的貴族院よりもむしろ、多様にして動態的上院となっていることが強調されている。

　第六段落は、ラッセルによって通説を本格的に批判し、自らの新しいイギリス上院論を展開するものである。

　まず『現代の貴族院』によれば、「貴族院（それは、20世紀末からの重要な変化を画する）を通じて執行府の政策形成に関する重要な抑制が存在」するという。従ってイギリスは、ボグダナア（1997：119）が改革に先立って示したような、「実際上、一院制統治制度」ともはやみなすことができないのである。更にその両院制は、もはや「極端に弱く」（Sartori 1994：188）はないのである。1999年以来、ウェストミンスター［議会］の両院制は復活されている。そしてこれは、われわれがイギリスの政治制度における権力関係を見る様態

第8章　ウェストミンスター型両院制の再生　215

に影響をもたらす。古き「ウェストミンスターモデル」は、下院において多数をもつ強力な中心の執行府に基礎づけられ、かつあまり抑制と均衡に直面しなかった。ラッセルの序章で示されたごとく、権力が含意されるこの特徴よりも実際的に分散されるかどうかについての大いなる学術的論議があった。しかし労働党による1999年以後の立憲制改革計画に従うことによってさえ、ウェストミンスター自体の中核における交渉現場に注目が集まった。両院制の復活は、「コンセンサス」民主政対「多数決主義」民主政に関するレイプハルトの10の指標（1984、1999）についての明らかな移行を画し、かつツェベリスの用語（2002）では新しい「制度的拒否権プレーヤー」をつくる。しかし上院の有効性も、多様な「政党の拒否権プレーヤー」（Tsebelis 2002）の包摂から生じる。あるいは「要となる有権者」（Krehbiel 1998）という多くの貴族が非党派的な多様なグループである機関により適合された、もう一つの用語を借用すれば、こうした「包摂」から生じる。ゆえに1999年改革は、制度としての貴族院を強化し、かつイギリスをして政党的視点からより多元的にさせた。レイプハルト理論の厳格な適用は、これを承認するのに困難な点をもつ（see Flinders 2005）。しかしウェストミンターの両院制の復活は、イギリスをコンセンサスモデルにより近づける。その効果は、上院の第二次的にして非公選的地位が与えられれば、下院にとっての比例制的投票の採用よりも立法に転換するものではなかろう。しかし第一院がその伝統的な議員構成（［2012年当時］連立政権を包摂する一方で）を保持するウェストミンスターの多数決主義は、相対的に比例制的な第二院の樹立によって修正されているとしてラッセルによって強調された。

　かくしてイギリスの新上院は、多数決主義型からコンセンサス型へと転換されたと彼女によって主張されるに至った。

　最後の段落は最初に、「貴族院がイギリス政治においてより強力な勢力となっているという提案は、権力が下院から離れ、変化することを含意するように、一見して思える」と説き起こされる。しかし前の諸章が例示したごとく、本当の描写は、それよりも複雑である。両院制は、ゼロサムゲームとみなされるべきではない。こうしたゼロサムゲームは、一つの立法議院が他方

の議院を犠牲にして必然的に強力となるが故である。A.キング（1976）が数十年前に記したごとく、下院の要となる有権者は、与党の議員（MPs）である。彼らに政府は、立法および政権の継続の両方とも依存する。もし二つのグループは、貴族が反対する政策を堅く支えるならば、政府は一般に堅固に保ち得よう。対照的に大臣は、貴族院における要となる有権者が、政府与党の一般議員（MPs）が疑いをもつ政策に対して抵抗に加わるとき、両院からの組み合わされた圧力にしばしば応えよう。下院は、キングが最初に自らの観察をなして以来数十年間に、かなり変化している（Cowley 2006；Flinders and Kelso 2011；Norton 2011；Ryle 2005）。一般議員達［MPs］は、反乱票を投じることによって自らをより多く明らかにする気でなっている。このことはひとり、下院の大臣達により反対する危険を冒させる。下院議員［MPs］は遥かによりよく資源が与えられる。下院の特別委員会は、力において明らかに拡大し、かつ増大した。例えば、これらの委員会委員の選出、および「一般議員の議事委員会」の設置のごとき、最近の革新は、下院議員［MPs］の独立感を更に推進させている。ゆえにより自己主張的な貴族院は既に、より主張的にしてプロ的な下院を補う。両院は、きわめて異なりかつ補完的なその議員の地位によって、より強力な議会全体をつくったという。

　この第七段落は、最後の補足的なものである。即ち、いくら新しい議院が変化したとはいえ、革命的なものではない。彼女は、確かに制度的な変化によって、多党的となり、コンセンサス的となった側面を認める。そこからやや込み入った局面が補われる。例えばここでは、与党であっても、政府指導部に反対意見があれば、上院の非与党議員とともに組んで反対に回るブレア政権期を想定できる側面である。最後の文章では、自己主張的となった上院が、一方的な下院を補い、かつ両院制としてより強力となり得るとして締めくくられる。

§6．貴族院と正統性

　イギリス上院における重要な問題設定のうちの一つに、正統性というもの

がある。ラッセルはそれを、第四の主要問題と位置づける。まず『現代の貴族院』は、「貴族院の正統性にずっと関わって存在する論争がある」と説き起こす。ラッセルの「貴族院は正統なのか（上院に対する社会の態度）」章で示されたごとく、「正統性は、貴族院論議においても政治学者の間において、より広範にともに論争された概念」であるという。非公選の上院の倫理的正統性は、依然として問題とされる。しかし政治的エリートと国民の調査および新聞報道は、貴族院がいくつかの点で正統と認識されていることを例示する。上院の非党派的人物、ならびに専門家の存在、合理化された論議の評判、および政府の政策への時折の挑戦、といったこれら全ては、重要な支持を示す。それにもかかわらず、こうした見解は、両議院における出席議員が公選であるべきであり、上院が選出をもたらす「民主主義的正統性」を欠くという是認とともに存在する。

　この第一段落は、「正統性」概念の説明から開始される。いずれにせよ、この概念は、われわれのような外国人にとっても、イギリス上院における第一の問題点にして理念としての民主主義が問題とされる。ここではイギリス社会の問題として示される。

　第二段落はこれを受け、「両院制がイギリスおよび実のところ（後に論じられるごとく）他のどこであれ活動する様態に正統性の認識は、中心的」であるという。それらは、1999年以前の上院が弱いが、かつ1999年以後の貴族院のより大なる主張性を説明するのに役立つ理由を説明する。上院がより正統となったという意味は、生まれの偶然性による彼らが議席を得た「議員の除去」からもたらしたばかりでなく、政党の視点における上院のより大なる代表性をもたらしたからである。自民党は、貴族院においてその新しい力をもつ立場から、かつ下院の小選挙区制に批判的である立場から、この最後の要因［代表性］を使って非公選議院の新しい権利が政策過程に貢献すると主張する。

　第三段落はまず、「どれくらいこうした主張に迫り得るのかについて明確な制約」があるという。下院議員は、選挙上の負託［mandate］を享受する。政府与党は、その確信を維持している正統性をもつ。その間に貴族院は、恒

常的な改革圧力下にある。この要因の組み合わせは、貴族院が権限を使う様態にかなりな警告を生み出す。両院間関係を治める憲法習律は、1999年以来ある圧力下にあったが、主に生き残った。中心的には、マニフェスト政策について、および政府与党が明確な国民の支持を享受する諸事項に関して、より実用主義的な下院優越の尊重が残る。貴族院は、十分に熟考されぬ。上院は政策を問う気で今多くおり、かつ時折、自動的に反応する大衆迎合主義を拒否する気でおり、かつ下院議員［MPs］がそうし得ぬとき、不人気な少数派を大いに支持する気でいる。しかし貴族院の野党は、上院の票決を勝ち取る権能を享受するときでさえ、貴族が生み出す気でいるほどには、下院議員［MPs］を多く推進しなかった。われわれは、2007年の貴族の86％が、「政策変化を要求するための上院の自信」が改革以後に増大したと信じることを「上院は正統か（貴族院に対する社会の態度）」(2013)章の調査回答において見た。2009年以来上院に任命された貴族の中の99％は、次のように一致した。即ち、「重要なのは、上院が政府与党に再考するように要請すべきときもあることである」。それにもかかわらず、貴族の95％は、「下院が第一院として依然として残らねばならぬ」ことに一致した。もし下院議員［MPs］が決定すれば、下院の民主主義的主張は究極的には、勝ちを得るだろう。

　この段落は、両院の公選非公選事項から発し、次にそこから上院の改革論が続き、この改革の実行によって貴族院が生き残ったと言う経路が知らされた。更にこの上院は、マニフェスト事項をレファレンダム事項とする慣例によって更に進化が確認される。ここにおいて下院の優越が更に強固となり、この正統性が両方の均衡がとられることによって確保されるに至る。更に改革された上院の野党の存在感によって、この事項が従来よりも正統性の確保の段階を経ていくという。最後に下院がその正統性を得ると同様に、再考機関としての上院の役割によって正統性が確保されると説くようになるという。

　最後の段落はまず、われわれが「公選の政治家不信の時代に生きることについて、貴族の利を多分経験」していると説き起こされる。最近の数十年間に、国民の政党所属はイギリスばかりでなく、他の先進民主政諸国においても弱まっている（Dalton 2004；Dalton and Wattenburg 2000；Stoker 2006）。

困難な決定をなす政治家の能力における信頼の低下は、「脱政治化」傾向をつくっている。「脱政治化」傾向において責務は、距離を置いた機関、テクノクラットおよび「専門家」に委ねられる（Flinders 2012；Hay 2007；Vibert 2007）。国際統治機関の権限、あるいは政治的決定形成における非公選の裁判官の役割のごとく、こうした展開は、公的責任と正統性についての困難な問題を引き起こす。しかし彼らは、職業的にして政治的な専門知識領域へと進化を、時代に適合させたように思える。イギリスの世論が、われわれをして新しい上院の役割に調整させるごとく、展開する様態、およびこうした取決めにおける緊張が究極的に解決される様態は、重要にして広範な教訓［課題］をもたらし得る。

　この最終段落は、正統性概念から、公選議員に対する政治［政党］不信論へと移行する。従ってここから逆に非公選議院としての上院の利点が示されると言う。更に政党政治化への不信感から脱政党化問題への経緯に論及する。従って上院の正統性事項は、ラッセルによってこれらを踏まえて考察する広範な教訓を得ることの局面を確認されるに至った。

§7．貴族院と両院制立法部

　本節は、イギリス上院における主要六つの問題のうちの第五の問題に関する解答を提示するものに関わる。それは、本章の最初の節における二つにわたる比較両院制論に関するものであった。一つは「イギリスの上院が、比較両院制にどのような教訓を与えるのか」であり、もう一方は逆に「後者が前者にどのような教訓を与えるのか」である。

　この節の第一段落は、より広範な視点からこの問題に背景を与える。

　ラッセルによれば、「まず世界で最も長く存在しつつある、こうした両院制度をもつイギリスは、両院制が理解される様態に、数世紀にわたって明らかに影響を与えている」という。異なった「身分（estates）」を、代表の特有なイギリス議会議院へと漸進的に「分離すること」は例えば、モンテスキューのごとき、初期の著作に伝えた。モンテスキューの混合政体の名声は、ア

メリカおよび他の諸国における憲法形成に影響を与えた。より最近では、20世紀後半の貴族院の事実上の弱点は、現代の比較統治制理論に伝わっている (e.g. Lijphart 1984, 1999 ; Sartori 1994 ; Tsebelis 2002)。従って、21世紀の貴族院における変化が与えられれば、こうした理論を再考することによって、何を学び得るのかを考察することは適切である。四つの主要領域から教訓［課題］が引き出し得る。そのうちの最初の三つは、両院制の三つの主要次元に関わる。

われわれはラッセルに従って、前者の問題に対して四つにわたって解答し、かつもう一つに対して最後の一つとして解答する。以下において本節は、その手順に沿って提示される。

第一に、最も重要な諸領域は、正統性に関わる。この次元は、比較理論からしばしば以前に省略された［Russell 2013b］。

レイプハルトの両院制の扱いは1990年代の貴族院の弱点が、その正統性の欠如から生じることを認めた。彼は、これが非公選の基盤から引き出すと想定した。レイプハルトは、次のように結論づけた。即ち、「直接公選でない第二院は、国民の選挙が与える、民主主義的正統性を欠き、ゆえに真の政治的影響力を欠く（1999：206）」と。

しかし貴族院の非公選基盤がその臆病さを一部には説明したが、後の出来事は、より詳細な解釈が必要とされたことを示す。この間に、正統性の懸念は、民主主義的基盤をもつ上院をはじめとして多くの他の国家の第二院にもたらされる。他方、直接公選でない上院（例えばドイツの連邦参議院のごとく）は、重要な権限を行使する。かくして正統性は、両院制にとって重要であるが、レイプハルトが想定したところにおいて、全体的ではない。貴族院に貢献する諸要因は、前において示された。こうした諸要因は、入力・出力・および議事手続的諸要因の組み合わせと関わる。いかなる両院制度においても、二院は両方ともある種の正統性を主張するとすれば、ともに最もよく機能するだろうし、同時にともに特有的に残るであろう。公選政治家に対する幻滅の時代において、第二院が十分な国民の支持を見出し得る（あるいは実のところ見出し得ぬ）、多くして複雑な理由が存在する。

かくしてわれわれは、イギリスからの第一の「正統性」の教訓について、従来の上院が民主主義的でないという説に抗して、公選政治家に対する不信の時代に対する選択肢を与えるものとして、教訓とすべきであるというものである。

　第二に、貴族院からの教訓［課題］は、よりよく確立された議員構成次元について、次のように他のものの初期の結論に呼応する（Druckman and Thies 2002；Tsebelis 2002）。即ち、両院間の区別が重要である一方で、現代の民主政諸国において、最も重要であるのは、一般的に党派的区別なのであると。

　その代わりに、レイプハルトの理論は、両院間で地域代表における相異に強調を置いた。J. ハワード政権が2005年から2008年期中に、辛うじて多数を確保したとき以前に強力であった、オーストラリアの上院における最近の沈黙は、地域的相異が政党の忠誠の絆によって影を落し得る様態を例示する（Russell 2013b）。レイプハルト（1984）は、イギリスについて両院間の階級的区別を強調した。それは、世襲貴族の除去がこれを下院により類似させることによって、貴族院を弱めさせさえしよう。しかし新しい要となる有権者集団をつくった、政党の均衡の変化は、遥かに重要であった。実のところ、貴族院とオーストラリアの元老院［上院］は、単独政権によって歴史的に支配され、多数決主義的下院に沿って議席をもち、かつその決定を修正する比較的に、比例制的議会として重要な類似性を今共有する。エリートの古典的事例および地域的両院制モデルとして各々での背景にもかかわらず、両方とも党派的な両院制モデル事例と今最もよくみなされよう。こうしたモデルにおける両院は、政党の多数を競うことに反映するように意図的に設計される。これは、それが公選制であれ任命制であれ、両院に有効に機能を認める、議員の地位の補完性ならびに、存在可能な相争う正統性を与えることができる。

　ここでは最初に、世襲貴族の除去によって従来の上院の階級区別は解消されているという。いずれにせよ、議員構成が公選であれ任命であれ、両院にそれぞれ有効性をもたせる補完性から、比較両院制論者は貴族院から学ぶべきであるとラッセルによって説かれる。

第三に、1999年以後の貴族院も、公式権限について、次のように論じた前の学者達の結論に支持を与える。即ち、第二院は、拒否権を欠く場合でさえ、重要な影響力を用いると［論じた］(e.g. Money and Tsebelis 1992 ; Tsebelis and Money 1997)。貴族院に先立つ弱点は、ある者を導いて（特に「絶対的な拒否権」を規範とみなすアメリカの学者達）その権限が効果をもたぬとみなさせたかも知れぬ。しかし上院の第一次的弱点は、その正統性の欠如であったが、上院の権限の欠如ではない。実のところ（第6章が書くごとく）、国家の第二院の多数は、各々の第一院の下にある。貴族院は、本書の残りで示されるごとく、執行府および第一院を再考させる、適切な公式権限をもつ。議会法における一年の長きにわたる法案を遅らせる権限は、かなりであり、かつ政府与党が一般に避けたいものである。
　ここでの教訓は、公式権限を貴族院が極めて僅かしか持たぬと言う説に対して、一年の法案を遅らす権限は、必ずしも小さいとはいえぬと主張される。
　しかし第二院の要求に服すための多くの他の理由がある。これは、既に前に明らかにされた比較学者にとって、第四にしてより試み的な教訓［課題］へと導く。
　第四に、最近のイギリスの経験は、自己主張的な第二院がそれ自体のもつ将来の影響力と同様に、上院の影響力を高めることによって、第一院において要となる有権者に力を与えることができるということである。もし両院における要となる有権者が共通の大義を見出し得るならば、彼らの結合された圧力効果は、政府与党にとって抵抗することが困難となろう。この動態が特定のイギリスの状況に依拠した範囲（最も明らかなのは、非公選貴族の相対的警戒、および反乱する政府与党の下院議員［MPs］の相対的本気である）を知ることは困難である。他のところにおける両院関係の動態の詳細は、比較的にほとんど探究されていなかった。これは、将来の比較研究に有益な領域となろう。
　第四の貴族院からの教訓は、この上院が自己主張的となったがゆえに、議員に対して従来よりも影響を多く及ぼすことができるようになったことにあるとラッセルによって説かれる。

かくしてわれわれは、「イギリスの上院が比較両院制論に教訓を与えた」という主張に論及した。最後にわれわれは、逆に比較両院制がイギリスに教訓を与える事項に論及する段階に達している。

まずラッセルは、「両院制の比較的経験も、比較両院制章において論じられたごとく、貴族院の将来に重要な教訓［課題］を与える」という。このことは、第二院の正統性問題および改革圧力がイギリスに限定されぬことを想起させる。もしこうした改革が進められれば、海外の両院制立法部も次のように例示しよう。即ち、貴族院は、ある人が教え得るほどユニークではなく、かつ例えば、長い任期、一部には更新された議員の地位、および少なくとも非公選の貴族のごとき特徴をもつことは、多くの他の現代諸国における実際と一致しよう。これは、両院間で将来の議論を取り扱うのに利をもち得ようし、下院がより正統性を主張し、ゆえにその至高性を保持することを認めよう。貴族院の完全な公選議院との入れ替えは、必然的にその正統性を問わせようが、議論が異なった選挙制度の長所に本質的に集中しよう。こうした論争において、庶民院の小選挙区制が勝ちを得るという確かさなど存在しない。

最後の論点は、イギリスの上院が海外から学ぶべきであるが、新しいコンセンサス的な貴族院がユニークでなくなりつつあり、従って小選挙区制に象徴される効率的とも言われる、多数決制度が必ずしも長所であるばかりとはいえぬことである。

§8. 貴族院とその未来

ラッセルによる最後のイギリス上院の主要問題は、ある意味では長期的に最も重要な課題である、未来の問題であり、あるいは予測の事項である。最初にこの未来事項は、二つの問題に突き当たると示されてきた。即ち、何が起こるべきなのか、そして何が起こるのかであった。われわれは『現代の貴族院』において、これについて六つの段落から論及されていることを見出す。

まず「貴族院の先にはどんな未来があるのかという最終的問題へと導く」

と説き起こされる。上院は、1999年以来実体的に変化したが、論争的なままにあり、恒常的な改革の脅威下にある。二つの明らかな展開の経路は、過去100年にわたって、継続的な政権によって約束されたごとく、貴族院の大改革へと導く［C.バリンジャーは1911年から2011年までに、大改革が行われなかったことを詳細に検証した］か、あるいは貴族院を漸進的進化へと導くかのいずれかである。その結果、進化は貴族院を弱め得るか、あるいは貴族院を更に弱め得るかのいずれかとなろう。

　ここでは従来の貴族院改革論が大改革か、漸進的進化かのいずれかであったと言う。更にその進化は、ラッセルによれば、上院を弱体化させるか、より一層弱体化させるかであるというものである。

　第二段落はまずこれを受け、「全体的」改革の展望は、『現代の貴族院』の「貴族院改革の政治」章において論じられたごとく、約束されていないという。労働党政権下の展開は実のところ、多数の支持を獲得し得る改革された議員資格モデルなどでないことを示した。公選議員が少数の議院は、不十分な民主政とみなした。他方、公選議員が多数の議院は、専門知識と独立性、および両院間の適切な勢力の均衡のそれぞれの喪失について懸念をもたらした。公選議員が多数を占める第二院へと下院議員達の支持を得るためには、ひとまとまりの改革は、上院の権限の縮小を多分、含まねばならなかろう。しかし上院の権限および議員構成改革の一括は、複雑にして必然的に大いなる批判を招くであろう。こうした一括された権限および議員構成改革はかくして、上院の構成のみを改革しようとする、最近の試みよりも更に悪くさせてしまおうという。2015年の総選挙において保守党のマニフェストは、多数の公選議院への2010年の必達目標を繰り返すように［2012年当時には］思わなかった。そして労働党がこうした誓いを保ち得る一方で、この労働党はきわめて分裂状態のままに依然として［2012年当時］あった。これに関する将来の労働党と自民党の合意は多分、失敗しよう。ゆえに改革への最も存立可能な選択は、20世紀全体にわたって起こったごとく、更なる漸進的な変化であるように思える。ラッセルによれば、可能な改革提案のメニューは、「貴族院改革の政治」章［省略］で（「［表10.1］1999年から2012年までの貴族院改革の

主要提案」)として述べられた。例えばこの表は、9つの典拠[「王立委員会(2000)」、『白書(2001)』、「公行政特別委員会(2002)」、『白書(2003)』、「手詰まりの打破(2005)」、『白書(2007)』、『白書(2008)』、「立憲制改革およびガバナンス法案(2009)」および「貴族院改革法案(2012)」]に沿って示される。いずれにせよこの小さな変化でさえ、これらが公然と保守的であることについて、かつ現状を支持することについて批判するごとく、達成することが困難であろう。しかし現実主義的な選択が変革ないし少数の改革との間にあるならば、後者は、明らかに最も好ましかろう。さらにラッセルの著書は、改革が大きな効果をもち得る、不適切な一時しのぎと最初にみなされるかどうかを示した。更なる一括された小さな改革は、上院の有効性およびその国民のイメージを漸増的に押し上げることがわかろう。

　この段落において、最初に全体的な貴族院改革など必達目標となっていないことから説き起こされた。従って多様な指標に沿って提案が存在するけれども、労働党政権下では一致可能な改革案などないと言われる。連立政権内でも対照的な提案があったが、実現可能とは多くみなされなかった。いずれにせよ、ラッセルは漸進的な改革ならば、改革が進展すると予測している。

　第三段落は、「現状のように、上院が直面する第一次的リスクは、首相が反対を中和化させるか、あるいは規模が大きすぎて機能させることができないかのいずれかにさせる様態で、任命によって溢れさせることにある」と説き起こす。かくして首相の官職任免権に対する公式権限ないし非公式権限を導入することは、次の漸増的改革の視点における優先事項である。しかし貴族院を勝ち取るいかなる首相も大きなリスクを冒そうし、上院自体から激しい反発と同様に、メディアの反発に直面しよう。例えば、貴族院は、上院規模ないし比例制的な公式を述べる決議を可決することによって、首相の手法に新しい政治的障害を置こうとなお努める。これらは、いかなる法的拘束力も持たなかろう。しかしその政治的影響力は、重要であり得ようし、慣例を確立するのに役立とう。

　この段落は首相による貴族院の任命権によって、可能なる政権の戦略資源について説き起こされる。しかしこれは、リスクも伴うものでもあり、首相

にとって重要な権限となっているという。他方、上院サイドにおいても、この任命権にブレーキをかけることも可能となろう。これは必ずしも拘束力をもつものではないとしても、慣例として樹立できるものでもあると説かれる。

　第四段落は、「ゆえに貴族院が更なる大規模な改革によって、あるいはそれ［大規模改革］なくして、力において漸増的に大きくなり続ける見込み」があるという。多くの時代においてひと握りの貴族は死去し、補充するために新貴族が加えられる。各々の新しい採用は貢献すべきこと、そして達成し得ることについての大いなる期待をもたらす。すべての上院議員組織はより職業的となり、かつ有効となり続ける。上院議員の任命を律する慣例は、徐々に変化しつつある。名誉的な貴族の授爵は既に主に終わったし、「自動的な授爵（例えば、退役軍参謀長）」に任されることは、最終的に停止するように思える。上院の規模への配慮の必要性は、首相の「辞任」および「解散」を名誉的名簿が静かに断絶される、あるいは少なくとも縮小されるものと同様にみなし得る。各新貴族は今、実働的な出席の期待に直面するがゆえに、「退職ホーム」としての上院のイメージは色褪せ得る。同時に、多様性へのより大きな圧力は、ありそうに思えるかも知れぬ。プレイド・キミュリュー［ウェールズ民族党］は、最近になってはじめて議席を得るようになった。緑の党やスコットランド民族党［SNP］のような他の諸政党は今、基本的に比例制的議院であるものにおける代表制の立派な主張をもつ。独立「指名委員会」と政党の両方は、貴族として選択する人々の間で、ジェンダー的・民族的・地域的・および職業的多様性についての検討の増大下にある。

　近年、この上院の数的増加に懸念が出ている［例えば、『フィナンシャル・タイムズ』紙（2015）］。これは、議員の自然的推移によって補充しなければならない事項も含んでいる。授爵の意味も変化し、新しい実働貴族の増加現象も存在する。新上院は、従来のイメージから確実に変化もしている。

　第五段落は前段をうけ、「より多様にして活気ある議員は、組織の変化へとさらなる圧力を生み出す」ように思えると言う。ある慣例は、増大する緊張をもたらし得る。連立政権の福祉改革法案（「政府への障害としての貴族院（政府の立法上の敗北）」章を参照されたい［2013a］）についての財政特権に対す

る議論は、来るべき事態の予兆を論じ得よう。特に下院における単独政権への復帰（これが保守党政権である場合に［2016年6月現在、実現している］）は、貴族院との大きな衝突をもたらすように思える。保守党の政策を阻止するために、労働党と無所属グループとの勢力に加わる第三政党の能力は、まだ十分に試みられていない。その極において将来の単独政権は、第二院におけるその地位を強めるために、「巨大」連立を構成しようとする（例えば、日本において起こっているごとく）、誘惑に駆られることさえあり得よう。貴族院からのより多くの大臣を任命する圧力は可能であり、かつ上院へのマスコミの焦点は、増大し得る。利益団体からの注目の増大は、より一層大きな緊張下に貴族の限定的資源に置きもし得よう。

　この段落において新しい上院議員は活気があり、かつ多様である人々によって組織上の変化を促す状況をつくり得るという。彼らは、財政特権の憲法習律に挑む状況も可能にできる素地もあり得る。更に現保守党単独政権（2015-）に挑む労働党と無所属グループの大連合なども可能であるかもしれぬ。いずれにせよ、こうした穏健な多党制的上院は、政権に対する諸々の障害となる可能性が出てきたのである。

　最後の段落においてまず、「このことの全ては、予測しがたい将来の政治的出来事によって究極的に」条件づけられるという。しかし何が起ころうとも、明らかに貴族院は、論争的制度であり続けよう。結局のところ、これがまさに第二院というものなのである。第二院の第一次的目的は、庶民院という公選議院の決定を問い質すためである。もしこれがそうでなかったならば、これは上院の仕事をなさなかろう。ゆえに貴族院の役割は、公選であれ任命であれ、強力であれ弱体であれいつも論争されよう。ある意味でこれこそ、貴族院が目的とするものなのである。

　第六段落は第二院が結局のところ、その役割において公選にしろ任命にしろ論争的な性質をもつと確認する。ラッセルによれば、上院が下院を問い質すことが重要であることとならざるを得ないし、これを念頭に置くべきであるがゆえであるという。

228　第Ⅱ部　イギリスの政治制度各論

§9. 結　論

　本章は、ラッセル著『現代の貴族院』(2013)の「序論」章と「結論」章を検討することによって、彼女の優れたイギリスの包括的第二院論を評価しようと努めてきた。更にわれわれは、その著作に沿ってラッセルの論理を辿ってきた。ここでは改めてそれを繰り返すつもりはない。しかしながら、われわれは、最終的なラッセルの著作を論評する事項を残した。これを行うには、少なくともその論点に沿って総括せねばならなかろう。

　本章は、ラッセルの著作を『ウェストミンスター型両院制の再生』と題した。これは、彼女の著作の副題である。われわれは、ラッセルが自らのイギリスの第二院論を両院制の視点から、1999年の貴族院改革によって変化したイギリス議会を評価する立場を示すものと論じる。

　われわれはこれをうけ、第1節においてラッセルの序章における六つのイギリス上院の主要問題を措定した。われわれの第2節は、彼女の結論章において再度示され、これに対して応える形式を採用することを確認した。即ち、まず上院議員の性質は、極めて富裕な土地所有貴族から、より広範にして多様な富裕者である人々へと変化しつつある［ことを確認した］。次に上院は、単独支配政党制から穏健な多党制へと変化した。上院議員は、出席が実働的となりつつあるがゆえに、改善されつつあった。第四に、貴族院議員が自信をもち、政府に挑むことを恐れなくなったと言う。本章の第3節では、1999年改革が革命ではなく、漸進的改革が行われたと、ラッセルの著作において論じられたことを検証した。

　本章の第4節は、ラッセルによるイギリスの両院論を、その文化や精神などに沿って対照的に整理すると位置づけた。例えば、上院議員は、無党派グループの成長によって、政党規律に縛られないことや、専門家的となったことなどの性格をもったという。第5節は、1999年の上院改革がイギリス政治や政策結果に影響を及ぼした局面を最も長文によって確認されていることを示した。即ち、政府法案を敗北に追い込むことが可能になり、かつより多く法案を修正させるようになったということである。第6節は、民主主義的正

統性について彼女がコンセンサス型上院に変化した局面から論を展開すると示した。

　第7節は、従来の比較両院制論者に対して、イギリス上院が穏健な多党制的にしてコンセンサス的に変化したことで、教訓を与えたと言う。逆に貴族院は、比較両院制から従来のようにユニークではなくなり、さらに多数決主義の長所も効率的だけとは言いえないことから課題を学ぶべきであるという。

　最後にイギリス上院の未来事項が扱われた。これも議論多くして、革命的改革が直ぐに達成し得るものではないし、漸進的な改革が成功可能であるという。われわれは、下院が民主主義的性質が第一義であるため、かつ上院が下院の障害となるのではないのかと言う恐れがあるがゆえに、大改革への障害があるとみなすものである。

　かくしてわれわれは、ラッセルの著作を大まかに整理し終えた。われわれは、ここでラッセルの両院制論を論評しなければならぬ。まずわれわれは、彼女の長所を省いた局面を述べる。確かにわれわれは、制度主義的立場に基づいている。従ってラッセルの長所は、着実にして実証的な性格があり、この局面にこそ彼女の長所があったと言い得る。

　逆にわれわれは、ラッセルにおいて主に欠いている思想性や理論性、あるいは議事手続部分を追求したがゆえに、ミスマッチと言われる側面もあることを記さねばならぬ。しかしわれわれは、彼女には新しい記録面ないし歴史面における多様な新知見が示されていることに論及しており、必ずしも的外れではないとも言い得る。

　われわれは本書を通じて、メグ・ラッセルによる上院論を主要な素材として使ってきた。従って、われわれは、彼女の業績を評価する著書によるものを示す必要があろう。例えば、イギリス議会に関する定評あるR.ロジャーズとR.ウォルターズの『イギリス議会が機能する様態』(2015)は、ラッセルのものを次のように評価する。まずラッセルの主著を「包括的なテクスト」と示し、かつ「1999年の上院改革以来、機能した様態に集中する」として主要参考文献のうちの一つに加えた。さらに彼らによれば、最近の研究は「極めて有用な計量的証拠を与える」という。例えば、ラッセルは、「上院でなさ

れた498の修正のうちの88%が、政府の修正であり、そのうちの130が政策上の重要性をもつことを調査によって示した」として引用されたのである（R. Rogers and R.Walters, *ibid.* 2015, p.213, etc.)。

参考文献

M.Russell, *The Contemporary House of Lords*, Oxford, 2013.

―――――, 'Rethinking Bicameral Strength', *Journal of Legislative Studies*, 19 (3), 2013b.

V.Bogdanor, *Power and the People*, London, 1997.

G.Sartori, *The Comparative Constitutional Engineering*, London, 1994.

P.Cowley, *Revolt and Rebellions*, London, 2002.

A.King, *The British Constitution*, Oxford, 2007.

A.Lijphart, *Democracies*, New Heaven, 1984.

A.Lijphart, *Patterns of Democracy*, New Heaven, 1999.

H.Pitkin, *The Concept of Representation*, London, 1967.

G.Tsebelis et al., *Bicameralism*, Cambridge, 1997.

C.Ballinger, *The House of Lords : 1911-2011*, Oxford, 2012.

A.King, Models of Executive-Legislative Relations, *Legislative Studies Quarterly* 1 (1) 1976.

P.Cowley et al., eds., *Developements in British Politics*, 8, Basingstoke, 2007.

R.Rogers and R.Walters, *How Parliament Works*, London, 2015.

House of Commons, *The Second Chamber : Continuing the Reform*, London, 2002.

A.Horn et al. (eds.), *Parliament*, Oxford, 2016.

倉島隆『現代政治機構の論点』（時潮社、2012年）など。

第Ⅲ部

ケーススタディ

第9章　ハリントンの共和国憲法構想
——『統治章典』との比較を中心に——

§1. 序　論

　われわれは、本章においてイギリスのオリヴァー・クロムウェル［1599-1658］の護国卿制期（1653年から1656年）に共和制憲法構想を書いたハリントン［1611-77］の政治思想を重視する。ハリントンは『オシアナ共和国［1656］』(1)（以下、『オシアナ』と略記）においてその著作の3分の2以上にわたって自らのイギリス憲法構想を書き、かつその革新的構想を当時の護国卿に実施するように提案するものである(2)。われわれは、ハリントンの共和国憲法構想を「急進(ラディカル)」共和主義概念を使って論じる。この「急進」概念は、2007年に「伝統的社会におけるラディカリズムの再評価」論文においてJ.C.デーヴィスが明確にしたものである(3)。この概念は、従来からハリントンの政治思想を「ラディカル」という形容詞によって表現されもしたけれども、明確な概念構成によって捉えるものではなかった。デーヴィスによれば、ハリントンらの思想は、「現存の体制に挑む」という意味で「急進」と形容できるという。われわれは、ハリントンが主著において、クロムウェルの護国卿体制に徹底して革新を訴えるものと解釈する。例えば、ハリントンは先ず、持続可能にして平和な共和国の確立を説いた。クロムウェルの最初の体制は、護国卿が当時の『統治章典（The Instrument of Government, 1653）』憲法に基づいて、議会とその評議会によって支えられる形式をとる(4)。しかしハリントンは、クロムウェル自身による終身制の「単独者支配」や制限的議会形式などを廃止し、新憲法の樹立によって市民的自由を確保するために、徹底した「抑制と均衡の共和国」憲法の制定を護国卿に促すものである。

　ハリントンの共和制憲法構想は、イギリス国家の中心的な意思決定機構を含むという意味で憲法統治機構の主要な要件を満たすものである。ハリントンのモデルにして革新を勧告するものとしての彼の憲法構想は、現代の政治

制度論によれば、確かにそれが現代民主制の十分条件を欠くという。しかしハリントンの憲法構想は、制限民主制下において彼のものが単独の人物による執行部（「大統領制」）対集団的執行部（「議院内閣制」）の争点をめぐって論じるものに類似する。例えば、前記のごとく単独者執行部としての護国卿制は、『統治章典』によって形式上実施された。しかし護国卿制は、「単独者支配」として批判の対象ともされる。極論する者によれば、これはクロムウェルの独裁であるとも批判されるものである。護国卿制についてこの時代の有力な歴史家であるブレア・ウォーデンは、「単独者支配（Single rule）」の可能性を示唆するものである。とはいえ、『統治章典』が穏健なひとりの執行部形式を中心に、評議会や議会の承認を規定するものであり、専制的なものではないと論じられもする。

ハリントンの憲法構想についてわれわれは、当時の護国卿制機構がその中央権力の集中に問題があり、かつハリントンの憲法モデルが市民の自由のために執行部権力を抑制することに、重点が置かれるものとみなす。ハリントンの憲法モデルは、従来においてそうした「単独者支配による専制」の抑制が課題とされた、問題設定とみなされる。この当時について、現代の「単独者執行部」論による大統領制モデルが想定されぬ段階にあるがゆえに、当時の議会派の議論が、単独者の執行部に対する議会による抑制として、集団執行部を主張するものと仮定する。従ってこれは、幅広い議会代表を背景として、集団指導型議院内閣制的なものをハリントンが主張すると換言できる。

いずれにせよ、ハリントンはこうした視点から、護国卿に「市民的自由のために徹底した権力の抑制と均衡」論を含むものとして自らの憲法モデルを勧告するものである。ゆえにわれわれは、こうした急進共和主義概念によってハリントンのそれを捉えることとなる。従って本章は、ハリントンの憲法モデル構想の意図が当時の共和国における最高指導者らに対して自らの新憲法構想を制定し、かつ実行することを促すものであると仮定する。

本章の目的は、ハリントンの憲法構想が『統治章典』を背景とみなすことから発する。この『統治章典』は、クロムウェルの同僚である、ジョン・ランバート（John Lambert）が『基本提案項目（*The Heads of Proposals*, 1647）』

および『人民協約（An agreement of the free people of England, 1649)』を念頭に置きつつ、彼によって『統治章典』が主に書かれたものと想定する。(8)われわれは、こうした過程を経て当時の憲法が形成され、ハリントンがそれを批判的に検討し、自らの憲法モデルを構想したと主張する。本章はかくして当時の憲法関連文書を検討し、特に『統治章典』と比較しつつ、ハリントンの共和国憲法モデルを検証することを目的とするものである。

[注]
（1） J.G.A.Pocock, ed., James Harrington : *The Commonwealth of Oceana and A System of Politics*, Cambridge, 1992.
（2） 例えば、J.Scott, *Commonwealth Principles*, Cambridge, 2004, p.287.
（3） J.C.Davis, 'Afterword : Reassessing Radicalism in a Traditional Society : Two Questions', in G. Burgess et al. eds., *English Radicalism, 1550-1850*, Cambridge, 2007, pp.338-372.
（4） S.R.Gardiner, ed., *The Constitutional Documents of the Puritan Revolution, 1625-1660*, Oxford, 1958, pp.405-417.
（5） 例えば、A.Lijphart, ed., *Parliamentary Versus Presidential Government*, Oxford, 1992, p.2 ; C.Blitzer, *An Immortal Commonwealth : The Political Thought of James Harrington*, New Haven, 1960, p.209.
（6） S.R.Gardiner, ed., *op.cit.*, pp.405-417.
（7） B.Worden, *God's Instruments*, Oxford, 2012, pp.289-91.
（8） J.P.Kenyon, ed., *The Stuart Constitution*, Cambridge, 1986, pp.268-313.

§2．ハリントンの共和制憲法構想

ハリントンの共和制憲法モデルは、われわれがその背景としての三つの憲法関連文書［『統治章典』の形成との関連から他の二つについて］を念頭に置いていると仮定するものである。その構想は、形式的には成文憲法の条文形態をとり、イギリス国家の統治機構規定を備えるものとみなす。われわれは、こうしたものを踏まえたものがハリントンの共和制憲法モデルであると

想定する。

　われわれは本節において先ず、ハリントンの共和制憲法モデルの基本構想を論点としてまとめ、それに沿った成立過程に関わるものとして特に、護国卿制の『統治章典』に革新を迫るものとして辿ることとなる。われわれは、ハリントンの憲法構想の主な内容や論点を以下で示してみよう。

［1］ハリントンの共和制憲法構想の論点

　ハリントンの共和制憲法モデルの基本思想は、急進共和主義概念の下に、構想される。それは、（1）農地法による財産の階級的均衡（支配は財産の多寡に従う原理も含む）、（2）市民参加による権力抑制主義的公職輪番制（平等な選挙［ここに「平等な共和国」の基礎が置かれる］と公職交代制を含む）、（3）両院制議会主権下における集団指導的議院内閣制による執行部［政庁と四つの評議会を含む］、（4）［職業兵士よりもむしろ主として］市民兵主義による国防制度、（5）世俗的国教制度などの構成要素からなる。更にハリントンの共和国の基本的統治制度は、「提案する元老院、決定する代議院［両院制］および執行する統治執行官部から構成される[1]」ものである。われわれは、こうした基本的構成要素（特に両院制を中心とし、それに従う執行府として）をもつオシアナ共和制憲法モデルは、以下のように当時の体制に挑むものと想定する。

　即ち、ハリントンは、クロムウェルの護国卿体制に対して、革新的改革を勧告する形式の下で、迫ることとなる。従ってわれわれは最初に、ハリントンの共和制憲法モデル形式に沿って彼の論点をまとめる。

　われわれは、これらの構成要素とともにハリントンのオシアナ共和制憲法モデルを使って、急進共和主義概念に沿って彼の論理を次のように仮定してみよう。

　ハリントンの共和制憲法モデルは、先ず当時の『統治章典』を叩き台として、自らの急進憲法モデルを構成する。彼は、護国卿制の単独者執行部に挑み、クロムウェルに対して徹底した新憲法の設立の覚悟を悟らせようとする。次にハリントンは、自らの急進憲法モデルの樹立を、以下のごとく勧告する。即ち、当時の混乱したイギリス国家に平和と安定をもたらし、持続可能な政体の確立を求める。それは、農地法という一定の所得制限を設けることによ

って、貴族の権力の掌握を阻止し、かつジェントリー階級とその他の富裕階級との均衡を図ることによって、階級対立を防止することを前提に上部構造を樹立する。それは、元老院と代議院［この下院がまず主権の首位的位置を占める］からなる、両院制による議会主権体制を確立させ、かくすることによって、上部構造の階級的抑制と均衡体制を構成する。これは基本的には、多数の市民の自由や政治参加を根幹とするものでもある。従ってその多数性を表現するものが、代議院［主にジェントリー階級構成］制度であり、これが最終決定［至高］権をもつ。イギリス議会の立法過程で当時の政策形成能力をもつ元老院議員［富裕階級構成］によって、代議院が容易に決議をなし得るように、提案権と討議権によってお膳立てする機関が元老院である。その議員の中から各種の評議会が構成され、上院の政庁と主要評議会が議院内閣的な執行権をもつがゆえに、これが議院内閣制的執行権を主に担うこととなろう。更にハリントンの憲法モデルには、ひとりの執行部である護国卿制度をやめさせ、かつ公職輪番制によって議院内閣制的に平等な選挙などによる公職任期交代制を徹底させ、執行部の抑制を図る［市民部門］ものである。それは更に、護国卿体制における強力にして多数の新型軍の常備軍体制に対してアマチュア的市民兵主義［国防部門］によって、クロムウェルの常備軍の縮小と適切性を勧告するものである。最後にハリントンモデルには、宗教部門が重要な部門を占める。これは、良心の自由および人間の精神の基本を構成するのに不可欠であるため、オシアナ憲法モデルのうちの一部門を占めるものである。

　ハリントンの共和制憲法モデルは、全30条から構成される。われわれは、それを広義の憲法制度を構成するとみなす。これは、イギリス革命期において最も思想的にまとまった基本的ルールの枠組を形成するため、制度思想と評価されることとなる。しかしながら、そのモデルには項目の説明を付していなかった。これは、現代の『ハリントン政治著作集』(1977)において明らかである。それは、前の『ハリントン著作集』の編者である、ジョン・トーランドが大まかに書き添えてあるものによって、比較的に明らかとなる。われわれは、トーランド編集版を参考にし、各条文に表題項目を付す形態を採

用する。

　われわれは、先ずこのイギリスの憲法モデルの序論にして前文にあたる、二つの基本法から示し、その下の条文に論究することとなろう。

［２］ハリントンの共和制憲法構想の基本原理

　われわれは、彼の主著がイギリス革命期の憲法関連文書を背景としていると仮定してきた。従って本節は今、当時の憲法の枠組みの中でハリントンの『オシアナ』憲法モデルを位置づけようとするために、ハリントンの憲法構想が彼の憲法系統に関わる論点を提示する段階にある。ゆえにわれわれは、ハリントンモデルの序論にして基本概念から措定する。オシアナ憲法モデルの基本原理は、基本法と称せられるものである。それは二つからなり、一方が農地法であり、もう一つが公職輪番制である。

〈１〉第一基本法としての農地法

　『オシアナ』において第一の基本法は財産所有における均衡を、平和にして持続的な安定を目指す平等な共和国において欠かせぬものとする。そこでは、「中核法ないし基本法は、農地法である」という。ここでは、「年間土地収入が2,000ポンドに割り当てられる(3)」という。これは、その財産所有の上限である。これをいかなる者も超えてはならぬというものである。それは、貴族による支配を阻止することを目的とする。この基本法は、古代からの国内における階級対立の火種を摘み取るために設計されることとなる。オシアナ憲法構想は、それを首位的原理とすることによって、経済的所有の原理によって上部構造を据えようとするものである。

〈２〉第二基本法としての公職輪番制

　もう一つの基本法は、「投票が平等な選挙ないし公職輪番制によって、根本から統治［執行］官職ないし主権権力の諸執行部門へとこの平等な活力［equal sap］をもたらす(4)」というものである。それは、ハリントンの「平等な共和国」という民主政的理念の基盤である。更にこれは、選挙制度原理にして執行官の一定期間の任期交代制による権力の抑制でもある。この基本法によって市民参加を促し、かつ執行部に市民の活力を与え権力の抑制を図ろうとするものである。

[3] オシアナ共和制憲法モデルの条文（全30条）

　オシアナ共和制憲法モデルは、後の『ロータ』（1659）や『立法の技術』（1659）において「市民」・「軍事」・「宗教」・「属州」部門に分け、主張されている。主著の『オシアナ』は、純然たる形式としての宗教部門を設けていない。しかし『オシアナ』の後半の要約においてハリントンは、四つの部門から構成されると書いている。とはいえわれわれは、『オシアナ』において四部門が混然と一体化しているともみなす。ここでも本章は、一方においてそれらが全く一体化している局面もあるが、全体的に四つの部門分類を可能とみなすこととなる。われわれは、ハリントンのものが「軍」と「文民」とを混然として一体化している局面がさながらその象徴的なままにあると考えるものである。いずれにせよ、ハリントンは、憲法モデルが「文民」部門を中心に規定するが、他の諸部門もその構成要素的性格をもたせるものと理解する。

　従って純粋にその他の部門的性格をもつものは、数少ないが、憲法規範部門として分類［「宗教」、「軍事」、「属州」部門を示す］することとする。これは、『オシアナ』においてその四部門が存在すると確認しているからである。

　更に付け加えればここには、現代において常識的な「軍人」と「文民」の区別も当然存在するが、整然とされた区別とは異なると解釈しなければなかろう。

〈第1章〉文民部門

　最初の五つの条文は、オシアナ共和国の基盤的な内容を規定する。われわれは、これらをまさに市民的自由の要素的部分として示すものと解釈する。

［第1条］市民と使用人の区分

　この条文は、まず「民衆を自由人ないし市民、および使用人」に区分すると規定する。しかし「使用人が自由に達すれば、即ち、自らが自由に使用人も自由ないし市民となって生活し得るが故に、自由人になり得る」という。これは、当時の独立的でない人々に参政権を認めぬという状況と関わる。これも革命期の重要な論点の一つであろう。従ってハリントンは、使用人であっても自由人になり得る余地も残すのである。とはいえ、ハリントンには基本的な能力のエリート主義が強い［元老院と執行府、あるいは「自然的貴族

制」において］が、多数者主義［代議院による決定（至高）権］も説く性格を
もち合せている側面でもある。

　［第2条］青年と高年者との区分
　この条文は、オシアナの住民全体（女性・子供・使用人を除く）に対し、年齢によって高年者と青年に区分けされる。青年は、18歳から30歳以下の者である。高年者は、30歳以上の者と規定される。ここでは青年は、イギリス共和国の行軍となるものとし、高年者は守備隊となるという。⁽⁷⁾
　われわれは、ここにおいて注目せねばならないのは、文民統治には高年者に限られ、かつ青年が軍ないし国防にその任務を限定［民兵関連職を除き］させていることである。これはハリントンの市民兵主義の特徴を示すものである。従ってハリントンは、軍事国家主義としての批判を招きかねない局面でもあろう。⁽⁸⁾

　［第3条］騎兵（一級市民）と歩兵（二級市民）の区別
　この条文は、オシアナ市民（女性・子供・使用人を除く）に対して彼らの財産状態（年間所得）によって騎兵と歩兵に区分する。騎兵は年間収入が100ポンド以上の市民であり、歩兵がそれ以下の者と定められる。⁽⁹⁾
　これは収入による市民の区別である。それもハリントンの経済的条件を政治の上部構造と関わらせる重要な規定である。これは、ハリントンによる階級均衡論の基盤となるものに関わる。更にわれわれは、彼が市民兵主義をとるがゆえに、この兵士的地位の区別もそれなりの意味を含意させていることを見逃してはなるまい。

　［第4条］教区・郡・および部族［州］
　この条文は、「民衆を彼らの生活の場所に従って、教区・郡・および部族に区分する」と規定する。最大の地域区分を含む区分は、以下のものである。オシアナの母国ないし領土［課税台帳・民衆の数・および地域の範囲を顧慮した］が便宜となり得るほどの正確さによって、可能な限り平等に50の行政管区、部族州に区分するという。その最大の地方単位の下に、20ずつの郡があり、全部で1,000の郡がある。その郡の下に10ずつの教区があり、合計10,000の教区となると規定する。⁽¹⁰⁾

これは、当時のイギリスと同様にオシアナの三層制の地方行政区分全体を構成するものである。

［第5条］教区、投票、およびその教区の（民衆）代表の設定

ようやくわれわれは、国政の選挙制度に関わる事項に到達している。本条は、オシアナの民会ないし代議院の議員選出の出発点として、間接選挙における教区選挙人の選出に関わる。『オシアナ』によれば、「12月末日に続く次の第一月曜日に、各教区の高年者は、5人のうちの1人を代表［選挙人］に選出する」。こうして開始する条文は、代議院代表を最も基盤的な教区から選出することが重要であるとするものとなる。従ってそこで正確な人口が計算の基礎となることとなろう。ラッセル-スミスらによれば、この条文は、間接選挙により、「州全体の選挙人団として活動する各教区の投票数の5分の1の選挙」であると位置づけられる。その第二段階は、この代理人達が集まる各州の中心市において設定されたものであり、「実際上の国会の代表選挙」であると理解される。

ここでの重要な論点は、国民代表が青年を除くが、当時の人口の20分の1に達することにある。これは、当時の実際よりもかなり高い参政権を要求するものにして市民の政治参加の提案である。

続く第6条を除き（あるいはこれを含め）、第7条から第12条までは、地方当局の役職者事項と主に関わる。そしてこれらは防衛ないし治安事項も含む。しかしそれらは、古き地方制度的概念によって主に規定されるため、例えば、C.ブリッツァーによれば、新鮮味がないとも言われる。

とはいえ本章は、国家統治制度の比較を主に意図するため、ここで一括して地方当局事項（もちろん、公職輪番制原理などの基本法事項も適用される）として、ここでは省かざるを得ない。

われわれは次の二つの条文によって、『オシアナ』の共和制憲法構想における二つの基本法事項に論及することとする。

［第13条］オシアナ・スコットランドおよびアイルランドの農地法

「本条は、オシアナ・スコッランドおよびアイルランドの農地法を構成する。農地法によって本条文は、第一に次のようにオシアナの固有の領土内に

あり、かつ存在するようなこうした土地全てを規定する。即ち、一年に5,000ポンドの収入を超える土地財産を現在所有し、かつ以後所有するものとする各人は、そして１人の息子以上をもつ人々［各々］は…2,000ポンドの価値に相当する年間土地収入を超えぬものとする」と規定される。

　われわれは、ここにおいて具体的な条文によって、ハリントンによる農地法の基本原理であり、一人当たりの土地などの所得が2,000ポンドを上限とすることについて、三地域全てにおいて確認することとなる。

　［第14条］選挙（ヴェネツィア方式）の一般規定

　われわれは、表題項目によってここでも共和制憲法の基本法である公職輪番制の要点を具体的に確認することとなる。それは、「ヴェネツィアの投票がいくつかの変更によって適合され、かつ各会議へと任命されるように、本共和国において選挙を与える恒常的にして第一義的方法である、ヴェネツィアの投票制度を構成する」と提案される。更に共和国の最高執行部を構成するものの選出手続が任期交代制とともにそこに規定される。

　第15条は、議院内閣制の名目的内閣閣僚［６人］を［将軍卿が１年任期制であり、更に３人の国璽委員と２人の財務委員からなる政庁〈計６人〉］構成するものに関わる。それは、元老院［議員は３年任期］における共和国の最高統治［執行］官の選出を規定する。しかしハリントンの選挙制度の問題点は、現実に「可能であることを確かにしていない」（F.ラヴェット）ことにある。確かにこの制度は選挙管理を重視し、監察官という３人の責任者も規定している。しかしハリントンの統治機構が極めて権力抑制的な性格でありすぎ、選挙管理担当者の責任過程が十分に規定されていない側面もあろう。というのはこれは、M.ニーダムも『政治報知』において、同様なハリントン批判をいち早く当時において指摘していたからである。第16条は、実質的な内閣に相当し、それぞれの実質的な担当省庁にあたる執行府の責任を負う、四つの主要評議会を規定する。第17条は、常駐大使の選任や任期などを規定する。第18条は、特別選挙ないし精査監視による選挙事項について規定し、例えば有事におけるものをはじめとして、多様な事態に備えた選挙や精査監視が規定される。第19条は、実質的な省庁活動に関する執行を扱う、主要評

議会の命令事項などが規定される。第20条も引き続き主要評議会の議事手続方法に関する命令ないし指令事項が規定される。元老院が討議権と提案権をもち、代議院[議員は3年任期]が決定[至高]権をもつことは重要な機能の両院制の分離事項である。これらに関連してこの第20条を含め、代議院に関わるものも規定される。[18]

それらを含んだ第20条から第23条までは、代議院における統治官の選挙や権限・機能・および手続きなどが規定される。[19] 第24条以下はその他の事項に含める場合もある。[20] しかし本章は、あえて残りの「軍事」部門・「属州」部門・「結びの章」として章をそれぞれ設定し、分類を試みている。

われわれは、「[第24条]元老院と代議院の属州構成」および「[第25条]公収入の使用と決定」の二つの条文を、文民を強調する「市民」部門に含めてみた。[21]

〈第2章〉宗教部門

共和国の宗教部門について、『オシアナ』の憲法モデルの条文は、一部門として必ずしも十分には設定されていない。しかし前述のごとくこれは、ハリントンにとって重要な事項である。例えば、第6条において教区事項を、国教会における牧師の選任事項として示される。更に主要な四つの評議会の中に宗教評議会が含まれる。われわれは、こうした視点から判断して、この部門章を設定した。

われわれは、「[第6条]国教の聖職叙任および良心の自由」をまさに宗教事項と主に解釈し、この部門を設定している。この良心の自由事項は、17世紀半ばの時代が清教徒革命的側面を重視し、他の憲法改革文書の重要な強調においても共通するものを規定しているからである。[22]

〈第3章〉軍事ないし国防部門

この章も前記のごとくハリントンの憲法モデルの全体に関わる重要なものであり、市民兵主義思想としてわれわれがそれを特徴づけるものである。クロムウェルの45,000人ないし50,000人からなる職業的な常備軍の削減に関わるものであり、ここでは[第26条]の「教育と軍事機構」および[第27条]の「緊急時規定」を含めるものである。[23]

この後者の条文に、「第二区分ないし編隊［ハリントンの言う常備軍］を構成する20,000の歩兵と10,000の騎兵」という表現が『統治章典』のものとの対比によって重要な論点となる。

〈第4章〉属州部門

ハリントンの共和国論については、マキァヴェリの拡大のための共和国を選好するがゆえに、スコットランドやアイルランドが属州的に位置づけられる。従ってわれわれは、それを帝国主義論的なものとみなすが、支配従属よりも、対等的にそれを位置づけるがゆえに連邦制的に理解しようとする。それには「［第28条］属州領域の市民的構成」および「［第29条］属州領域の軍事部的構成」が該当し、それぞれ国家レベルと同等な公職輪番制、農地法、および市民兵主義などが適用される。

〈結びの章〉結語部分

この結びの章は、結語部分を構成し、イギリスの憲法モデルの残された事項を扱う。

この結語章は、「［第30条］オシアナ憲法の条文全体の規定の補足（行軍などについて）」という条項目と称せられるものである。この条文の説き起こしは、聖書からの戦利品の分配に関するものによってなされる。これは、極めて実戦的な中核部を担う行軍［『章典』の常備軍に相当する］に関わるものである。更にこの条文は、『オシアナ』の特徴である農地法、不滅の共和国、ゴート的事例などの幅広い事項について説明や確認事項が示される。

われわれはかくして、ハリントンの憲法構想の論点を二つの基本法、四つの部門、および30の条文にわたって、特定の論点を措定した。更に本論は、オシアナ憲法構想を『統治章典』と比較することを主題とするけれども、まず以下において先立つ関連文書とのかかわりを辿り、その関係から解き明かそうとするものである。

［注］

（1）J.Pocock, ed., *The Political Works of James Harrington*, Cambridge, 1977, p.174.

（ 2 ）J.Toland, ed., *The Oceana and other works of James Harrington*, 1771, etc.
（ 3 ）J.Harrington, *The Commonwealth of Oceana*, etc., ed., Pocock, Cambridge, 1992, p.234.
（ 4 ）J.Harrington, *op.cit.*, p.234.
（ 5 ）J.Pocock, ed., 1977, *op.cit.*, pp.664-692, 807-821.
（ 6 ）J.Harrington, 1992, *ibid.*, p.75.
（ 7 ）*Ibid.*
（ 8 ）*Ibid.*, pp.75-6.
（ 9 ）*Ibid.*, p.76.
（10）*Ibid.*, p.77.
（11）*Ibid.*, p.78.
（12）Russell-Smith, *Harrington and his Oceana*, New York, 1971, p.45.
（13）C.Blitzer, *An Immortal Commonwealth*, New Heaven, 1960, p.224.
（14）J.Harrington, 1992, *ibid.*, pp.83-101.
（15）C.Blitzer, *op.cit.*, p.262.
（16）J.Harrington, 1992, *ibid.*, p.114.
（17）*Ibid.*, pp.121-147.
（18）*Ibid.*, pp.133-173.
（19）*Ibid.*
（20）*Ibid.*, pp.174-234.
（21）*Ibid.*, pp.174-190.
（22）*Ibid.*, pp.81-83.
（23）*Ibid.*, pp.191-213.
（24）*Ibid.*, p.195.
（25）*Ibid.*, pp.214-216.
（26）*Ibid.*, pp.216-234.

§3．ハリントンの共和制憲法構想の背景

　われわれは、ハリントンの共和制憲法構想が当時の護国卿制の体制に挑むものであることを強調した。更にハリントンがクロムウェルの体制に、自ら

の共和制憲法モデルによって明確に提案し、勧告することを示してきた。次にわれわれは、『オシアナ』以前における護国卿体制の基本的枠組をなす『統治章典』の形成過程を確認する段階にきている。従って本章は、その関連する具体的検討文献である『統治章典』という最初の成文憲法の形成を背景とする、1647年の『基本提案項目』および1649年の第三次『人民協約』などとの関連について、その問題設定とともに、示すこととなる。

　本節は、この護国卿体制の成立時の問題状況に論及する。

［１］クロムウェルの護国卿制の体制の成立における問題状況

　われわれに『統治章典』の文脈を与えるのは、例えば、以下のバリー・カワードによる『クロムウェルの護国卿制』(2002)における第一部「護国卿制と改革の追求」の第２章「クロムウェルの護国卿制の初年（1653年12月から1654年１月）」である。それは先ず「序論」において、「護国卿制は、どんな種類の体制でその存続する最初の数年期中にあったのか」と説き起こす。護国卿制は、イギリス史において「最初の成文憲法をもつ」統治であったため、その回答は「容易」であろうと説く。『統治章典』の分析は、「この回答の重要な一部」[1]を与えるという。とはいえこうした政治変動期のものは、実際の活動状況の裏づけも必要となろう。

　このカワードの章の第１節は、「『統治章典』および護国卿と評議会による支配（1653年12月から1654年９月）」である。彼の説き起こしにおいて「『統治章典』の草案過程は、秘密裡にされた」という。この過程について知られるものは、「極めて少ない」として未知の問題をもつという。しかしながら、『統治章典』の草案が人々に読まれる、1653年12月13日に「士官評議会（Council of Officers）」へのジョン・ランバートのスピーチについて、E.ラドローの「闇の著作」説を問う理由などほとんどないように思われる。これは、ランバートによれば、「過去２か月間に検討中」[2]であったが故であるという。

　このランバート（多分、同僚の士官の小集団の助言によって）が「この草案過程において重要な役割を果たした」ことは、ほぼ確かであろうが故である。しかし護国卿と同様に、クロムウェルの就任後、公にされた新憲法の最終版へと導かれる、「交渉後の詳細を再構成する」ことは可能ではない。クロム

ウェルが「国王の称号を与えられるべきであるという規定」を、初期の憲法草案が含んだという想定でさえ、近年に問われている。しかし7人の士官達がその憲法典上に「国王の名による」クロムウェルに［草案としての］『統治章典』をもたらしたちょうど3年以上の後にも、「クロムウェルの記憶が挑まれなかった」という事実は、この提示がなされたということを示唆するものであろう。

しかし、国王規定は、この草案が「12月13日に士官評議会」に読まれたときまでに取り下げられていた。確かにクロムウェルによる「国王オリヴァー」となることに対する異論は、1657年にあるが如く、強力にして決定的であったからである。次の数日中に更なる活動は「2、3人の人々によって、頑なな方法によって実行され、かつ密談されていた」として、憲法草案に修正がなされていたのである。その結果、『統治章典』の修正方法は、思惑事項でしかない。憲法の草案過程が完成される時期は確かでさえない。これは、12月16日に護国卿としてのクロムウェルの就任後に、継続されていたかも知れぬ。というのは1654年1月2日まで印刷において利用できるようにされなかったためである。

ようやくわれわれは、この『統治章典』形成の関連文書事項に至っている。それがこのカワードの節について以下に示される。

「『統治章典』の草案方法について大いなる不確実性が存在するが、この文書の内容に関してほとんどそうした不確実性などないという。この草案者達は、1652年から1653年の残部議会の流産的『新代表法案』からと同様に、1640年代後半の軍から生じる主要憲法提案（1647年の『基本提案項目』、および1649年の『人民協約』）から新憲法の詳細のうちのいくつかを直接的に明らかに引いた」からであるという。

かくしてわれわれはカワードらによって提示された、この『統治章典』がこれらの二つの憲法関連文書を、その重要な成立過程の要素として検討することとする。

[注]
（1）B.Coward, *The Cromwellian Protectorate*, Manchester, 2002, p.24.
（2）B.Coward, *op.cit.*, p.25.
（3）*Ibid.*
（4）*Ibid.*
（5）*Ibid.*, p.26.

[2]『基本提案項目』(1647)

　先ずわれわれは、『統治章典』の主要な草案者と言われるジョン・ランバートらに沿って『統治章典』を系統立てようとする。彼は前記のように護国卿制憲法において特に、『基本提案項目』における参政権、君主権力（単独者執行部制）の抑制、評議会の重要な任務、宗教的寛容などを参考にしたと言われる。われわれはこうした視点から、『基本提案項目』について概観し、『統治章典』の論理を明らかにしようとする。

　周知のごとく、この成文憲法提案は、議会側が自分達の優勢を背景とし、かつ極めて急進的なレヴェラーズを念頭に置きつつ、チャールズ一世との和解をなそうとして構想されたと言われる。従って独立派はこれによって成文憲法を示し、健全にして安定した穏健な体制を再構築しようとする意図をもったと想定される。

　われわれは、『基本提案項目』(1647年8月1日付) が構成する、その前文から検討する。

　「トマス・フェアファックス卿閣下および軍評議会によって合意された『基本提案項目』は、軍とともにある議会委員達［Commissioners of Parliament］に提出され、かつ彼らとともに、軍の委員達［Commissioners of the Army］によって扱われる。これは、王国の権利および自由を明確化し、かつ保証し、かつ正しくして恒久的平和を定着するために、前の宣言および文書に従う、要望の詳細を含む。これに（多様に差し迫った苦情の除去および苦情の改善のため）更なる特定の要望が付け加えられ、かつ扱われるように指定された文書に含まれ、あるいはそれらの必要な遂行が含まれる」[1]。

　これは極めて簡潔な文章となっている。先ずこの文の責任者である、フェ

アフックス卿や軍評議会などによって合意された旨を記す。次に軍の議会の委員達にそれが提出されたという過程を示す。更にその提案は、こうした議会委員達とともに、軍の委員達によって取り扱われることを確認する。そしてこの『提案』は、イギリス君主政国家の権利および自由を明確化し、保障し、かつ正統的にして永続的な平和を持続させるため、前の「宣言」(1647年6月14日にセント・オールバンズにあり、議会に慎ましく提出された、フェアファックス卿閣下からの、そして彼の命令下の軍の「宣言ないし申し立て」)および文書に従う、詳細からなる要望を含むものであるという。この「宣言」は、軍評議会宣言による拡大憲法上の要求と言われ、かつこの『基本提案項目』がその再述とも位置づけられる。

いずれにせよわれわれがこの前文を更に読み続ければ、この中には喫緊の苦情の解消そしてそれの改善策を施すような一層の要望を加え、かつ処理するように示された文書を含み、かつそれらを遂行する必要なものが含まれるというものである。

これは、三つの主要提案項目および数多くの詳細項目からなる。

その主要提案項目は、次の通りである。

〈一〉(これ以後に提案されたものは、本議会によって規定される)特定期間は、(議会法によって)本議会の終了を設定できる(この期間は、主に1年の設定に置かれる)し、同じ議会法規定において以下のごとく、将来の議会の継続および制定法が、議会によって必要とみなされる。そしてこの可決時に前述の3年議会は、廃止される。

〈二〉「将来の議会の安全および民兵一般に関してそれのために、議会法によって次のように規定される」、というものである。

これは、短すぎるがゆえに、補足が必要となる。従って二つの詳細項目を以下で検証してみよう。その第1項は、「次の10年間期中に海陸の民兵権は、集められた両院によって命じられ、かつ扱われるものとし、かつ任命する人々によってイギリス議会およびイギリスの諸議会において集められるものとする」となっている。これは、民兵権について議会による承認を重視する。

第2項はこれを受け、「前記の権限は、現存の国王権限によって、前記の期

間中に、前記の王権によって以後いかなるときでも、前記の両院の助言と同意なくして、あるいは任命するような議会の休止中のこうした委員会ないし評議会の助言と同意なくして国王から引き出される、いかなる権威によっても、いかなる単独人物によっても、あるいは複数の人によってであれ、命じられないものとし、処理されぬものとし、あるいは行使されぬものとする」⁽⁶⁾となっている。

　われわれは、これが国王に対する権力の抑制であるけれども、護国卿という「単独人物」による単独者執行部的なものとみなし、それを議会によって抑制するものと解釈する。これは、この内戦の大義［議会の役割の強化と国王大権の縮小、ないし王権の抑制］のうちの一つと一致する。

　〈三〉「本王国の平和と安全、ならびにアイルランドの軍務のために民兵を扱う現存形態について⁽⁷⁾」、である。

　これについて、J.P.ケニヨンは、手短に「海軍は、海軍委員の下に置かれるものとし、陸軍は、大将の下に置かれるものとし、民兵は、州委員の下に置かれるものとした。国策評議会は、最初の事例において7年間、民兵を統制し、外交政策を指導し、戦争と平和に対して、議会の究極的統治に服するものとした」⁽⁸⁾と要約した。これは適切な要約である。

　われわれは、これらの下に重要な『統治章典』と関連するものを付け加えよう。先ずこれは、『統治章典』の参政権の規定がこの年の解決すべき基本方針に含まれる。更に国王の「単独者統治」に様々な制約を課し、かつ議会や評議会によってそれを抑制していることも、この憲法に盛り込まれている。更に当時の民兵や海軍をはじめとする軍事事項もしっかりと規定している。最後に宗教的寛容が規定してあり、これもその『統治章典』と共通したものといえよう。本項においてこうしたものを念頭に、最初の三つの条項を確認してみたい。まずわれわれは、第一の主要項目の下における数条の項を取り上げる。

　第1条項は、「議会が最近の議会法において3年毎の議会で形成された如く、特定の日にその確実性をもつ規定によって2年毎に召集でき、かつ会議を行うことができる。更なる規定や他の規定は、より確かにそれ［3年毎の

もの]を減じさせるため、議会によって必要とみなされる。この可決時には前記の3年議会法は廃止される」(9)と示される。

これは、3年議会から2年議会への大きな転換を提案するものである。

第2条項は、「各2年議会は、120日を（それ自体の同意によって間もなく延会［adjourn］ないし解散される以外に）確かに開会し、その後に国王によって延会でき、あるいは解散でき、いかなる議会も最初の会議から240日以上には開かれず、あるいは他の限定数の日は、合意される。そして他の期限切れ時には、たとえ直ぐに解散されぬとしても、もちろん解散するものとする」(10)と提案される。これは、2年議会案の詳細規定に入り、従来の国王の都合によって解散されるものを抑制するために、開会期間や解散要件を設定するものである。

最後に、第3の条項に移ろう。これは、「国王は、2年毎の諸議会間における休止期間期において、国策評議会の勧告によって特別議会を召集する。これは2年毎の選挙の法手続が決して妨げられぬ場合に、議会が次の2日毎の少なくとも60日以上にわたって、開くことを条件とする」と提案される。ここでは前の文を受け、従来よりも議会の開会の頻度を高めるためである。そして執行上の役割を、国策評議会といった、評議会に委任しようとして、士官達が望む護国卿制の評議会を想起させることとなる。

かくしてわれわれは、『基本提案項目』が、当時の議会派の勝利を反映し、議会によって国王の専断的支配を抑制しようとする傾向が随所に垣間見られる。更にこれは、基本法的立憲主義を採用する限りにおいて、『統治章典』が従っているものである。確かにこの『基本提案項目』は、『人民協約』も議会派のものであるが、後者が君主統治を想定せず、かつ男子普通選挙制を構想するほど急進的な方針をとらぬ側面などにおいて、急進的ではない。単独者の専断的支配を議会や評議会によって抑制しようとする、穏健な立憲君主主義路線をとっている局面において『統治章典』の参考となっていよう。しかしながら、君主制的要素である『統治章典』の護国卿の終身制は、国王の任期なしと重なり、『オシアナ』［将軍卿らは1年任期制］との決定的な相異も残す。

[注]
（ 1 ）S.M.Gardiner, ed., *The Constitutional Documents of the Puritan Revolution, 1625-1660*, Oxford, 1958, p.316.
（ 2 ）J.P.Kenyon, ed., *The Stuart Constitution : Documents and Commentary*, Cambridge, 1986, pp.263-268
（ 3 ）S.M.Gardiner, ed., *op.cit.*, p.316.
（ 4 ）*Ibid.*, p.318.
（ 5 ）*Ibid.*, pp.318-319.
（ 6 ）*Ibid.*, p.319.
（ 7 ）*Ibid.*
（ 8 ）J.P.Kenyon, ed., *op.cit.*, p.271.
（ 9 ）Gardiner, ed., *ibid.*, p.319.
（10）*Ibid.*
（11）*Ibid.*, pp.319-320.

［３］『人民協約』(1649)

　本項において『人民協約』［本項に限り、以下『協約』と略記］が『統治章典』の背景として重視するのは、このイギリス革命という政治変動期において穏健派である独立派と急進派であるレヴェラーズとの、議会派内部における権力闘争の局面から発するからである。ハリントンはある意味では、革命を成し遂げようとする陣営派とは距離を置く。ハリントンは、そうした議会派の立場からの思想をもつが、思想傾向や現実の政治状況との背景に関わる者でもあるがゆえに、この権力闘争局面も考慮しなければならぬ。というのはわれわれは、ハリントンの憲法モデルが、現実の体制に挑むものであるが故に、議会派体制的な『統治章典』の形成と関わる『協約』の内容の検証が必要である。

　ハリントンと自ら憲法構想の背景、ないしその主著の成立過程を論じる前に、ハリントンが後に『協約』をアナーキーとして批判するものを書いたため、直接的にはこの要点に言及してみよう。それは、「『協約』のアナーキー性」と題されるものであった。ハリントンは先ず、自らの両院制による階級

第9章　ハリントンの共和国憲法構想　253

均衡型モデルを支柱とする立場によって『協約』を批判する。『協約』は、400人構成の一院制論、議員任期の短さ、民衆の抵抗権の容認、主権の分割説、移動の自由によって生じる民兵制度の混乱などを攻撃するものであった(1)。とはいえハリントンとレヴェラーズとの共通点も多い。それは、議会主権の主張、市民参加権の拡大、宗教的寛容、公職輪番制、執行部権力の抑制、基本法的成文憲法主義などを含むものである。従ってわれわれは、両者が現体制に挑むと言う意味では急進共和主義思想範疇に入るものと解釈する。

　さてわれわれは本題に戻らねばならぬ。ここでは護国卿体制憲法の主要な草案者である前記のJ.ランバートの意図に関わる。彼は、『統治章典』の起草時には、クロムウェルを国王につけようとする指導層内部に反対して、共和主義の立場からそれを構想したと言われる(2)。こうした背景からわれわれは、彼が『協約』を明確な共和制憲法であるとし、かつ『基本提案項目』を議会派の穏健な単独者支配の抑制型として位置づけたことに関わる(3)。これは前記のように形式論としても両文書とも成文憲法の条文形態をなし、それなりの説得力を有するとみなされる。更に言えば、『協約』は、レヴェラーズが、もともと『基本提案項目』における立憲君主制に対して、共和制的憲法改革案を提示したものである。従ってわれわれは、『協約』をハリントンの憲法モデルとかなり一致する側面ももつと理解する(4)。

　早速、われわれは、憲法形式をなす『協約』における特徴に論及してみよう。

　この『協約』は周知のごとく、1647年、1648年、1649年と3回にわたって発表された(5)。ここでは三つが基本的には急進共和主義思想として共通とみなす。更に前の二つの『協約』における男子普通選挙制についてよりも明確な規定を示す、第三次のそれを俎上に載せて論及することとしたい。それは全30条からなる(6)。

　まず『協約』の表題を手短に説明するものは、「1649年5月1日において、ロンドン塔の囚人達である、ジョン・リルバーン中佐、ウィリアム・ウォルウィン氏、トマス・プリンス氏およびリチャード・オーバートン氏によって、この圧迫された国民（nation）に平和を与えるものとして提出された、イギ

リスの自由な『協約』」である。これは、既に独立派が権力闘争において主導権を得、かつその敗者となったレヴェラーズの指導者達による憲法提案である。ここでも彼らは、たとえ独立派よりも広範な民衆にそれを訴えようとする点において、急進的性格を示し、かつ新しい主導権を握ったものに対してさえ、頑なに挑むものであろう。われわれは先ず、その全30条からなる、『協約』の主張の基本を表現する最初の四つの条項によって論及を開始する。その第1条は、以下のごとく長文となっている。

「イギリス、およびそこに組み込まれた領土の最高権（supreme authority）は、400［それ以上ではない］のみからなる民衆代表にあり、かつ今後民衆代表（a Representative of the People）にあるものとする。彼らの選択において（自然権［natural right］によって）21歳以上の年齢の男子全て（使用人でもなく、施し物を受けず、かつ武装して先の国王に加担せず、自発的に加担しなかった者）は、自らの参政権をもち、かつその最高の信託に選出されることができるものとする（国王に加担した者は10年間に限って［参政権］をもつことができない）。国家の各々の諸地域、いくつかの選挙場所、参政権を得かつそれをなす方式に、比例し得る前記の400人の議員配分に関するものは全て、彼らの報酬と同様に、選挙時の平等な手続によって完遂する性向をもつ状況全てとともに、次期の民衆議会がここで明らかにされるとき、安全を満たす要件とできるような類により、こうした現行議会によって解決される」。

これがその第1条である。それは急進的提案として後に最も高い評価に値する条文を含む。これが男子普通選挙制の提案である。それが構成するものが一院制代表議会であり、これが至高であるという議会主権説となるものである。

引き続きわれわれはその第2条を確認する。「400人の議員のうちの200人（にしてそれ以下ではない）は、要件をもつ代表と認められ、かつそのようにみなすものとする。議員が有する主要な権利は、この国家（nation）に決議をなすものとする。議会会議場および議長の選択は、この性質をもつ他の状況によって現行の代表および次期代表の配慮に委ねられる」。

ここでは更に全400の議員のうちの半数を重要なものとして要件を与え、

更に一層重要な決議権を与えることを提案することとなる。しかし次期の議事の詳細事項は、次の代表に委ねるものとされる。

更にこの『協約』の提案は、これを受け、官吏事項へと移る。

「この趣旨によって全ての公官吏は確かに、責任を負うものとする。腐敗した利益を維持するようになされれば、いかなる党派も、軍や守備隊における有給士官も、公金の財務官吏も公金の受領者も、代表議員（その現職にある者であろうとも）に選出されぬものとする。たとえいかなるときであれ、法律家が選出されるとしても、そうした議員は、この信託の時全体期中に法律家としての実務を実行し得ぬものとする」[10]。

これは第2条を受け、そうした最高議会の主な決議に従って、この国家官吏が役務の執行を行い、もし腐敗をなせば、それには選出されぬものとされる。更にここで注目すべきは、ハリントンと同じく法律家の実務に就く者が公務と兼務し得ぬとみなし、それを規定することである。これらは『オシアナ』の公職輪番制と共通し、その権力の抑制の典型的要素も提案するものである。

更にこの『協約』はそれを受け、第3条を次のように規定する。

「現職の議会議員は、次期代表議会に選出できぬ。次期代表議会議員は、直ぐに継続して代表に選出できぬものとする。しかしこうした議員は自由に選出され、次期代表議会が中に入るものとする。いかなる代表議会議員も、有給者、財務官、あるいはその雇用期間期中に他の官吏となされぬものとする」[11]。

ここにおいて『協約』は公職輪番制的要素を更に継続し、かつ議員の官吏職との兼任禁止も提案する。いずれにせよわれわれは、第三次『協約』に関する限り、統治機構としての明確な執行部規定が必ずしも十分に示されず、部分的に「公官吏」（第3条）[12]、「当局」（第5条）[13]、「国策評議会・議員からなる委員会」（第8条）[14]、「執行官」（第14条）[15]などという概念が登場するけれども、限定されるのみで何らの重要性を有する構造も規定されぬ。従ってこれはハリントンが批判するように、基本的な統治機構的要素を欠き、「アナーキー」と呼ばれる傾向も帯びる。

しかし『協約』のその他において裁判、宗教的自由、税制などについて、むしろ『オシアナ』よりも、詳細規定が提案されている部分もある。

最後にわれわれは、当局に対する『オシアナ』の主要な勧告の一つである、軍部門に関わる『協約』の規定に論及してみよう。それは第29条におけるものである。

「われわれはいかなる軍隊も差し当たり、代表議会がこの議会による以外に徴兵するとき、以下のルールを正確に遵守することを宣言し、かつ合意する。即ち、徴兵される人々の全体数に従って、適切な比率の徴兵・調達・合意・および支払いを、各特定の州・市・町・および自治市に割り当てると。議会は、各々の場所における代表議会議員選挙人に対し、編隊［regiments］・部隊［troops］・騎兵大隊［companies］に所属する全ての士官［officials］を指名し、かつ任命し、かつ将軍ならびに将官のみの指名、および共和国の安全・平和・自由のために必要と思えるどんな軍務にも彼らの命令・規制・ならびに指揮を、代表議会に保つことによって、彼らが知るごとく、彼らを除く自由を与えるものとする。…」。[16]

この条文は、『オシアナ』がある意味で政軍関係に関して、一体的であるが、『協約』において文民統制的に理解可能であり、従って後者がより急進的局面を示すものである。しかしわれわれは、ここにおいて留意せねばならないのは、革命ないし内戦という軍隊を伴う状況を勘案する必要もあるということである。とはいえ、ここではそれが軍ないし国防上の事項であるため、比較上、用語がほぼ共通する。更に両者とも力が正義を生まぬという原則に沿って提案されるものと理解できる。われわれは、こうした視点から前者が後者を念頭においてもいると想定することも可能であろう。特にわれわれは、ハリントンがクロムウェルの『統治章典』の強力な護国卿体制に挑む市民兵主義をもつがゆえに、この国防論を確認するからである。

［注］
（1）J.Pocock, ed., *The Political Works of James Harrington*, Cambridge, 1977, pp.656-658；A.S.P.Woodhouse, *Puritanism and Liberty*, London,

1951, pp.355-367.
(2) B.Coward, *The Cromwellian Protectorate*, Manchester, 2002, pp.7, 25.
(3) B.Coward, *op.cit.*, p.26.
(4) J.Scott, *Commonwealth Principles*, Cambridge, 2004, p.288.
(5) S.R.Gardiner, ed., *The Constitutional Documents of the Puritan Revolution, 1625-1660*, Oxford, 1958, pp.333-5, 359-371 ; A.Sharp, ed., *The English Levellers*, Cambridge, 1999, pp.168-178.
(6) A.Sharp, ed., *op.cit.*, pp.168-178.
(7) *Ibid.*, p.168.
(8) *Ibid.*, pp.170-171.
(9) *Ibid.*, p.171.
(10) *Ibid.*
(11) *Ibid.*
(12) *Ibid.*
(13) *Ibid.*
(14) *Ibid.*
(15) *Ibid.*, p.173.
(16) *Ibid.*, pp.176-177.

§4．ハリントンの共和制憲法構想と『統治章典』との比較

　われわれは、ハリントンの『オシアナ』の憲法モデルがクロムウェルの護国卿制を枠づける『統治章典』(本項に限り、以下『章典』と略記)を前提として構成されたと仮定している。例えば、J.スコットは、『共和国原理』において「統治モデルとしての『オシアナ』は、当時の軍と連繋される、憲法形成史に貢献した。『章典』以前に最も重要な青写真は、『基本提案項目（1647）』であった。これは、勝利した議会派の『ニューキャッスル提案』に対するライバルであった。それはこの結果、レヴェラーズの三つの『人民協約』によって続けられた。われわれは、…ハリントンによる第二次『人民協約』の見解に出くわした」として『オシアナ』を含めた『章典』との関連を確認している。

特にわれわれは、『章典』と『基本提案項目』との関連を強調する論者の学説によって、これを確認してみよう。それは、前述のJ.P.ケニヨンによるものである。「『章典』は、1647年の『基本提案項目』を極めて異なった状況下で、関わらせようと転換を試みる、実際的にして手際のよい文書であった」(2) という。

　われわれはかくしてこうした背景の下で、『章典』までの『基本提案項目』と『人民協約』の関連を系統立ててきた。本論はこの護国卿制憲法について、全体的に論及する段階に達している。この憲法は全42条からなる。(3)

　『章典』は、「イングランド、スコットランド、ならびにアイルランド、およびこれらに属する領土からなる、共和国統治［章典］(The Government of the Commonwealth)」［1653年12月16日］(4) と称されるものである。

　われわれは先ず、『章典』の最初の条文において単独者支配型の護国卿制から確認する。B.ウォーデンによれば、1649年の君主制廃止法が「いかなる単独人物」の支配も禁じたし、逆に『章典』のそれは、同じものをクロムウェルにもたらしたと皮肉る。即ち、[第1条] は、「こうしたイングランド…共和国統治の最高立法権 (supreme legislative authority) は、単独の人物 (one person) および議会に集められる人々にあり、こうした人々に属する。そうした単独人物のスタイルは、イングランド、スコットランド、ならびにアイルランドからなる共和国の護国卿 (Lord Protector) となる」(6) と規定される。もちろんその文脈は異なるが、集団型ではなく、単独人物型の執行部を採用する点は、同一である。確かにこれは、議会とともに立法主権を担うことを謳うけれども、先ずここに護国卿制の強権的性質の懐疑がもたれることとなる。それは、ハリントンによる徹底した公職輪番制を含む集団的執行部類型である、議院内閣制の主張と対立するものである。

　次の [第2条] もそれを受ける。これは、「前記の諸国 (countries) ならびに領土、およびこうした民衆 (the people) に対する執行府長官職 (chief executive)、そして統治行政の行使が、評議会 (council) によって支援される、護国卿にあるものとする。評議会の人数は、21人を超えず、13人を下回らぬ」(7) ものとする。

この条文は、イギリス共和国の執行府権力行使が単独者執行部を前提とし、かつ護国卿が君主制の単独人物の執行部類型に間違いなく入ることを明らかにする。さらにハリントンの事実上の国家執行部を構成する四つの主要評議会［これは元老院議員〈3年任期〉構成］に相当するもの［終身任期の評議会］は、13人から21人に限定していることも、単独者執行部とともに、権力の集中性に重点が置かれるものであろう。

われわれは、次に『章典』の草案者達が『基本提案項目』よりも広範に評議会権限を使った側面も単独者の護国卿執行部型と併せて確認する。

［第3条］は、「議会の権威（Authority of Parliament）による」として国王・貴族・およびコモンズと言った三位一体型立法主権を想起させる概念を引く。そして「イングランドの保有者は、護国卿である。護国卿によって指揮する、召喚・過程・委任（Commissions）・特許・授与金および他のものは、護国卿名とスタイルによって運営する。この護国卿から将来、前記の三国（nations）における全ての統治［執行］官職ならびに名誉が引き出される」[8]と規定する。これは共和制を除けば、中世型政体論における君主の単独者執行部を想起させる。「護国卿は恩赦権（殺人罪と大逆罪を除く）ならびに公共の使用（public use）のために没収全ての便益権をもつ。護国卿は、この評議会の助言によって、かつこれらの本文（presents）ならびに法に従って、万事における前記の諸国（countries）や領土を統治する」[9]とし、ひとり［大統領］を助ける評議会という内閣制に近いものや支配などをイメージさせるものであろう。

更に加えて、護国卿とともに執行部を補佐する評議会について、［第4条］は「護国卿および開かれる議会は、三国の平和と利益のために、海陸軍の同意によって、民兵（militia）と軍を扱い、かつ命令する。護国卿は、評議会の主要部の者の助言と同意によって議会休会期中に前記の目的のために、民兵を治め、かつ命令する」として、平和を目指すために、軍ないし国防部門の統率者として護国卿がその指揮をとり、かつ議会のインターバル期においても評議会と連繋して行うとするものである。

この『章典』は、評議会が［第26条］において「その新顧問の任命につい

ても主要権限をもつと命じた[11]」と定めてもいる。

　とはいえわれわれは、ひとりの執行部としての護国卿の規定を更に確認することとなる。それは、［第5条］においてである。即ち、「護国卿は、前記の助言によって外国の国王・君主・ならびに共和国との適切な書簡の管理および保有に関わる、あらゆることについて指導するものとする。護国卿は、評議会主要部の者の同意によって戦争を宣言し、かつ和平を締結する権限をもつ[12]」と規定する。

　［第6条］は、「法は、第30条においても明らかにされるものを除き、議会の共通の同意によること以外に、変更も中断も、かつ無効とされぬものとし、かついかなる新法も形成されず、いかなる課税も費用も、かつ賦課金も、民衆になされない[13]」と定める。

　この条項は、議会の同意を除き、法の変更、新法の形成、および課税などもできぬとし、憲法条項の遵守の重要性を強調しようとする。

　『章典』の起草者達は議会に不信ももつが、以下の二つの条文などにおいて、定期的な議会の開会を規定する。

　［第7条］は、「議会は、1654年9月3日にウェストミンスターに開会のため招集される。議会は継続的に、3年毎に招集するものとし、現行議会の解散から数えられる[14]」と定める。

　この条文は3年議会法に沿って、議会を規定する。しかしこの議会は、両院制を導入していない点において、ハリントンが徹底して主張する、両院制と異なる。

　更に［第8条］は、「次に議会は、第一回の開会日から数えて5カ月期間中に招集されず、いかなる継続議会も、議会自体の同意なくして、延会も閉会も解散もされない[15]」と規定する。この条文は前条を受け、それぞれ少なくとも5カ月間以上の開会を認めないものとする。これこそ議会開会期間の制限を規定し、議会権限の制限条項である。

　しかしこれは、議会の同意なくして議会の解散を違法とさせる。これは、第11条において関連させて規定する。即ち、その条項は、「護国卿が議会招集状を発し得ない場合には、国璽委員達が発する」という主旨も定める。

いずれにせよ、２年毎の議会の開会を規定する『基本提案項目』よりも保守的にして制限的議会であるのは、『章典』が３年毎の開会などとするからである。
　［第９条］は、「他の全ての継続議会と同様に、次の議会は今後、明らかにされる方法で招集され、かつ選出される。即ち、議会に出席し、かつ仕える、イングランド、ウェールズ、ジャージー島、グルンジー島の州、ならびにベリック・アポン・トウィードの町において選出される人々は、400人とし、この400人を超えぬものとする。議会に出席し、かつ仕えるスコットランド内で選出される人々は、30人を超えぬものとする。アイルランドのために議会議員として選出される人々は、30人とし、30人を超えぬものとする」と定める。
(17)
　この条項は、まさにレヴェラーズが最も強調する選挙制度に関わり、特に代議院の定数を基本的に400人に限定とするものである。ただし『章典』は、60人のみが、『人民協約』より多くなる。しかしこれは、ハリントンの代議院が、これを自らの1,050人とし、後者と比較して過少代表として批判するものに関わる。とはいえ前者は、レヴェラーズの一院制の構成議員数提案と類似する。
　［第10条］は、「イングランド、ウェールズ、ジャージー島、グルンジー島の州、ならびにベリック・アポン・トウィードの町、および同じものの内部の場所全てのために議会に選出される人々は、その比率、および今後明らかにされる数に従ってなるものとする。即ち、400人が以下の一覧表に従ってなる［以下、省略］。
　スコットランドとアイルランド、ならびにいくつかの州、都市、およびその場所の選挙区から選出される人々の配分は、次期議会のための招集令状を送付する前に、護国卿と評議会の主要部によって合意され、かつ宣せられるような比率や数に従う」と規定する。
　この条文は長い一覧表によって示されているが、特に『章典』には掲載されていないものがある。ケニヨンによれば、「廃れた選挙区［自治市］が廃止され、より多くのものは、１議員に１人ずつそれぞれとして変えられ、かつ

かくしてつくられた余剰な議席のうちのいくつかが諸州間で再配分される」[18]と付け加えている。これは、減少しつつある地域のものを廃止し、かつそれに代わって人口が増加した州に増員するという主旨のものである。

　この条項は社会の変化に伴う、人口の変化に従い、議員定数を地域選挙区毎に見直し、かつ是正することを含意する。

　次にわれわれは、議会権限が制限された条文を確認する。というのは議会は執行権を奪われたばかりでなく、新憲法の［第24条］によって与えられた立法権よりも多く制限されたからである。まず［第24条］から論及してみよう。それは「議会によって合意された法案すべては、護国卿に対して、護国卿の同意によって示される。護国卿は、法案が護国卿によって提示され、あるいは限定時間内で、議会に満足を与える20日以内で、そこに護国卿の同意を与えず、かつ満足を与えぬ議会開会時に、こうした法案は、護国卿がそこに自らの同意を与えぬものとするが、法として成立し、法となる。これはそうした法案がこの証書に含まれる事項とは逆に、それを含まれぬことを条件」[19]とする。

　この含意は、次のように極めて明らかであった。即ち、もし法案がこの『章典』に反して問題事項を含めるならば、護国卿は、最終的な立法権をもったというものである。

　更に次の三つの条文は、議会の独立権限を制限する。

　先ず［第30条］は護国卿と評議会に、最初の議会が開かれる前に立法権を与えた。これから確認されるごとく、この立法権は、精力的に行使された権限である[20]。これもランバートらの士官が議会に不信感を抱き、議会権限を縮減しようとすることに関わる。

　次に［第12条］は、「選挙の日と場所において、各州の長官（Sheriff）、ならびに彼らの都市、町、自治市、およびその場所の上記の市長、州の長官、州の長官代理（Bailiff）、そしてそれぞれ他の長達（chief officers）は、それぞれの前記の選挙の投開票を管理する。一方で彼らは、選出者と、他方で選挙人との間において、彼らの印章（seals）下で、より多数の選挙人によって選出された人々の投開票の結果報告を、上記の選挙の20日後以内に大法官府に

する。ここにおいて選出された人々がかくして単独人物、および議会において決着されるようには、統治（government）を変更する権限をもたぬことが含まれる」と規定する。

　ここでの首長の名称は、ハリントンのモデルとかなり共通している。とはいえこの選挙管理について『オシアナ』は、公職輪番制によって理想主義的にして自動機械的な性質をもつ。これと比較して、『章典』のものはより特定的にして数的にも多く、かつ重職水準のものが担当し、責任の所在が明確な性質をもつといえる。

　しかし、予想される困難が存在する。選挙管理官達は、選挙人達のために次のことが証明される必要があった。即ち、それが単独の人物、ならびに議会でかくして決定される如く、統治の変更権を有せぬことを規定する。ここでのわれわれの関心は、議会の独立権限であるがゆえに、最後の新憲法を修正する議会権限を未然に防止しようとすることにある。

　最後の議会の権限を制限する条文は、第7条の「3年毎の議会開会」と第8条「議会が5か月間の開会」のみの後に、護国卿と評議会に解散権が与えられたというものである。この最大の議会開会期間の限度について『基本項目提案』が240日間で、『人民協約』が6か月間であった。つまり『章典』は、この2つの文書よりも議会開会権を短くし、かつ議会権限が抑制されることとなる。

　かくしてこの護国卿制憲法の設計者達は、議会に対する不信感をもつことによって議会の独立的権限を縮減したのである。『章典』は、ハリントンが議会の主権を、全体的に執行部よりも上に議会に据えるのとは異なる。

　［第13条］は、「州の長官（Sheriffs）」が自らの義務を無視すれば、罰せられるとして、ケニョンによって要約が示される。

　これらも、ハリントンにおいて罰則規定が少なめであるのと比較すれば、より多いし、当時の変動期にして長官［単独者］の意向が反映されている一面であろう。

　［第14条］は、選挙規定に関わる。それは「1641年1月1日以来、議会に抗していかなる戦争においても支援したり、助言したり、助けたり、あるい

は教唆したりした人や人々は全て（ゆえに議会の議事任務にあったり、かつ議会にそのよき情感の標となる証拠が与えられる場合を除く）、次期の議会に、あるいは3期連続して仕える、いかなる議会議員選挙においても選出できず、かついかなる投票権も与えることができない」と規定される。

これは先ず、内戦という武力衝突的側面から説き起こされる。それに基づき、投票参加権が除かれる者の条件を示すものである。

いずれにせよこれらの『章典』における執行部中心主義は、ハリントンの両院制の議会主権による権力抑制主義とは異なり、この憲法『章典』との入れ替えをこの急進共和主義者に迫られることとなる。

［第15条］は、前の条文と関わり、特にアイルランドの反乱に関連して規定する。この条項は、「アイルランドの反乱に助言し、それを助け、あるいは教唆したような者も同様に、議会に選出されたり、あるいは仕えるいかなる議会議員選挙にも投票権を与えることがずっとできない」という。

この条項は、アイルランドとの関係が両陣営に悲惨をもたらしたため、当局にとっての敵対関係者を処罰する目的で、かくして規定されるものである。周知のように、この対アイルランドとの敵対的紛争は、クロムウェルの護国卿制の暴力的側面を帯びるものとされる一つの論点である。

続く［第16条］は、「投票権をもたぬ者が投票する場合には重罰が科せられる」という罰則条項である。

この条文は、参政権のない人々に対する厳罰主義を示す。しかしその条項は、別な視野から判断すれば、選挙の実施を重要視するものでもある。

［第17条］は、「例えば、議会議員として選出される人々は、神を畏れる品格で知られ、かつ適切な会話力をもち、かつ21歳になった人々（こうした人々のみ）である」と定める。

この条項は、品格の高さを議員に強調するものであり、エリート主義的要件を求めるものである。この議員の資質の高さを求める局面は、現代の貴族院にも求められている規範である。これは、ハリントンの憲法構想との関連では、『オシアナ』の元老院議員と共通する。従ってこれは、議員の資質を重んじる古代ローマ以来の上院の要件と重なり、両者はそれに基づいている

ものである。

　[第18条] は、「参政権の財産所有要件」規定である。それは、「200ポンドの価値がある、財産 [estates]（不動産であれ動産であれ）も自らの使用のために占有し、あるいは所有する（そして前記の例外に入らぬもの）全ての者にして各人は、諸州選挙区の議会 [Parliament] 議員に選出できる」と定められる。

　これは、ハリントンにおける農地法および参政権に関わる。先ずハリントンは、年齢的制限もあったが、100ポンドの年間所得を2つの市民範疇の境界とする。しかしハリントンは、それ以下の市民にも参政権を与え、かつこれによって階級的均衡をはかり、長期的に持続可能な共和国を構想するものであった。これに対して『章典』は、その倍の所得制限を財産所有者にしており、より高いハードルを設定し、参政権が極めて制限される。年齢条件に関して『オシアナ』は30歳以上とし、かなり高い。しかし『章典』に対峙するハリントンのものは、比較的により多くの参政権を自らの憲法モデルによって要求するものとなる。

　[第19条] は、「前記の第11条下で護国卿が召喚状を発し得なかったケースについて、国璽委員が大逆罪に責任をもつ」と示され、国璽委員の任務が規定される。

　ここで『章典』において、ハリントンの共和国憲法モデルの執行部の役割の記述と比較してみると、国璽委員の任務に象徴される如く、類似する。

　[第20条] は、主要規定を補完するものである。これは「召喚令状が発せられない場合に、選挙はそれにもかかわらず、選挙管理委員によって行われる」という。たとえ選挙において招集令状が出されないとしても、『章典』において選挙管理委員によって選挙が執り行われる旨を規定する。

　ハリントンの憲法モデルは、確かに監察官が選挙管理の責任者であるが、公職輪番制によって自動的に選挙手続が規定され、かつその責任者が任期一年であるため、この特定の条項ならびに以下の条項のごとく、選挙管理者および強力な評議会まで監視がおよんでいる『章典』とは異なる。

　[第21条] は、「差し当たり、大法官部の共和国書記官と呼ばれる書記、お

よびこの選挙結果管理任務を後に執行する他のもの全ての者に、選挙結果が報告されるものとする。こうした書記と選挙結果管理をなしたその他の人々全ては、次期議会および2期連続して3年議会には、こうした選挙の翌日後に、かくして選出された幾人かの人々、および一被選出者と複数の被選出者がそれぞれ評議会に選出される場所名を認証する。

こうして書記や選挙結果管理を執行した他の全ての人々は、前記の選挙結果報告を熟読し、かくして選出された人々が資格要件と一致でき、かつ選出し得るかどうかを検討する。かくして選出され、かつ可能であるとは限らぬが、前記のように要件が満たされるように評議会の主要部の者によって是認される各人や人々が議員とみなされ、かつ議会に出席すること（それ以外ではない）が認められる[31]」と規定される。

これは、選挙管理上の事務手続事項に関わる。この国政議会の選挙のものを管理する部署が大法官部であり、その書記およびその他の選挙管理者達によって実際の集計などを扱うと規定するものである。最終的にそれを確認し、精査するものが評議会であり、これによって正式に選出者が公認される経路を定めるものである。

かくしてこうした選挙結果管理事務から最終的承認までの過程について、ハリントンのものと比較すれば、『章典』において選挙結果管理事項によって開始され、かつ最終的に評議会の責務とし、評議会に集中している責務の明確性も示している。権限の評議会への集中は、ランバートらの士官グループによる『章典』形成に対する影響力の強さを示すものである。さらに言えば、選挙結果管理についても特定的である。

［第22条］は、「前記の方法によってかくして、選出され、かつ集められる人々ないし彼らのうちの60人は、イングランド・スコットランド・ならびにアイルランドからなる議会とし、かつそうした議会とみなされる。最高立法権は、ここで明らかにされた方法によって護国卿とその議会にあるものとし、かつそのようになるものとする[32]」と規定する。

この条文においても、立法主権事項も護国卿という単独者執行部を中心としたものからとともに規定される。しかしハリントンの執行部ではこのよう

な特定の元首名を規定しない論述提案となっている。

　［第23条］は、「護国卿は、評議会の主要部の助言によって、以前に明らかにされるのとは別なとき（国家に欠かせぬことが必要なとき）、明らかにされる前の方法で議会を招集する。議会は、その議会の開会の最初の３カ月期中に、議員の同意なくして延会とされず、開会とされず、あるいは解散とされぬ。議会は外国との将来の戦争がある場合に、直ちに同じもの［護国卿に関わる国家の不可避的事項］について評議会の主要部の助言のために招集する」と定められる。

　この条文は、有事における議会の開会事項に関わる。これらも単独者執行部とその内閣といった大統領制と議院内閣制を併せ、かつ強力な執行部のそれを想起させる手続を規定する。当然ながら、『章典』はハリントンの徹底した国家執行部の抑制型と異なる。

　［第25条］は、「H・ロレンス［郷士］（[J.ランバート、C.フリートウッド、P.スキッポン、J.デズバラ、E.モンターギュ、W.シデナム、P.シドニー〈ライル子爵〉、A.A.クーパー卿、C.ウルズリー卿、G.ピッカリング卿、F.ラウス、R.メイジャー、およびW.ストリックランド］ら15人の名が掲載される）ないし15人のうちの７人は、この著述に明らかにされた目的のために、評議会［council］メンバーとなる。議会［Parliament］は、議員のうちの誰かが死去ないし除外されるものがいることに関して、能力があり、品格をもち、かつ神を畏れる６人を指名する。そのうちから評議会の主要部の者は、２人を選出し、かつ護国卿に彼らを提示し、彼らのうちの１人を護国卿は、選出する。もし議会がそれについて彼らに与えられる通知の20日後以内に指名されなければ、評議会の残りの者は、あたかも彼らの数が十全であったかのごとく、前記のように３人を護国卿に指名する。護国卿は、彼らの中からその空席を補充する」と規定される。

　ここにおいてランバートらが強調する１人の国家執行部を補完する内閣に相当する15人評議会事項がある。ここでのものは国策評議会を指し、その執行権を抑制するものとして設計された。しかしその15人は、ここではほぼ名が特定され、かつその空席時には評議会の指導補充に明らかに委ねられる、

厄介な方式によって満たされるものであった。

　ここでも『オシアナ』の国家執行部と比較すれば、議会を抑制する、『章典』における強い執行部全体への権力の集中度が示される。

　［第26条］は、「護国卿と前記の評議会［Council］の主要部の者は、次の議会会議以前のいかなる時であれ、評議会定数のうちの者がかくすることによって、21人を超えず、かつゆえにその客足数が護国卿と評議会主要部によって比例されるときに、彼らが適するとみなす人々を評議会に加える」と規定される。

　この条文は、評議会補充事項に関わる。その数的上限を21人と定め、かつその決議に必要な最低限度の客足数が評議会を含めた拡大執行部者数に比例したものとした場合に、それが承認されるというものである。これもハリントンの四評議会に分けた執行部抑制原理モデルと比較すれば、それが特定されぬため強い権力の集中度が含意される。

　［第27条］は、「政府の恒常的年間収入は、国防［defense］と安全保障［security］のため、かつ海上護衛のために好都合な艦隊数のため、イングランド・スコットランド・およびアイルランドにおいて10,000の騎兵、ならびに重騎兵連隊所属騎兵、そして20,000の歩兵維持のために徴兵され、定着され、かつ確立される。

　その他に、他の裁判行政に必要な歳出、ならびに他の政府歳出を支出するため、年間20万ポンドという、政府の歳入は課税によって徴収され、かつ護国卿および評議会によって合意されるような方法、および手段によって徴収されるものとする。そして政府の歳入は、取り去られもせず減じられもせず、かつその方法が変更される同じものを徴収するために、合意され、護国卿および評議会の同意によって徴収されるものとする」と規定される。

　この条項は「軍事財政」の国家的制度化に関わり、特に海軍［を含む］の制度化を示すものである。更にこれは、ハリントンが特に、護国卿の50,000［実際には45,000程度］ともいわれる常備軍に対して、30,000の市民兵によるより控えめな軍を勧告するものに関わる。更にここにおけるクロムウェル護国卿の強力な軍事力への懸念は、まさに30,000の常備軍が年間20万ポンドに

まで支えることを認めたことにある。この明確な力を背景として護国卿が、残部議会を解散させたように、支配し、かつ反対を鎮圧するために傭兵軍をつくるのではないかという懸念が起こったことである。いずれにせよ、それが数字上、30,000人に限定されている。われわれがここで注意せねばならないのは、護国卿体制のものが、堅固な常備軍としてのものであり、主としてアマチュア的な『オシアナ』のそれと区別される必要がある。更に『章典』は、議会の修正に服さないと言う点にも、その強権的局面が疑われることとなる。

この第27条は、確かにこの後半部分においてその手段や徴収などについて合意的に行うとしているが、それを満たすに足る信頼事項と関わるものであろう。とにかくわれわれは、ハリントンが護国卿に対して、自ら傭兵軍なしの市民兵主義を基本線にして挑み、この強力なクロムウェルの常備軍に対して、その軍事力の縮小を迫ることを確認するものである。

最後にこの条文は、ケニヨンによれば、「これらが議会修正に服さない」のではないかと懸念されるという。

いずれにせよ、評議会を含む護国卿制執行府の権限は、強力な常備軍を背景とするためヘンリー八世のそれを凌ぐものといわれる。

［第28条］は、「前記の政府の年間歳入は、公的財務部に支払われ、かつ前記の使用のために支出される」(39)という。それは、国家財政の管理および歳出の担当部所事項である。これは重要性において高い位置を占めるが、比較的に簡略となっている。しかしこれは、次の条項の前提をなす。

［第29条］は、引き続き国家財政関連規定である。それは、「海陸の両方において極めて大規模な国防を維持させるものではなく、そこからなされた軽減があるならば、かくすることによって節約されたお金は、公共サーヴィスのために銀行に残すものとする。そのお金は、議会の同意によって、あるいは議会の休会期に、護国卿と評議会の主要部の同意による以外に、他の使用には用いられない」(40)と示される。

ここでは護国卿体制の強力な国家的局面への関心の強度と財源の重要さを示し、その負担が大きな課題である側面が垣間見られる。しかしこの場合に、

議会の同意を主に構成する規定となっている。

　更に［第30条］は、軍事面の緊急の課題であるものが続く。この条文は「現在の戦争の海陸両面において、現在の異常な軍事費を負担するためのお金の徴収は、議会の同意によるものであって、他のものにはよらぬ。護国卿は海陸両面で不和となり得る、混乱と危険を防止するため、評議会主要部の同意によって、前記の諸目的のためお金の徴収権を、最初の議会会合まで有する。護国卿は、手段が同じものを議会になされるまで、権限が必要なところで、法が拘束力をもつ、こうした諸国の和平と福祉のために、法ないし命令［Acts or Ordinances］を形成する権限をもつ」(41)と規定する。

　その条項は、徹底して軍事ないし国防事項によって説き起こされる。これは、武力を背景としたイギリス革命や対外戦争を念頭に規定し始める。当時の事件に関していえば、第一次英蘭戦争［1652-54］などを念頭に置いたものであり、広範な実戦を想定したものである。第30条は、このために財政負担が避けられぬとみなし、資金の徴収には先の君主専制を他山の石として反省し、議会の合意に基づく方針を規定する。しかし緊急時には議会を経ずして、護国卿が資金の調達権をもつことを不可欠とみなし、イギリスの関係諸国との平和と幸福のためには、緊急に拘束力をもつ法や命令を形成する権限を、この護国卿に持たせると定められる。とはいえそれは、強力な評議会との合意によるものと規定することとなった。

　しかしながら、われわれが確認せねばならぬことは、この護国卿制期に海軍力が大いに増強されたことであろう。いずれにせよ、われわれは、この当時の軍事的局面が重みを増しつつある背景を再度併せて確認することとなる。

　［第31条］は次のように規定する。「共和国に属する議会法ないし議会命令によってなお売られず、あるいは処理されぬままにある、土地・保有財産・地代・印税・管轄権・ならびに遺産（森林や狩猟、ならびに同じもの［共和国］に属する名誉や荘園、ダブリン・コーク・キルダー・カーローの四州にある、アイルランドの反乱者達の土地、先の内戦におけるスコットランドの民衆によって没収された土地、および任務不履行者の土地を除く）は、保有することが護国卿に授けられ、護国卿に属され、かつ彼の継承者達（こうした諸国の護国卿達）に属

され、かつ議会の同意以外に譲渡されない。

議会の権威によってイングランドの自由の管理者［Keeper］（護国卿）による負債・罰金・支給・特別な罰金賦課・および処罰と便益、確かなものと偶然なものは、護国卿の公的受領へと支払うものとし、かつ訴追するものとする」[42]。

ここにおいて護国卿クロムウェルによって、国王の土地の残り、および王権の他の特権が授けられもした。これも国王と同じ単独者支配の特質をもつものであろう。これに対して『オシアナ』の国家元首の将軍卿は、特に元首名によってそれほど多く徹底的に特定したりしない。

［第32条］は、護国卿が死亡した場合にはその後継者は、「13人を定足数とする、評議会によって選出される」[43]と規定される。これは、オリヴァー・クロムウェルの死亡時に評議会にその後任の選出権限が与えられる。これも『章典』における評議会の重要な役割を規定するものである。

［第33条］は護国卿に、重要な国家元首の地位を与え、かつ実権をもたせるものと宣せられる条文と関わる。それは、「総司令官（Captain General）である、オリヴァー・クロムウェルは、イングランド・スコットランド・ならびにアイルランドの共和国、およびそこに属する領土の護国卿（Lord Protector）とし、それを終身とし、かつかくすることによって護国卿と宣せられる」[44]。

われわれは前記のケニヨンが省略した、「終身制の護国卿」規定に注目する。これは、当時の「単独者支配」（君主制）と「集団支配」（共和制）論議の文脈で示せば、前者に極めて近くなるものといえよう。

これこそ、ハリントンの議院内閣制的執行部が公職輪番制などであるものとは決定的に異なり、ハリントンによって最も変革を望む条文のうちの一つであろう。

［第34条］は、「大法官・国璽尚書ないし国璽委員・大蔵卿［Treasurer］・海軍総司令官［Admiral］・アイルランドとスコットランドの総督［Chief Governors］・ならびに両方の首席裁判官［Chief Justices］は、議会の承認によって選出される。彼らは議会の休会期に評議会主要部の承認によって、

後に議会によって承認される」(45)と定める。

　ここにおいてそれぞれの国務の担当高官達は、極めて曖昧な用語である、「議会の是認」によって選出されるものとした。われわれは、これら高官職は、ハリントンのモデルと比較すれば、実際的であるが、後者と類似的でもある。しかし『章典』は、オシアナモデルと同様な議会承認も付されているが、『オシアナ』においてより権力の抑制面を強調するが故に、裁判長などに関して役職名などが具体的となっている。

　ケニヨンによれば、ここにおいてその逆なものの提示の欠如の場合には、他の全ての任命が護国卿によることが当然視されるに違いないという(46)。

　[第35条]は、宗教的寛容ないし良心の自由事項に関わる。それは、「聖書に含まれるごとく、キリスト教は、これらの諸国民の公式宣言として提示され、かつ推奨される。規定されると直ぐに、現行のものよりも懐疑や論争をうけぬが、より確かとなり、有能にして苦労する教師の激励や主張のため、民衆を教示するため、かつ健全な教義とは逆にどんなものであれ、かくして誤謬の発見と論駁のためになされ、かつこうした規定がなされるまで、現在の主張は取り去られず、かつ弾劾されぬ」(47)と規定される。

　この条項はまず、国家の宗教的事項に言及し、キリスト教の国教としての位置づけが当然であるとし、かつその十分な論議を踏まえ、それを尽くすことを前提とする旨を規定する。

　更にこの革命期の重要な論点である、10分の1税は、その代替が見出されるまで支払いを継続するものとし、かつ国家の聖職の規則を要請されるものと宣言するものである。これも軍事財政国家による財源を確保する制度化の一環を規定する。従ってそれは、護国卿体制のプラグマティズムの現れでもある。

　[第36条]は、前条に引き続き宗教に関連し、以下の条文とともにその人々の自由を示す。「提示された公の信仰告白は誰も処罰によって、あるいは他の方法によって強いられぬ。しかし宗教活動の努力（endeavors）は、健全な教義ならびに適切な対話事例によってそれらを承知させるのに使われる」(48)と規定する。

前の条文が10分の1税という、当時の大きな論争となるものを含むのとは異なり、純粋な宗教上の寛容、良心の自由、更には宗教活動の自由を定めるものである。

　[第37条] は、宗教上の自由に関する三つのうちの最後の条項である。即ち、「例えば、イエス・キリストによる信仰告白をなすようなもの（しかし公に提示された教義・崇拝・あるいは規律から判断において異なる）は、制約されぬ。それは人々がこの自由を、他方の民事上の権利侵害、および自分達の側で公的平和の実際上の混乱へと裏切らぬ場合なのである。この自由はカトリックの告白の下で、放縦を提示したり、あるいは実践したりするようなものにまで拡張しないことを条件とする」と謳われる。

　この条項は、良心の自由を承認するものである。例えば、イエス・キリストによる神の信仰を告白する如きものに抗して強制力を行使することは、違法とされることを規定し、信仰告白において擁護され、かつその宗教的実践において擁護されるものである。ハリントンの共和制憲法モデルのものは、宗教評議会などによって、より制度的な形態で良心の自由を、憲法モデル構想に規定される。最後にカトリック教徒に対する敵対的規定は、良心の自由の限界も示す。

　とはいえ [第38条] は、前の三つの条項を更に補足する規定である。それは「前記の自由に反する法、制定法、ならびに命令 [Ordinances]、および全てのいかなる法、制定法、あるいは命令における条項は、無効とみなされる」と定められる。

　これはまさに、清教徒革命と称せられる特徴を最大限に規定する側面と言える。即ち、宗教的、良心的自由は、最大限に制度的に確保しようとするものであろう。

　続く [第39条] は、ケニヨンによって「長期議会によって入れられた財政取決めが確認される」と要約される。そして [第40条] は、「長期議会によって引き受けられた条約と協定が確認される」と言及されるものである。これらは動乱期ともいえる当時の状況において、十分に秩序を保とうとする、象徴的規定ともいえる。

残りの［第41条］および［第42条］は、この『章典』を高揚させる高邁な概念によって飾られるものである。

『オシアナ』においても、こうした新憲法制定への重々しい権威的儀式が採用されている。しかしわれわれは、本章では内容の比較を中心とするため、これが内容や規範の具体性を欠くものであるがゆえに、ケニョンに従って省略するものとする。⁽⁵²⁾

かくしてわれわれは、ハリントンがクロムウェルの単独者執行部型の護国卿制の基本文書に抗して、前者が自らの新憲法構想を勧告するものとして『章典』を確認してきた。この公式文書は、当時の護国卿体制が武力革命的状況であることも反映している。例えば、『章典』は、彼の軍の同僚達が前面に現れており、かつオリヴァー・クロムウェルが権力をもつ絶頂期にある時に草案された状況も示す。つまり『章典』は、その草案者の中心的人物がジョン・ランバートであり、革命の核心を担う士官達のうちの1人である彼によって、クロムウェルの承認を得て書かれたのであった。それは、たとえ議会派の大義［議会の役割の強化と国王大権の縮小、ないし王権の抑制］を掲げているとしても、勝利した原動力ともいえる、軍の力を背景として、成立した局面も垣間見られる。われわれは、条文が全て権威主義のみとはいえぬ側面があることも認める。とはいえわれわれは、それが実体としての側面から勘案してこれを判断する視点も必要性である。

いずれにせよ、われわれは、ハリントンの新憲法提案から判断すれば、彼によってはるかに挑まれる要素が『章典』に多くあるとみなすものである。

［注］
（1）J.Scott, *Commonwealth Principles*, Cambridge, 2004, p.288.
（2）J.P.Kenyon, ed., *The Stuart Constitution*, Cambridge, 1986, p.300.
（3）S.M.Gardiner, ed., *The Constitutional Documents of the Puritan Revolution, 1625-1660*, Oxford, 1958, pp.405-17.
（4）S.M.Gardiner, ed., *ed., op.cit.*, p.405.
（5）B.Worden, *God's Instruments*, Oxford, 2012, p.290.
（6）*Ibid*.

(7) *Ibid.*
(8) *Ibid.*
(9) *Ibid.*
(10) *Ibid.*
(11) *Ibid.*, p.410.
(12) *Ibid.*, p.406.
(13) *Ibid.*
(14) *Ibid.*
(15) *Ibid.*
(16) *Ibid.*
(17) *Ibid.*, p.407.
(18) *Ibid.*, pp.407-8 ; J.P.Kenyon, ed., *ibid.*, 1986, p.301.
(19) S.M.Gardiner, ed., *ibid.*, p.413.
(20) *Ibid.*, p.414.
(21) *Ibid.*, p.410.
(22) *Ibid.*, p.406（この三つの文献の議会開会限度日数を、以下のものも確認している。P.Gaunt, 'Drafting the Instrument of Government', *Parliamentary History*, 8, n.1, pp.38, 42）.
(23) J.P.Kenyon, ed., p.309.
(24) SM.Gardiner, ed., *ibid.*, p.410.
(25) *Ibid.*, p.410.
(26) *Ibid.*, p.411（J.P.Kenyon, ed., *ibid.*, p.310）.
(27) *Ibid.*
(28) *Ibid.*
(29) *Ibid*（J.P.Kenyon, ed., *ibid.*, p.310）.
(30) *Ibid*（J.P.Kenyon, ed., *ibid.*, p.310）.
(31) *Ibid.*, p.412.
(33) *Ibid.*
(34) *Ibid.*, p.413.
(35) *Ibid.*, pp.413-4.
(36) *Ibid.*, p.414.
(37) I.F.W.Beckett, *The Amateur Military Tradition*, Manchester, 1991, p.46.

(38) J.P.Kenyon, ed., *ibid.*, p.301 (G.D.Heath Ⅲ, 'Making the Instrument of Government', *Journal of British Studies*, 6, 1967, p.24).
(39) S.M.Gardiner, ed., *ibid.*, p.414.
(40) *Ibid.*, p.414.
(41) *Ibid.*
(42) *Ibid.*, pp.414-5（例えば、J.S.Wheeler, *The Making of a World Power*, Stroud, 1999, pp.13, 17, 18）.
(43) *Ibid.* (J.P.Kenyon, ed., *ibid.*, p.312).
(44) *Ibid.*, p.416.
(45) *Ibid.*
(46) J.P.Kenyon, ed., *The Stuart Constitution*, Cambridge, 1986, p.301.
(47) S.M.Gardiner, ed., *ibid.*, p.416.
(48) *Ibid.*
(49) *Ibid.*
(50) *Ibid.*
(51) *Ibid.*, pp.416-7.
(52) *Ibid.*, p.417.

§5. 結 論

　われわれは、ハリントンの基本思想が当時の護国卿体制に挑むという意味から急進共和主義であると考えた。本章は、これを基本線としてハリントンの政治制度思想研究の視角から、彼の憲法構想とその批判対象文書としての『統治章典』の対比を論じようとするものであった。従って本節は、それらの要点を手短に示しつつ、立論の分析結果の筋道を示し、かつ補足を加える。
　われわれはまず、序論において本章の問題設定・基本的な仮説などを示した。従って本章は、ハリントンが当時の強権的にして不安定な護国卿体制に対して、急進共和主義思想に基づき、かつ自らの思想に沿ったイギリス［オシアナ］共和制憲法構想を制定するように迫ったと解釈した。われわれはまず、ハリントンが一定の収入に基づき、収入の上限を制限する自らの農地法によって貴族支配を制限し、かつジェントリー階級の主権的支配（代議院の

地位）を主張するものとみなすものである。さらにわれわれは、ハリントンがそれとともに公職輪番制原理によって、市民兵主義ならびに諸階級との均衡と抑制制度などをあらわす憲法構想を実行するように、護国卿に勧告する政策課題を設定したと解釈した。

　より具体的に言えば、われわれはまず、クロムウェルの護国卿体制の基本制度枠組が『統治章典』などに基づくものと指定する。更に、『統治章典』の形成の背景が当時の比較的穏健な立憲君主制を構想する、『基本提案項目』、および急進的憲法改革を志向する、『人民協約』などにあったと仮定した。従ってわれわれは、第一に、この護国卿体制を枠づける、『統治章典』の形成と関わる二つの憲法提案文書の論点を示し、かつそれとの関連でこの護国卿制憲法を検討した。本章は、『統治章典』に対するハリントンの共和国憲法構想の枠組みを確認しつつ、かつ両方の関連を検討した。われわれは、日本において今までこの関連についてそれほど詳細に検討されていないという問題があると認識するものである。

　第2節の「ハリントンの共和制憲法構想」において本章は、彼の構想の論点・基本法を含む基本原理・および憲法条文からなる全体の概略を示した。われわれはハリントンのイギリス共和制憲法構想を、二つの基本法、五つの章からなる条文の主要項目とともに、それぞれ一体的に憲法構想や論点などを含むものとして解釈する。一方のハリントンの統治機構には、集団執行府制や議院内閣制モデルをあてはめ、他方の護国卿制にはひとりの執行部モデルや強権型ないし状況即応型［士官出身者を含む］軍指導型モデルをあてはめようとすることに関わる。

　イギリス革命前後期においてわれわれは、王権神授説に基づく絶対君主制論・古来の立憲制としての三位一体［国王・貴族院・庶民院から構成されるもの］的混合立憲制論・古典的共和制が制度的に論じられもしたと想定する。われわれは、ハリントンの共和主義思想が当時において絶対的権力からの市民的自由を中心とした潮流の中にあったと想定した。更に当時の共和主義思想は、君主なき共和制論や民主制論として論じられもした。かくしてハリントンによる自らの共和主義制度構成は、自らの広範な集団指導型のものと、

護国卿制の単独者執行部体制を対比によって示すことができる。

　第3節は、「ハリントンの共和制憲法構想の背景」と題した。これは、ハリントンが自らの共和制憲法構想の標的としての『統治章典』を念頭に置きつつ、その背景として論点を定めようとして2つの関連憲法文書を逐条的に検証してきた。これは、当時の内戦の混乱的でもある状況において、あるべき統治制度の枠組および実現可能なものが探られてきた。発効した憲法の草案者達［ランバートらの士官団］が参考としたものにおいて、代表的なもののうちの一つが1647年の立憲君主制的にして実際的な『基本項目提案』であった。

　われわれは、『統治章典』が参考としたもののうちのもう一方が、当時の急進的レヴェラーズによって主張された憲法改革であると措定した。いずれにせよ、この両方は、本章において、実施された『統治章典』の参考となったことがそれなりに裏づけられたとみなされる。例えば、前者が独り支配型執行部［を含む権力集中］立憲制論であったことである。そして『統治章典』は、『人民協約』の急進的規定および実務的規定を部分的に採用しているのである。

　第4節は、「ハリントンの共和制憲法構想と『統治章典』との比較」においてわれわれが、後者をほぼ逐条ごとに、前者との対比を試みてみた。この節においてわれわれは、後者が当時の状況を反映した内戦の処理事項［軍事財政国家事項を含む］が実体的に多いことを示す結果を得た。更にわれわれは、ハリントンがどの部分に挑んだかについて、先行研究の援用も含め、それぞれをわれわれが論究した関係文献の逐条的検証によって従来よりも制度的に明らかになった部分を付け加えた。

　最後に、本章は、次のように結論づける。即ち、まずわれわれは、『統治章典』の統治システムがひとりの執行部の名の下で、10数人から20人程度から構成される評議会によって補佐される、執行府をなす権力集中型政体（議会を制限するもの）と措定する。われわれはそれを、「保守的にして現実主義的な共和制」と名づける。これに対するハリントンの共和制憲法構想は、市民の自由のため、選出議会議員からなる広範な両院制的な議会主義型統治シ

ステムを前提とした、執行府権力抑制構想であるとみなすものとする。従ってわれわれは、クロムウェルの護国卿制に対して、ハリントンが自らのイギリス共和制憲法構想によってイギリス国家を従わせ、かつハリントンが新しい共和制憲法を構想するものとして結ぶこととなる。われわれは『統治章典』に対してこれを「ラディカルな共和主義」と呼ぶものである。

参考文献

J.G.A.Pocock, ed., *The Political Works of James Harrington*, Cambridge, 1977.

J.Toland, ed., *The Oceana of James Harrington and his Works*, London, 1737.

J.Toland, ed., *The Oceana and Other Works of James Harrington*, London, 1771.

S.B.Liljegren, ed., *Harrington's Oceana*, Heidelberg, 1924.

H.F.Russell-Smith, *Harrington and his Oceana*, New York, [1914] 1971.

M.Nedham, *The Excellencie of a Free-State*, ed., B.Worden, Indianapolis, 2011.

M.Nedham, *The Case of the Commonwealth of England, Stated*, ed., P.A. Knachel, Charllotesville, Va. 1969.

C.Blitzer, *An Immortal Commonwealth*, New Heaven, 1960.

J.C.Davis, *Utopia and the Ideal Society*, Cambridge, 1981.

J.P.Kenyon, ed., *The Stuart Constitution : Documents and Commentary*, Cambridge, 1986, etc.

J.Scott, *Commonwealth Principles : Republican Writing of the English Revolution*, Cambridge, 2004.

B.Worden, *God's Instruments : Political Conduct in the England of Oliver Cromwell*, Oxford, 2012.

H.Reece, *The Army in Cromwellian England, 1649-1660*, Oxford, 2013.

B.Woodford, *Perceptions of a Monarchy without a King : Reactions to Oliver Cromwell's Power*, Montreal and Kingston, 2014.

S.M.Gardiner, ed., *The Constitutional Documents of the Puritan Revolution, 1625-1660*, Oxford, 1958.

C.H.Firth and R.S.Rait, eds., *Acts and Ordinances of the Interregnum 1642-1660*, 3 vols. London, 1911.

J.Otteson, ed., *The Levellers*, 5 vols. Bristol, 2003.

Z.Fink, *The Classical Republicans*, Evanston, 1945.

B.Coward, *The Cromwellian Protectorate*, Manchester, 2002.

A.Sharp, ed., *The English Levellers*, Cambridge, 1999.

G.Burgess et al., eds., *English Radicalism, 1550-1850*, Cambridge, 2007.

R.Hammersley, *The English republican tradition and eighteenth-century France between the ancients and The moderns*, Manchester, 2010.

A.Woolrych, *Commonwealth to Protectorate*, London, 2000.

P.Little and D.L.Smith, *Politics and Parliaments during the Cromwellian Protectorate*, Cambridge, 2007.

J.S.Wheeler, *The Making of a World Power: War and Military Revolution in Seventeenth Century England*, Stroud, 1999, etc.

C.Hill, *The Century of Revolution, 1603-1714*, Abingdon, 2012.

川出良枝編『主権と自由』(岩波講座「政治哲学 [1]」、岩波書店、2014年)。

浜林正夫『増補版 イギリス市民革命史』(未來社、1971年)。

大澤麦「オリヴァ・クロムウェルの護国卿と成文憲法」(『法学会雑誌』第56巻、第1号、2015年)。

竹澤祐丈「ハリントンの統治機構に対するミルトンの批判(Ⅰ)および(Ⅱ)」(『経済論叢』2013年から14年)。

倉島隆『ハリントンの急進主義的共和主義研究――抑制と均衡の市民的国家制度思想――』(八千代出版、2015年)など。

あとがき

　われわれは、この「あとがき」において本書全体の若干の補足と謝辞の二つを含むものとする。というのは本書は、結論章を含む紙幅を欠くため、それに相当するものを本あとがきにおいて補わざるを得ないからである。この補足は三つからなる。

　まず本文においてわれわれは、現代的視野から政治制度を考察することに言及してきた。従って本節はまず、この時間的に新しい次元問題から少しく補うという意味から、最近のR.ロジャーズとR.ウォルターズによる『議会が機能する様態（第7版）』(2015)(1)を素材として補足したい。ロジャーズらは最初に、第6版（2006）からの改訂版において次のように改訂されているという。即ち、最近の両院における変化を斟酌し、かつ議会や政治に影響を与える主要な争点をカバーしているという。

　(1)固定任期議会法、(2)連立政権政治の諸含意、(3)上院改革における最近の展開、(4)議員給与と議員費用における独立議会規準機構の役割、(5)議案精査技術における進歩、(6)議会議事および財政の議会サイクルの変化、(7)議員の遂行と関心、および(8)議会改革と近代化である。このロジャーズらの著書も、立法過程、政党規律と党への反乱、両院の議事手続、特別委員会作業、および議会と欧州連合（EU）との関係における最近の諸展開を含むという。(2)

　さらに今日のイギリス議会において、2015年の保守党による単独政党政権の復活、およびEU残留をかけた国民投票事項などによって補う争点となろう。しかしわれわれは、こうした時局に振り回されるべきではないが、それらも視野に入れる必要も出てこよう。しかしわれわれはここでは、今日のイギリス議会における状況や問題を確認するものである。従ってこの事項に論及するのはこれくらいにしたい。

　もう一つの今日的視点からわれわれは、イギリス「両院［特に下院］の議

事手続」問題について補足してみたい。これも前記の著書が簡潔に論じている。従ってわれわれは、ロジャーズらのものを中心に整理することとしよう。

まずわれわれは、ロジャーズらの「議会議事手続（Procedure）」節を取り上げる。この節は、三分割してある。第1項は、議事手続の「4つの淵源」項である。第2項は、「議事手続の存在理由と、それが絡み合わされる理由」項である。第3項は、「適切な議事手続ルールが一貫し、確かにして明瞭でなければならぬ」項である。(3)

第1項では、「議事手続は、下院と委員会手続を規制」するという。この手続が下院のものであり、上院はそれに続くものであるという。まず議会議事手続が、四つの「淵源（sources）」をもつと説く。これは第1に下院から論及される。これの第1のものは、「古来の慣行（ancient usage）」と呼ばれるときもある「議会法実務［慣例］（practice）」である。それは公式に議会事項を規定する必要がないという、幾世紀にもわたって極めて明確に確立された議会事項を言う。例えば、動議を提案し、下院で動議に関する質疑を討議し、かつ次に「問題とする」［課題を設定］ことによって、この問題［課題］を決定する「過程」である。(4)

第2の淵源は現在有効な「議事規則（Standing orders）」である。これは、議会議事の遂行のための一般ルールであり、下院が議事手続を変更するごとく、修正され、あるいは付け加えられる。この「議事規則（Standing orders）」は、議長の選出と同様に、多様な事項（大抵の特別委員会の任命と権限、および異なった議事類型の討議の長さ）を治める。この「議事規則」は、政府が下院時間に対してより多く統制権を用い始める、19世紀前半に重要となったものと一致しなかろう。今日、202の議事規則は、こうした日々が変化に追いつくために毎年（時にはしばしばそれ以上に）刊行し直されるブルー・ブックレット［公式報告書の小冊子］の192ページ分を占める。(5) 第3の議事手続の淵源は、「議長からの判断（Rulings from the Chair）」である。これは、議事手続の判例の重要な一部である。こうした判断は、議長見解が解釈の点において求められるし、さもなければ、含まれぬ事項もある。この淵源は、法案に対する議会質疑、動議および修正の容認ルールは、このようにして成長した点で

ある。「議長からの判断」は、先例(以前になされたこと、そして当時の議長によって規則にかなっていたと判断されること)との緊密な関係をもつ。議長の判断と第2の淵源である先例は、アースキン・メイ(『議会の法・特権・議事手続・および慣行論』〈1879年版〉[この版でさえ、888ページからなり、かつ第1編〈議会の制定法・権限・および特権〉、第2編〈議会法実務[慣例]と議会の議事手続〉ならびに第3編〈私法律案を可決する方法〉を構成し、かつ全29章を含む])の著作の継続的諸版から引き出される(6)。

最後に、以下のことを含む、『議会法(Acts of Parliament)』によって規制される議事手続がある。即ち、女王の法案裁可がどのように第二次立法で扱われる方法なのかのごときものを含み、かつ是認し、あるいは宣誓することによる(『議会法』によって規制されるものである(7))。

上院は下院のごとく、「議会法実務[慣例]、議事規則および限定的に議会法」から引き出す。しかし上院が議事規則権限をもたぬように、上院において何らの議長判断もない。その代わりに、議会議事手続は、「議事手続委員会(Procedure Committee)」からの勧告と一致することによって、上院によって発展され、かつ精緻化される。これらの勧告が、議事規則への修正をもたらし得るときもあるが、より通常的に『議事規則必携(Companion to the Standing Orders)』および「上院の議事手続の手引書(handbook)」において規定される。例えば、それは、「上院とメンバーシップ」、「国王と議会会期」、「上院の開会と文書」、「上院の行動」、「メンバーの行動」、「声明、質疑および動議」、「採決」、「公法律案」、「私法律立法」、「委任立法および他の事項」、「特別委員会」、ならびに「議会特権および関連事項」といった章から構成される(8)。

引き続きわれわれは、第2項へと移行する。ロジャーズらは、その議事手続の存在、そしてそれが複雑に絡み合わされる理由に論及し始める。まずこの存在理由について、「教区議会から国連総会までの各審議機関は、多かれ少なかれルールを必要とする」という。「ルール」は、議会議事が開始される方法を規制する。「ルール」は、審議の枠組みを規定する。「ルール」は、妥当な決定が達せられる方式を定めるに至った(9)。

更にロジャーズらによれば、第二の議事手続が複雑に絡み合わされる理由へと移行する。最初に多くの組織は、簡明なルールを扱うことができる。多分、たとえこうしたルールに極めて綿密に従われぬとしても、いかなる大きなダメージも受けなかろう。

しかし議会議事手続は、次のような三つの理由のため、簡明ではないという。

第一の理由は、「論争（Contention）」があるからである。もし人々のグループがあることについて完全に一致しているとすれば、ルールは稀にしか必要としなかろう。旧ソ連の最高ソビエトは、ほとんど議事手続を必要としなかった。イギリス議会はしばしば深い政治と原則に関する不一致が論じられ、かつ決定されるフォーラムである。議会手続はかくして、挑戦が行われることを認め、かつ少数派の議論に抗する多数派の意思の均衡を図ることによって、決定の論点に焦点をあてる手段を与える(10)。

特に、議事手続は、野党の権利を擁護せねばならぬばかりでなく、どのように議員が出席しようとも下院グループないし個々の議員にも権利を擁護せねばならぬ。これは、下院議員規模において特に重要である。650人の中の1人の議員は、極めて少数であり得るが、選挙民の利益が多数の決定によって脅かされる、選挙民をもち得るのである(11)。

多数派の意思（実のところ今日の政府与党）、およびそれと一致しない人々の議論との間における均衡が図られるべきところにおいて論争がある。多数をもつ政府与党が最終的にたどり着く合意がいつもある。しかし政府はいつも不寛容である。

議事手続きが絡み合わされる第2の理由は、統制である。「議事規則」は、制限を設定することに関わる（どんな権限を特別委員会がもち得るのか、どれくらい長く多様な議事類型が討議し得るのか、何時確かなことが起こり得るのか、などを定める）。こうした制限がきっちりと引かれれば引かれるほどますます、統制されねばならぬ状況が多くなり、ますますルールは複雑になる。例えば、「法案のプログラミング［第二読会後にまもなく法案の可決の予定表への組み込み］の議事規則は、20ページ」にもわたる傾向がある(12)。

最後の理由は、議会「議事の複雑性（Complexity of business）」である。議会は、膨大な規模の資料を扱わねばならぬ。政府が責任を負う各争点、そしていかなる主題についての立法もしばしば極めて詳細化される。議会は税制を承認し、かつ国家を運営するのに必要とされた資金を政府に与える。同時に、議会は、政府に説明するように要請する役割を遂行しようと試みなければならぬ。こうした議会議事を規制する手続きがしばしば絡み合わされることは、それほど驚くにあたらぬ[13]。

　第3項は、「議会の議事は首尾一貫し、確かであり、かつ明瞭でなければならぬ」という項目である。これは、議事手続が重要視される要件に関するものである。ロジャーズらによれば、前記でルールがなぜ存在しなければならないのか、そしてなぜルールが絡みあわされるのかといった理由を見てきたという。

　こうしたルールは、イギリスが成文憲法をもたないように、かつイギリスが活動する方法が他の機関によって、見直しできぬように頑なでなければならぬ。適切な議事手続ルールは、次のような3つの性質をもつという[14]。

　第一に、適切な議事手続ルールは、一貫していなければならぬ。同じ類型事項は、同じ方法で扱われなければならぬ。こうした事項がなければ、これは、異なった方法でそれを扱う公式決定へと導きかねばならなかろう。

　第二に、適切な議事手続ルールは、確かでなければならぬ。これは、実体的な決定事項を与えられねばならず、ルールは強固に実施されねばならぬが、公平に実施されねばならかろう。時間厳守はこの確かでなければならぬことのうちの重要な一つである。もし介入の瞬間が午後7時であるならば、下院議長は、7時の瞬間に正確に「オーダー、オーダー［時間厳守、時間厳守］」と言わねばならず、早いも遅いもないのである[15]。

　第三に、適切な議事手続ルールは、複雑であり得るが、明確でなければならぬ。曖昧性は、ルール自体が規制することではなく、不一致源であることを意味する。曖昧性は、なされたことの妥当性を描く傾向もあろう[15]。この節の終わりにおいて、ロジャーズらは次のような政治家の言葉によって締めくくられる。

「J.ストロー（元外相、内相および司法相にして元下院院内幹事長）は、自らの著書『最後の人物の立場（政治的な生き残りの回顧録）』において、「議事手続は、ある者にとって退屈であるかもしれぬが、権力の配分と権力行使に関わるのである」(16)といった。

ロジャーズらは「これに合意する(17)」としてこの重要性を主張するものである。

われわれはかくすることによって、政治制度論におけるイギリスの下院議事手続事項などのルールの重みの一端を簡潔に確認するに至った。

最後に、われわれが補足するものは、最近の立法委員会の重要性がイギリス政治学会［PSA］において叫ばれているものに関わる。この先頭に立っている者はルイーズ・トンプスンである。彼女の問題提起は、「イギリス下院の法案委員会の神話をあばく」（2016）と題される論文においてなされる。われわれは、その結論節である「法案委員会は、現代議会の不適切な特徴なのか」を通じてその主張の重要性に言及し、かつ本書の補足としたい。

まずトンプスンは、「ジャーナリストおよび議会議員による現代の法案委員会研究とコメント」は、次のことを含意するという。即ち、詳細化された立法精査に参加するよりも、むしろ自らの「クリスマスカード」を書いていることを好み、「新聞」を読んでいることを好み、かつ「パズル」に興じていることを好むように思える、「不承不承な総合主義者」によって配置された、「無力にして有効でない(18)」機関であることを［含意する］と説き起こされる。

トンプスンは、それを受け、次のように反論する形式を採用する。

しかしこの「法案委員会の描写は精々のところ、誇張され、かつ最悪の場合には誤り」である。委員会委員の任命過程は、しばしば秘密裡に覆い隠される。しかし「委員会の多数は、論議中の領域においてかなりな知識、ないし専門知識をもつ議員［MPs］」を含む。彼らは立法を精査し、かつその討議に関心をもつ立法の詳細にそれほど頻繁に目を閉ざしているわけではない。「委員会の範囲内」における法案に対する、公式的変化が稀であることが本当であるけれども、より広範な委員会活動描写をなすことは、変化が起こり得、［かつ起こる］ことを示すという。立法への変換は、トンプスン論文で分

析される期間の委員会段階において論じられる修正の11％に戻って辿ることができるという。「政策争点討議」アリーナ［フォーラム］型として、かつ議会の社会化の媒介としての立法委員会の他の重要な機能は、完遂されつつもあるとして自らの主張を展開する。[19]

トンプスンは第三段落において、客観的な見地を取りつつ、次のように整理し、かつ締めくくる。

「委員会段階が重要でないという認識」は、われわれが一般的議会精査観を考え直す必要があることを提示する。立法精査は、特別協議方式化し得ることなどではないという。委員会作業は、一つの隔離された立法過程段階の向こうでよく機能するものである。これは、「簡明な階段でも段階でもない」（H.Eulau, 1962）。しかしこれはむしろ、委員会段階が小さな一つだけの役割を果たす、より複雑な出来事の連続である。彼女によれば、「われわれはそうすることによってのみ、重要にして効率的な立法精査機関として、かつ議会過程の価値ある特徴として、法案委員会をみなし得るだろう」。[20]

われわれは、この論文がたんに立法委員会だけでなく、イギリス議会の中核的立法機能として法案委員会を重視すべきであると説くことを評価したい。従ってわれわれは、法案委員会事項が今日におけるイギリス議会制度の重要な課題のうちの一つであり、このトンプスン論文によって本書を補足するものである。

本節の文頭で示したように、われわれは第二の「謝辞」事項へと移行する。もともと本書は、筆者が所属する日本大学法学部において「政治機構論ないし政治制度論」を担当することから発する。筆者は、ヨーロッパ政治思想史を学部生時代から学び始め、引き続き今日まで研究してきた。しかし筆者は、学部の一教員として前記の講座に合わせ、政治制度論も並行して研究を重ねる必要があった。それ自体は大変な歩みでもあった。従って両方の専門領域研究の結合の結果をようやく、本書において示すこととなったのである。

かくして本書は、多くの方々によって支えられた結果として世に問うものとなった。従って沢山の先生方や友人に謝意を申し上げなければならぬ。特

に、法学部の諸先生方には長い間、直接間接を問わず指導を賜った。更に前日大土浦高校教諭の宮本格氏に感謝を申し上げたい。というのは筆者と宮本氏は、学部および大学院時代からの友人であるけれども、本書の原稿の作成段階から刊行に至るまで多様な形で助力を戴いたからである。ここでは紙幅の都合により他の特定の氏名を記すことを断念せざるを得なくなってしまった。とはいえこの点について心からこうした沢山の方々にささやかながらも感謝を捧げる次第である。

[注]
(1) R.Rogers and R.Walters, *How Parliament Works*, Oxford, 2015, p. i .
(2) R.Rogers and R.Walters, *op. cit.*
(3) *Ibid.*, pp.166-8.
(4) *Ibid.*, p.166.
(5) *Ibid.*
(6) *Ibid.*,167 [T.E.May, *A Treatise on the Law, Privileges, Proceedings and Usage of Parliament*, London, 1879]. ここにおいて下院の『議事規則』および、アースキン・メイの議会手続著作の公式規定を通じての説明との関連で、トンプスンは、理論的に可能な法案委員会の遂行能力を示している。即ち、「法案委員会は、基本的に政府提出法案を書き直し、政府が望む条文ないし修正の合意に抵抗し、かつ政府が好むところがどこであれ、新しい修正・条項およびスケジュールを導入する権限をもつ」と (L.Tompuson, *Making British Law*, Basingstoke, 2015, p.120)。
(7) R.Rogers and R.Walters, *op. cit.*
(8) *Ibid.* [House of Lords, ed., *Companion to the Standing Orders and Guide to the Proceedings of the House of Lords*, 2013, pp.14-244].
(9) *Ibid.*
(10) *Ibid.*
(11) *Ibid.*
(12) *Ibid.*, pp.167-8.
(13) *Ibid.*
(14) *Ibid.*
(15) *Ibid.*

(16) *Ibid.*
(17) *Ibid.*
(18) L.Thompson, 'Debunking the Myths of Bill Committees in the British House of Commons', *Politics*, vol.36, (01), 2016, p.45.
(19) L.Thompson, *op. cit.*
(20) *Ibid.*

索 引

人名索引

あ 行

アダムズ（J.）67-72
アデスン 185
アドーニス（A.）179
アバディア（L.）179
アベ-シエイエス（E.-J.）45
アリストテレス 55,61,68-72
アルンデル（T.H., 伯）103-104
アレン（C., 卿）33
アン（女王）169
アンスン（W.）17
イエス 272
ウイーア（K.）30
ヴィクトリア（女王）6
ウィリアム（G.）131
ウィリアムズ（L.）136
ウィルキンスン（E.）34
ウィルスン（H.）23
ウィンストン（R.）208
ウェイカム（J., 卿）76,100
ウェザーリル（B., 卿）111
ウォルター（L.）22
ウォルターズ（R.）229,281
ウォーデン（B.）229,234
ウォルウィン（W.）253
ウォルポール（R.）22

ウルズリー（C., 卿）226
エイメリー（L.）19-20
エイモス（V.）179
エクスタイン（H.）3
エクレス（V.）136
エドワード（二世）66
エドワード（三世）66
エルシング（H.）102
オーバートン（R.）253
オルセン（J.P.）3
オルディントン（L.）134

か 行

カルマン 76,84
カワード（B.）245,247
キケロ 63
キートン（G.）19
キャメロン（D.）39,193
キャリントン（卿）26
キング（A.）4-5,215
クック（R.）77
クック［ないしコーク］（E.）101
グッドラッド（卿）188,189
クーパー（C.C., 後のシャフツベリ初代伯）266
クラグ（F.）92
グラッドストーン（W.）20
クランブルック（E.）120
クランボーン（子爵）191,192,206
クリック（B.）20
クレッグ（N.）169

グレンフェル（L.）136
クロスマン（R.）20,22-23
クロムウェル（オリヴァー）66,233,
　　236,243,245-247,252,263-264,268,
　　271,273,278
ケアリー（G.）47
ケニヨン（J.P.）263,268,271,273
ケネディ（C.）184
コー（S.）208
コバム（V.）134

さ 行

サッチャー（M.）23-24,27,73
佐藤功 41
サルトーリ（G.）150,158,199
シーア（B.）134
ジェイ（M.,女史）111
ジェニングズ（I.,卿）19,26,30,36
ジェームズ（一世）99
ジェームズ（P.D.）208
ジェリコー（卿）107,112,134
シェル（D.）143,159,204-206
ジェンキンズ（R.）76,88
シデナム（W.）266
シドニー（P.,子爵）266
ジャッジ（D.）84,89-90,94
シュバリエ（J.）3
ジョプリング 107
ジョン（王）65
ジョンスン（N.）3,83
ジョンソン 103
シーリー（J.,卿）18
スキッポン（P.）266
スコット（J.）277

スコット（R.,卿）27-28
スターン（L.）52,56
ストラスクライド（T.）185,188-189
ストリックランド（W.）266
スペンサー（卿）103
スミス（J.）77
セルカーク（卿）126
セルデン（J.）102
ソールズベリー（第五代侯爵）183,184

た 行

ダイシー（A.V.）4,16-17,19,20,28-38,
　　40-41
ダヴィットスン（V.）120
ダウン（C.）26
ダグデール（T.,卿）26
ダーリング（L.）90
ダンリヴィ（P.）90
チャーチル（W.）51-52,56
チャールズ（一世）104,248
チャールズ（二世）21
ツェベリス（G.）57-72,145,158,214-215
デーヴィス（J.C.）233
デズバラ（J.）266
トッド（A.）17
トードッフ（L.）136
トムスン（L.）7
トーランド（J.）237
トレフガーン（L.）120
トレンド（L.）136
トンプスン（L.）7,286-288

な 行

ニーダム（M.）242

ネイサン（L.）134
ノース（卿）103
ノースフィールド（卿）125
ノートン（P.）20-21

は 行

ハイエク（F.A.）33-34
パーカー（H.）43
バジョット（W）4-6,16-17,25,40,52
パターソン（S.C.）145,160
バトラー（R., 卿）27
ハーパー（M.）185
ハリス 37
ハリス（卿）126
バリンジャー（C.）223
ハリントン（J.）69-70,233-279
ハルズベリー（卿）125
ハワード（J.）221
ハント（C.-, 卿）49-50
ピクソーン（K.）99
ピッカリング（G., 卿）266
ピット（W., 小）169,205
ヒルトン（B.）136
ファイナー（S.）26-28,33
フェアファックス（T., 卿）248
フェラーズ（E.）120
フォスター（E.R.）102
ブース（M.W-, 卿）98-141,194
ブライス（J.）53-56
ブライトマン（L.）120
ブラウン（G.）74-76,78-81,87,89,94,96,179
プラトン 62
フランクス 34

ブリストル（伯）104
ブリタン（L.）26
ブリッツァー（C.）242
フリートウッド（C.）266
プリン（W.）102
プリンス（T.）253
フリンダーズ（M.V.）84-87
ブレア（T.）37,73-74,76,78-81,87-89,94,96,179,193,206,212
プロムヘッド（P.A.）169
ブロンデル（J.）212
ヘイルシャム（卿）20
ペストン（卿）109
ヘーゼルタイン（M.）24
ヘンリー（八世）268
ボイヤー（R.）102
ボグダナア（V.）4,73-74,199,214
ホートン（卿）124
ホール（P.）3,98
ポルスビー（N.）21
ボルドウィン（N.D.J.）43-56
ホワイトロー（V.）120
ボンド（Bond）102

ま 行

マガン（A.）145,160
マキァベリ（N.）143,243
マクナリー（T.）184
マクレナン 77
マーシャル（G.）15-41
マーチ（J.G.）3
マッキントッシュ（J.）22
マックスウェル-ファイフ（D., 卿）26
マニー（J.）57-72,145

マリオット（J.）　18,47-48,55
マンデルスン（P.）　179
ミアーズ　102
水木惣太郎　41
ミートランド（F.）　17,102
ミュア（R.）　19-20
ミリバンド（R.）　3
ミル（J.S.）　45-46,55
メイ（T.E.）　17,114,287
メイジャー（J.）　73
メイジャー（R.）　266
メイブレイ-キング（卿）　129
メイン（H.S.）　46-48,55
モートン（卿）　22
モリスン（H.）　19,26
モンゴメリー（卿）　126
モンターギュ（E.）　266
モンテスキュー（Ch.）　67-68,71,143,219

ら 行

ライカー（W.H.）　145
ライト（T.）　76,88
ラヴェット（F.）　242
ラウス（F.）　266
ラクラウ（E.）　3
ラスキ（H.）　19,26,34
ラッシュ（M.）　157
ラッセル（B.）　17
ラッセル（M.）　55,73-96,142-162,167-196,198-229
ラッセル-スミス　241
ラドロー（E.）　246
ランバート（J.）　233,246-247,252,266-267,273
リチャード　76,83-84
リッポン（L.）　107
リルバーン（J.中佐）　253
ルソー（J-J.）　106
レイサム（R.）　36
レイプハルト（A.）　145,158-159,214-215,220,221
ロー（S.）　17-18,22,26
ロイド・ジョージ（D.）　168
ローウェル（L.）　17
ロジャーズ（R.）　229,281-286
ローズ（R.W.A.）　3
ロスキル（卿）　35
ロバートホール（L.）　134
ロビンズ（W.E.）　34
ローム（J.ド・）　17,52,56
ロレンス（H.）　266

わ 行

ワイルドボア（H.）　92
ワシントン（G.）　52,56

項目索引

あ 行

アイルランド（自由国）　94,99,105,112,120,139,141,153
新しい立憲制　14,87,111
アメリカ合衆国　47,50-51,69-70,72,91,147-148,152,155,158

アルゼンチン　147,151
アンティグァ-バーブーダ　153

イギリス議会事項

イギリス議会の女王のスピーチ　180
イギリス議会下院近代化委員会　76,87
　下院政府提出法案　171-173
　下院議長　87
　下院委員会　136,172
　下院特別委員会　20,216
　下院公法律案委員会　7,174
　下院先議法案　120,127,172-173
　下院議員費用　190-193
　与党の選挙公約　183
　「上院の可決法案の下院による修正
　　審議」　177
　ギロチン　122,174
　代替修正　177
　金銭法案　185-186
　財政法案　121,183,185-186
　財政立法権　154,185,227
　「議員経費醜聞」　80
下院『議事規則』　102
　改革特別委員会　88
　公法律案委員会の設置　87
常任政府の「議事手続管理者」　100,105
下院ジョプリング報告　107
下院人権法案　38,91
　非適合宣言　91
下院選挙制度改革特別委員会　88
　小選挙区制　90,223
　選択投票制［AV］　88-89
　選好投票制［PV］　88-89

比例代表制［PR］　90
「ピンポン」　153,176-177
　慣例見直し両院合同委員会　184
「ウェザーリル［卿］修正」　111
　ソールズベリー慣例　183-185
　レファレンダム慣例　184
　マニフェスト慣例　184
アイルランド統治法（1920）　5
新しい立憲制［法務］委員会　111
王位継承法　5
権利章典（1689）　5
権限委譲　82-84
議会基準法　79-80,90
議会改革　84-88
国王訴訟手続法（1947）　5
国王の大臣法（1937）　5
国民代表法（1832-1927）　5
選挙制度改革　88-90

イギリス上院事項

議事手続　98-141,281-285
　議事活動　114
　議事手続委員会　100,108,119,283
　委員会法実務［慣例］および議事手
　　続委員会　108-109
　上院の質疑応答時間　188
　　個別緊急質疑　118
　　星印付質疑　115-116
　　星印なし質疑　116-117
　　文面回答質疑　117-118
上院委員会議長［委員長］　116,136
上院改革（二段階論）　85
　上院議院場　173

索引　295

上院先議法案　173
上院の政府提出法案　124,180,183,199
「下院の可決法案の上院による修正審議」　177
上院の責務構造　179
上院の開会［回］日数　180
上院の大臣声明　18-19,117
上院の討議　119-120
上院特別委員会　128-129
　会期［主題］委員会　129-133
　　EC［EU］委員会　100,129-131
　　　EC法の優越　5,38
　　欧州立法案　129
　　　広範な委任事項権限　129
　　　小委員会の任命　129
　　　ロビーグループの様々な専門家　131
　　　両院特別委員会活動　131
　　　「議事作業慣例ウィリアム報告」　131
　　科学技術委員会　110,131-133
　上院特別目的特別委員会　134-135
　上院国内事項特別委員会　125
上院立法　120-128
　一般議員提出法案　121-127,180
　　「地方行政府」法案（1986）　125
　　「アニマル（スコットランド）」法案　126
　　「ゲーム」法案　126
　　「（開店業務）免許」法案　126
委任立法　39,111,126-127,180
　　「南ローデシア制裁」枢密院令　126
　　「南ローデシア制裁」第2枢密院令　127
　公法律案　120-123,173,180
　　原稿修正　122
　　公法律案特別委員会　123-124
　　全体委員会　122-123
　　「猟犬を使う兎狩り」法案　123,125
　　特別委員会手続　123-124
　　臨時特別委員会　180
　上院私法律案　122-123,127-128
　　私法律案と個人法案　127
　5　立法段階　173-175,182-183
　　上院議長　174,187-188,209
　　上院議場での委員会段階　186
　　一代貴族法（1958）　5,116,169,171

イギリス上院の議員構成事項

　一代貴族議員　169,171
　議員の費用　190-193
　大法官　104,188
　「通常の経路」　109-110,117-118,174,180
　上院の権限　150-155
　　党派グループ　208
　党派リーダー　187
　法律貴族　27
　与党幹事長　109,179
　世襲貴族議員　159-160,184,193,199,206
　院内幹事　116,118,187,189,227
　個人秘書　109
　党幹部議員　179
　無所属議員グループ　170,204-205,208,227

議員援助　190
「ショート・マネー」　191
「クランボーン・マネー」　191
上院事務総長　192
ブラックロッド職　192
ロビー団体　192
議員給与　192
議員手当　192
人的スタッフ　192
『上院改革白書』(1968)　128
『上院議事手続および議事慣例の手引きの要約』　108
上院の『主要な議事手続規則』(『備忘録』)　99,107-108
『貴族院法実務［慣例］および議事手続の簡潔な手引き』　113
上院の最初の『議事規則』版　102
『私法律案議事規則』　113
上院の憲法改革権　154-156
上院の「自己規制」　105,167,175,186-187,209
上院の『議事規則必携』　105,174,187
上院の大委員会　173-174,186,189
上院のモーセ・ルーム　106
上院保留拒否権　171
上院の立法精査　167,178
上院の国家フォーラム　178
上院での政策形成の監督　178
上院での政府の責任の監督　178
上院の立法案の絶対的拒否権　151,181
上院の下院法案を遅らせる権限　153,171,181,228
上院の第二次立法の絶対的拒否権　181,185

上院の継続性と変化　168-172
上院による立法上の政府の敗北　167,171,176,199,211-212,220
イギリス議会法　177
イギリス議会法(1911)　5,152,154,171,181-182
イギリス議会法(1949)　152,154,171,181-182
独立貴族院指名委員会　196
未改革の上院　172-193,202-206

イギリス［清教徒］革命期の憲法事項

イギリス［清教徒］革命期の憲法　233-278
・『オシアナ共和国』憲法：権力の抑制傾向　242
——の間接選挙制　241
——の急進共和主義　233-242,253
——の公職輪番制　236-238,240-249,255
——の国家元首　242,251
——の四つの評議会　242,258
——の三層制行政区分　240-241
——の投票制　241-242
——の参政権の所得要件　240
——の市民兵主義　236-237,240,243,256
——の農地法　238,241-242
——の良心の自由　243
——の両院制　236,242
——の第二区分ないし編隊　243
——の国璽委員と財務委員　242
——の監察官と選挙管理　242

索引

──のジェントリー階級の至高性 237
──の市民的自由 233-234,239
──の帝国主義 243
・『基本提案項目』の立憲君主制 251
──の評議会制 250
──の二年議会制 250-251
──の宗教的寛容 250
──の単独者執行部の抑制 247,251
──の参政権 247
──海陸の民兵権 249-250
君主制廃止法 257
単独者執行部 258,277
「単独者支配」 234,258
集団的執行部 234
『新代表法案』 247
『人民協約』 43,234-235,245
──のアナーキー性 43,252
──の一院制代表議会 252,254
──の男子普通選挙制 253-254
──の良心の自由 252
──自然権 253
──民衆の抵抗権 252
──公職輪番制 242
『統治章典』 233-234,244-245
──の議会 258,260-271
──の議会不信観 259
──の護国卿制 259-278
──の評議会 259,269
──常備軍 267
──の海軍 267
──の選挙管理 265-266
──の良心の自由 271-272

──の参政権の所得要件 264
・『ニューキャッスル提案』の急進性 257
・アイルランドの反乱 263
士官評議会 246
レヴェラーズ 248,252-253
軍事財政国家 271,278

イギリス議会の「授爵醜聞」 95
イギリス貴族院改革王立委員会 76
イギリス貴族院法(1999) 76,85
イギリス産業連盟(CBI) 131
イギリス「暫定上院」 82,85,100
イギリス地方行政府法第28条 111
イギリス両院制の起源 64-66
イギリス両院の慣行(「法と慣習」) 102
イギリス[英]連邦の政治システム 29
イギリスのR.スコット卿調査委員会 27-28
イギリスのイスラム原理主義派 92
イギリスの情報公開法 76,93-94
イギリスの人権法 90-93
イギリスの両院制[上院]の廃止 66
イギリス北東イングランドの権限委譲問題 76
イタリア 147,149,151,153,155,157
「一院制対両院制」 142
委任権理論 19
イラク 27
イングランド 84
インド 148-149,151,155,157
ウェストミンスター・パレス 102
ウェストミンスター法[憲章] 37
ウェストミンスター・モデル 29,84,214

ウェールズ　75-76,82,84
「エリート」機関［モデル］　156,186,203-204
欧州連合［EU］　37-38
　・欧州委員会　131
　・欧州議会［EP］　131
　・欧州司法裁判所　38
　・欧州通貨制度［EMS］　117
　・EU理事会　131
　・共同体指令　39
　・単一欧州議定書　36
オーストラリア連邦　36,38,94,101,107,145-146,151,154-155,157-158,160
オーストリア　148
穏健な多党制　209,212-213,227-228
オンブズマン　34

か　行

「改革された」上院　202-206
カナダ連邦　29,31,101,145,148
「要となる有権者」　212
ガバナンス問題　79,89
間接選挙制　147-148
議院内閣制　21-24,146,151
議会主権　35-38,83,99
議会制定法　29,31
貴族院改革の主要提案　224
北アイルランド　75-76,82
行政裁判所　34
行政法　33
クック-マクレナン合意　77
グレナダ　153
近代個人主義　46
幻想なき保守的立憲主義　4

憲法習律　29-32,167,181,183,185,227
憲法習律両院合同委員会　183,185
憲法ないし立憲制　4-7,28-39,40-41
権力の均衡　170,201
権力分立　6,21,25,67
合理的選択論　3
国王の宮廷（クーリア・レーギス）　65
国王の小評議会　65-66
国王の大評議会　64
国民厚生（医療）制度改革　213
「国民のミクロコズム」　203
古代のカルタゴ　60
古代ギリシャ　59-64,67,69,71
　アテナイ　60-62
　クレタ　60
　古代のゴート族　52,56
　スパルタ　60
古代ローマ　59-63,71
　──のクリア民会　61
　──の元老院議員　63
　──の市民会議　61
　──の長老達　61
　──の二人の執政官　46
コモンロー　31,36
混合議員制　147
混合政体　48,55,60-61,63-64,158
コンセンサス民主政　146,214-215,227

さ　行

最高裁判所　76
三行登院命令　205
ジェンダー　6,226
自然的貴族制　69,237,239
執政部中枢　24

実働的上院議員　204
「地主ないし農業経営者」　203
司法的積極主義　35,93
社会的連帯と個人の多様性　45
自由主義的立憲主義　4
首相か内閣か　24
首相の公職任免権　23,168,225
職能代表制　148
新自由主義　34
新制度論　3,57
人頭税　205,213
ジンバブエ　149
スイス　151
スコットランド　37-38,75-76,82,84,88
スーダン　152
スペイン　151
スロヴェニア　149
「政策影響」型立法部　20-21
「政策変換」型立法部　20-21
「政策争点討議（アリーナ）」型立法部　20-21,40
政治制度研究の伝統　3
　　近代主義・経験論的伝統　3
　　公式法的伝統　3
　　社会主義的伝統　3
　　理想主義的伝統　3
政治制度の定義　98
「政党政治的でない」上院　201,209
政党規律　208
政党システム　170
政党の均衡の変化　206
制度的拒否権プレーヤー　214
「制度・歴史」アプローチ　24
世襲制　85,149,171
選挙独裁　49,56

「専門家的」上院　201

た 行

第一次英蘭戦争　269
大衆迎合的政策　209,217
大衆代表民主政　49
大臣の責任　25-29
「大妥協」　50
大統領制　22-23,25,50,146,151-152
多数決主義民主政　146,214-215
脱政治化　218
脱政党化　219
単一国家制　82
弾劾手続き　25
単独政権　144,219
チェコ共和国　155
「中間階級」（の下院）　203-204
中道左派支配型貴族院　213
直接選挙制　146-147
チリ　156
適法過程　35
デンマーク議会［一院制］　130
ドイツ連邦　152,155,220
党院内幹事からの圧力　207

な 行

内閣の集団責任　26
日本　154,156,227
ニュージーランド　29,34

は 行

バハマ　153
バルバドス　153
ハング議会　77

『ハンサード（国会議事録）』 119,180
比較両院制 200,202,222
不文憲法主義 28
「富裕な人々の名簿」（の上院） 203
J.ブライス委員会報告（1918） 53
ブラジル 156
フランス 155-157,160
フランス革命 45
フランス国務院 34
フランスの「ナベット」制度 153-154, 176
ベラルーシ 148
ベルギー 144
法の支配 32-35
ボスニア・ヘルツェゴビナ 144
ポーランド 153,157
ホワイトホール官庁 92

ま 行

マグナカルタ 3,65
「マニフェスト」 218
南アフリカ 32,36-37,56,117,126-127, 152-153
南スーダン 152
「身分から契約へ」 46
民主主義的正統性 159-160,167,200,211-212,216-220,222,227
民主主義的平等性 6
メキシコ 152
模範議会 3,65
モロッコ 144,148

や 行

ヨーロッパ人権裁判所 90-91
ヨーロッパ人権条約 38,90

ら 行

立憲制改革プログラム 73-74,78,81
立憲制改革法 75
立法部類型 20-21
リーマンショック 80,96
両院合同協議会 155
両院制懐疑学派 45
両院制思想学派 45-47,55
両院制定義 43
両院制の政治的次元と効率的次元 64
両院制の代表機能 144-145
両院制の代理機能 145
「良識の府」 107,112-113,118,175
レソト 149
『連邦主義文書』 144
連邦制（主義） 50
ロシア連邦 148,155
ロンドン 75-76,88,190

著者紹介

倉島　隆（くらしま・たかし）
1946年　新潟県に生まれる。
1976年　日本大学大学院法学研究科修士課程（政治学）修了。
1993年から94年まで（1年間）及び2001年から02年まで（1年間）、ケンブリッジ大学客員研究員。
現　在　日本大学法学部教授。
編著書等　『ハリントンの急進主義的共和主義研究』（単著、八千代出版、2015年）、『現代政治機構の論点　イギリスとEUを中心に』（単著、時潮社、2012）、『ネヴィルの共和主義的政体思想研究』（単著、三和書籍、2011年）、『A・シドニーの政体思想―自治と反乱の共和主義的政治原理―』（単著、時潮社、2008年）、『問題発見の政治学』（編著、八千代出版、2004年）、『現代英国政治の基礎理論』（単著、三和書籍、2003年）など。訳書に、『プーフェンドルフの政治思想』（L・クリーガー著、時潮社、1984年）など。

イギリスの政治制度

2016年6月28日　第1版第1刷　定価＝3200円＋税

著　者　倉島　隆　ⓒ
発行人　相良　景行
発行所　㈲時潮社
　　　　174-0063　東京都板橋区前野町4-62-15
　　　　電話　(03) 5915-9046
　　　　FAX　(03) 5970-4030
　　　　郵便振替　00190-7-741179　時潮社
　　　　URL http://www.jichosha.jp
　　　　E-mail kikaku@jichosha.jp

印刷・相良整版印刷　製本・武蔵製本
乱丁本・落丁本はお取り替えします。
ISBN978-4-7888-0712-9

時潮社の本

A・シドニーの政体思想
自治と反乱の共和主義的政治原理
倉島　隆 著
Ａ５判・上製箱入り・276頁・定価3800円（税別）

チャールズ２世の王政復古に抗し反乱を呼びかけた著名な政治家の思想を、解析検証した。思想家か政治家か、民主主義者か貴族主義者か、権力分立論者か伝統的混合政体論者か、著書は反乱目的の文書かそれとも共和制の樹立目的で書いたものか──著者の多角的分析によって、シドニーの実像が浮かび上がる。

現代政治機構の論点
イギリスとEUを中心に
倉島　隆 著
Ａ５判・並製・352頁・定価3600円（税別）

世界に先駆けて近代議会制民主主義を確立させたイギリス政治を中心にEU世界の成立から現在、そして未来を読み解く。ユーロ社会が危機の中で大きく転換期を迎えている現在、今後を考察する上で最大の必読書でもある。

イギリス・オポジションの研究
政権交代のあり方とオポジション力
渡辺容一郎 著
Ａ５判・並製・184頁・定価2800円（税別）

日本にイギリス型政権交代は定着するか？　イギリス民主主義の根幹たるオポジションの研究を通して、政権交代や与野党のあり方を考察した。オポジションとは、反対党、野党のこと。本書では、一歩踏み込んで「責任野党」と規定した。

国際貿易政策論入門
稲葉守満 著
Ａ５判・並製・346頁・定価4000円（税別）

産業貿易史を踏まえつつ貿易理論とその最前線を検証し、TPP（環太平洋戦略的経済連携協定）を含む日本の通商政策問題を総合的に判断するための必携書。この１冊で現代貿易の全容がわかる。

時潮社の本

開発の政治経済学
グローバリゼーションと国際協力の課題
稲葉守満 著
Ａ５判・並製・496頁・定価4500円（税別）

一国の経済的活動の構造的特徴を理解するためには、その社会の歴史的発展パターンと経路、社会の構造と文化的規範、政治構造と文化、社会制度の形成と発展等「構造主義」理論が提起する問題を理解する必要がある。

開発政策論
ミクロ経済政策
稲葉守満 著
Ａ５判・上製箱入り・506頁・定価4200円（税別）

過去30年間途上国の開発援助の問題に直接、間接に関わってきた豊富な体験に基づき編み上げた、開発ミクロ論の集大成。「途上国の人々が、人間性を喪失した生活を余儀なくされているとき、開発経済学者はまずこれら問題を解決する実践的処方箋を提示すべきである」と著者は主張する。日大法学部叢書第22巻。

展開貿易論
小林 通 著
Ａ５判・並製・164頁・定価2800円（税別）

今や貿易は生活の隅々にまで影響を与え、旧来の壁を劇的に突き崩し、史上ない規模に拡大している。だが、実態は様々なベールに覆われ、見えにくい現実も。本書は貿易の流れ・歴史・理論を平明に説き起こし、貿易のノウハウまで追いかけた貿易実務の入門書であり、初学者、中堅実務家に必携の書である。

国際貿易理論小史
小林 通 著
Ａ５判・上製・218頁・定価3500円（税別）

本書は、古典派貿易論研究の出発点となる『国際分業論前史の研究』（小社刊）をさらに一歩前進させ、古典派経済学の基本的真髄に接近し、17～18世紀イギリスにおける国際貿易理論に学説史的にアプローチする。A.スミス、D.リカードゥ、J.S.ミルなど本書に登場する理論家は10人を数える。

時潮社の本

少子高齢社会の家族・生活・福祉
高尾公矢・北川慶子・田畑洋一 編
Ａ５判・並製・192頁・定価2800円（税別）

ますます進む少子化傾向をどうするのか。2005年には人口減に転じた日本で、家族・生活・福祉環境が急変しつつある。今後もこの傾向は長期化すると予測されている日本が世界に示せる筋道を模索し、福祉研究者が提言する。

景観人類学
身体・政治・マテリアリティ
河合洋尚 編
Ａ５判・並製・374頁・定価3500円（税別）

景観の視覚化や身体化が内包する多層性を政治・社会・経済・音響などのアプローチから読み解く。それぞれの定量分析はもとよりインタビュー、歴史、認識と受容を通じて観光といった商品化を媒介に社会に埋め戻される過程も含め、人類学の枠組みを踏み出す新たな試みを詳述。

中国国有企業の株式会社化
―コーポレート・ガバナンス論の視点から―
尹 相国 著
Ａ５判・上製・312頁・定価3200円（税別）

1990年代冒頭の中国（上海）株式市場の再開を機に、中国国有企業が集団所有形態から株式化にどう対応し、コーポレート・ガバナンスをいかに活用してきたか、豊富な事例をもとに米・日・独との比較をまじえて検討する。進出企業関係者必携の一冊。

高度成長期日本の国立公園
―自然保護と開発の激突を中心に―
村串仁三郎 著
Ａ５判・上製・432頁・定価3500円（税別）

行財政から環境政策の立案・実施にいたるまでの日本の環境・自然保護運動の変遷と、国策たる各種開発政策の激突を豊富な実例を通じて分析、国立公園政策研究の精華がここに。